保护与发展

——2006 名人故居专业委员会福州年会论文集

中国博物馆学会

福建省冰心文学馆　编

文物出版社

北京·2007 年

封面设计 周小玮
责任印制 王少华
责任编辑 张晓曦

图书在版编目（CIP）数据

保护与发展：2006名人故居专业委员会福州年会论文集/
中国博物馆学会，福建省冰心文学馆编主编 . —北京：文
物出版社，2007.11
ISBN 978-7-5010-2328-8

Ⅰ. 保… Ⅱ. ①中…②福… Ⅲ. 名人 – 故居 – 保护 – 中
国 – 文集 Ⅳ. K928. 72 – 53

中国版本图书馆 CIP 数据核字（2007）第 158758 号

保护与发展

——2006名人故居专业委员会福州年会论文集
中国博物馆学会　福建省冰心文学馆 编

*

文 物 出 版 社 出 版 发 行
（北京市东直门内北小街2号楼）
邮 政 编 码：100007
http：//www.wenwu.com
E-mail：web@ wenwu.com
北 京 安 泰 印 刷 厂 印 刷
新 华 书 店 经 销
787×1092   1/16   印张：13
2007 年 11 第 1 版 2007 年 11 月第 1 次印刷
ISBN 978-7-5010-2328-8 定价：60 元

序

王炳根

2006 年 12 月，中国博物馆学会名人故居专业委员会福州年会暨名人故居保护与发展论坛在温暖的榕城召开。我作为这次年会承办单位的负责人，出席和主持了这次会议。出席会议的有全国各地的名人故居、博物馆、纪念馆近 50 家，大会收到论文 40 余篇，在大会与论坛上发言的有 20 余家。《保护与发展——2006 名人故居专业委员福州年会论文集》便是这次论坛的成果，同时结集出版时，又增加了一些论文，使之更加丰富和充实。

故居一般指的是过去居住过的房子，名人故居则是名人过去居住过的房子，有的是儿时，有的为晚年。故居中保留着生活、读书、工作或写作的不同场景，名人故居中则可能记载了"这一位名人"在成为名人之前的种种信息，如出生的眠床，读书的课桌、玩具和幼稚的字迹等等，而在已经是名人的故居里，则有书房、会客厅、卧室与餐厅等，有产生伟大作品的写字台、批阅重要文件的朱笔、穿了好些年补了好几回的睡衣等等，这些在故居中保存的实物所记录下的大量信息，可以让后人在具体的场景中，复活名人的生活、工作或写作的情景，产生一定亲近感与亲切感，从而接近与理解"那一位名人"与"那一部作品"。故居通过重述功能达到认识与教育的意义，是它存在与保留的主要价值。中国许多名人故居都挂有青少年的德育基地或爱国主义教育基地的牌子，从故居的功能上理解是确立的。当然，它的意义并不仅对青少年，其功能不因年龄段而发生变化。

名人故居同时由于它与名人的密切关系，它对名人大量信息的记载与隐藏，因而，这里的一切也有了独立的价值，包括它的艺术价值。尤其是随着时间的推移，其独立的价值还上升为文物价值，包括房子本身的梁柱、门窗、门槛、瓦当等等，包括房子中的眠床、桌椅、衣橱、书案等等，有了不可再生的文物价值。故居常常被文物部门作为一个文物单位，或是重点文物单位保护下来，其意深刻。作为一个完整的单位保护下来，与保护个别或某些物件是有区别的。

鉴于名人在历史进程中与文化发展中的地位与影响，鉴于名人故居中的文物本身的文化含量，因而，对名人故居的保护，实际上是一种民族文化积累的行为。世界上许多国家和民族，都非常重视这种文化积累。名人中的伟人且不说，仅是作家、诗人、艺术家，在世界各地便有非常多的故居保留了下来，最为典型的是英国莎士比亚故居，整个小城斯特拉福德（Stratford – upon – Avon）都按照那个时代的模样保留下来，甚至连莎士比亚家伊丽莎白风格的后花园，数百平方米的土地上的风铃草、紫罗兰、迷迭香、雏菊、黑草莓、白龟头花、野豌豆、金盏花、薄荷、桑树、月桂、胡桃等近百种植物，以及在这个参差多态的植物群落中，一棵有着伞壮巨冠的大松树也都保护了下来。有人说这古树是莎士比亚亲手种的，莎士比亚的生命在以植物的形态延续。在意大利的佛罗伦萨，可以寻到乔托、米开朗琪罗、莱奥纳多·达·芬奇、但丁、薄伽丘的家，这些故居与他们活着的时候一模一样，穷就穷，富就富，两百年、三百年以至五百年都不改变。而在俄罗斯无论是大作家还是小作家，只要有可能，哪怕是在一座公寓的门口，挂上一个牌子，表明那位作家曾在这里居住过，也算是一种尊重。智利有个诗人聂鲁达，仅是故居便有三处，一处在他出生的港口城市帕拉尔，一处在圣地亚哥，一处就是黑岛，那座海边的石房子，记录着聂鲁达的安静写作。美国是一个年轻的国家，但仅是受到保护并对公众开放的文学家的故居纪念馆，记录在册的便多达64处。位于麻省波士顿郊外的康科德镇，到现在也就一万七千多人，但这里完好地保存了爱默生、梭罗、霍桑与奥尔科特的故居，都是19世纪的木质建筑。2006年，我在威尔斯利女子学院访问时，几次来到这个镇上，一家一家的看过去。这里故居纪念馆的管理人员觉得奇怪，说中国有五千年的文化，为何会对他们两三百年的文化那么感兴趣？日本在战后经历过重建时期，那时有不少的古建筑包括名人故居有可能遭到毁坏，但日本的文化界人士大声疾呼，起到了积极的作用，川端康成曾为保护在大阪市中心的江户时代的剧作家近松门左卫门的一座墓地，向当局进言，结果得到了保护，而京都郊外寺院林立的嵯峨野竟有一座破旧的17世纪俳人向井去来的"落柿舍"。

中华民族确实有五千年文化的传统，但中华民族又是一个多灾多难的民族，历代的农民起义，近代西方列强的侵入，民族文化（包括科学技术）受到不可估量的毁坏，更别说名人故居了。有"东方莎士比亚"之称的汤显祖与莎士比亚是同时代人，英国为保护莎士比亚故居而连带保护了一座城市（故居也养活了一个城市），那么，汤显祖故居呢？荡然无存！那里也就是我的故乡。今年春节，我携带家人专程前去寻访，一座建于上个世纪90年代的"汤显祖纪念馆"，一座从别处移来的墓地，都是后人根据"临川四梦"而重新制作的。许多东西一旦失去了，永远无法追回。对故居的尊重与保护，是要有文化意识的。当然，在中国，更重要的是受到统治者的重视，同时还必须是受到历代统治者的重视，不然，更朝换代，就是另一回事了。中国历代的文人，他们都是文化创造的主体，但实际上，受到重视的只有少数的思想家与教育家，孔子代表了这一类文人，大多数的文化人，其如从事小说、戏曲、诗词、歌赋创作的，都在另册。所以，要在当时保护他们的故居，恐怕有些异想天开。李白的故居在哪里？李清照的故居有几处？曹雪芹的故居谁来保护？说起来，中华民族有灿烂的文化，实际上，我们丢失的也太多太多。

只有到了近二三十年间，对名人故居的保护才被真正的重视了起来。但是，这种重视又与经济发展有关，"文化搭台，经济唱戏"。名人能让一个地方出名，打名人牌，搞知名度等等，为的还是经济。文化本身的特性被曲解了，故居常常成了被利用的场所。因而，将名人故居作为一个独立的存在，如何保护、如何发展，便是我们这个行业从业人员亟待研究的课题。名人故居的年会与论坛，便是为这个亟待研究课题而设的，专家之间的交流与碰撞，定会提供有益的经验与思路。这些论文从不同的侧面与角度，思考与解答故居保护与建设中的各种问题，我个人认为，出版与阅读它大有裨益。

2007 年 9 月 1 日于根叶绿营

目　　录

关于名人故居现状与发展的思考

刘东方

（福建省冰心文学馆）

名人故居印记着人类历史长河中各门类最杰出伟人的足迹，他们深受世人的爱戴和敬仰。如今，名人故居已是所在社区的文化中心，不再仅仅是保管国家人文历史遗产的宝库了，而在最广泛意义上说应该是人民强有力的教育手段，特别是对青少年进行爱国主义教育、革命传统教育具有极大的意义。但从现状来看，由于经费短缺、人力不足和缺乏文物保护意识，造成有些名人故居被拆除，或是无人看管、破损不堪；有的"故居"虽然有人员编制，有人看管，却墨守成规，沿袭着计划经济体制所建立的管理模式，不求开拓创新、积极主动去迎接市场经济的挑战。诸种因素无疑制约了"故居"在社会主义精神文明建设中作用的发挥。笔者以为，名人故居在市场经济的新形势下，发挥自身的优势，求得自身的生存与发展，就必须探索新的不同于计划经济体制下的经营理念与管理模式，这是谋求其发展的道路之一。

一 名人故居的现状剖析

我们伟大的祖国有着五千年悠久的文明历史，在各历史朝代中都涌现出让后人颂扬和纪念的民族英雄、思想家、哲学家、艺术家、数学家、医学家以及天文地理学家等等，这类伟人我们都称之为名人。那么，名人故居顾名思义就是名人生活过的居所。因此，做好名人故居的保护与发展具有较大的现实意义和深远的历史意义。从现存的名人故居来看，大多数是近现代的名人故居。新中国成立后，在党和国家的关怀和爱护下，文博事业得到重视与发展，相当数量的名人故居得到保护和修复。但是，我们应该看到，在新的历史条件下，社会经济体制的变革为名人故居提出了许多新的课题，亟待名人故居的管理者去思考解决。

（一）计划经济的管理模式与社会主义市场经济体制不相适应的矛盾

从目前我国文博系统的管理模式来看，仍然是以公有制为主，全民事业单位，经费以在编的工作人员数为准核算；职工身份一般是终身制；专业技术职称是终身化；领导干部是任命制，管理机制是沿用行政机关的套路。这种缺乏活力、竞争、激励的制度与管理上责、权、利不明，人、财、物脱离的模式，造成了工作上人浮于事，效能低下，分配上平均主义，大锅饭现象极大削弱了职工的工作积极性，同时也造成人员使用流动性减弱，人才断层等问题。目前，一些"故居"管理质量和水平亟待提高，有的还需要从基本的管理抓起，健全和完善规章制度，明确岗位职责，要想建设好"故居"，还须探索运用科学的、符合社会市场经济运行的管理模式来经营。

（二）社会发展对文化精品的需求与经费短缺的矛盾

随着人民生活水平的不断提高，人们对文化的需求日益增长，社会呼唤文化精品，而无论是自然科技博物馆、革命历史纪念馆以及名人故居都肩负着陈列展览的任务。陈列展览又是创造文化精品的重要表现形式之一，通过对人类文化遗产的展示，阐释其历史价值与人文价值，揭示人类文明发展与进步的规律。对于名人故居来说，陈列展览能够阐释名人生平历程与伟绩、故土的民俗风情与这方水土对名人成长及世界观形成的影响，传承名人的高尚人格和伟大精神境界。然而，大多数名人故居的陈列还是形式呆板、技艺落后，稍好一些的"故居"也只是版面加柜子、文物和照片的罗列、文字说明程式化等，总体服务水平低下，缺乏精品意识，难以满足广大群众对高品质陈列展览的需求。虽然近些年来政府加大对文博事业的资金投入，但相对名人故居是文博系统中最小的"细胞"而言，能得到政府的扶持经费是极为有限。因此，"故居"若是单纯依靠政府的拨款求得发展，显然不是出路。

二　深化体制改革与创新、学会市场管理与经营

改革与创新是一个民族进步的灵魂和国家兴旺发达不竭的动力。名人故居在面临着各种亟待解决的矛盾和问题的情况下，我们"故居"的管理者就应该有改革与创新的精神，勇于对阻碍事业发展的旧体制进行改革，在市场经济浪潮中学习管理技巧与经营运作。

（一）开拓适合市场经济发展的新体制

体制决定着运行机制与管理模式。名人故居的体制改革与创新要本着因事设岗、减员增效、职责分明的原则。根据事业发展的需要，合理设置机构，根据不同部门的职能，采取不同的管理方式，确定不同的工作要求和报酬待遇；在用人制度上，采取双向选择，优胜劣汰，竞争上岗，以任命制、聘任制、聘用制、临时合同制等多种形式并存的灵活用人制度；在报酬分配上，要重实绩、重贡献，向优秀人才及重要岗位倾斜，实现一流的人才，创造一流的业绩，获取一流的报酬，充分体现多劳多得、优劳优酬，做到奖惩严明；要重视对专业研究人员的培养，不断提高全体职工的业务与服务水平。只有高素质的人才与科学的管理体制，才能创造出一流的工作业绩，也只有建立了适合市场经济发展的体制，"故居"的事业才会充满生机活力，才能兴旺发达。

（二）树立市场意识、提高经营能力

在国内外文化市场竞争日益激烈的新形势下，名人故居要在激烈的竞争中一枝独

秀，立于不败之地，就必须树立市场意识，在市场竞争中学会经营。所谓"经营"就是对主体、媒介、客体精心策划与组织，使其三者间产生有机的互动，并通过实施运作，最终获取社会效益与经济效益。因此，名人故居要借鉴先进企业的管理经营理念和营销手段，根据自身行业的发展要求，从中探索出适合自身发展的道路，从而实现文化产品多样化，服务规范化，社会效益与经济效益最大化的目的。事实上，无论是哪一类型的博物馆、纪念馆还是名人故居，在当今市场经济大环境中，都存在着经营问题。尽管它们经营的空间存在着很大的差异，但关键在于确立怎样的经营理念，经营理念决定着经营管理方式和水平。名人故居的经营，简言之就是将名人故居各方面的资源，按照市场机制和自身发展规律进行整合配置的管理方式。首先要找准自身在文化行业中的定位，其次善于发现并牢牢把握自身的优势与特色。再次在经济文化市场中采取相应的运作手段，创造拓展自己的经营空间，创造富有个性的文化产品。增进服务意识，深层次全方位为观众提供如专业教学、辅导与咨询，以及电讯、餐饮、旅游等休闲娱乐服务。使理念转化为实际的效益，力求将"故居"营造具有文化品位、环境幽雅的"精神文明"家园。

三　打造名人品牌、开拓发展空间

宣扬"主旋律"、弘扬社会主义祖国的先进文化、创造文化精品是名人故居责无旁贷的历史使命。名人故居要发挥名人的社会效应，打造品牌，把握特色，立足发展，与时俱进，不断创新。实践证明，我们创造的文化产品，只有时代性与群众性统一、思想性与艺术性统一、教育性与观赏性统一，才能保证质量创造精品，才能深受广大观众的欢迎，才能实现社会效益与经济效益的双赢。

（一）树立精品意识、打造名人品牌

树立形象是赢得市场的关键，名人故居有着其他博物馆、纪念馆不可比拟的最具个性特色的优势。每个名人都是一面旗帜，都是一面品牌，关键是我们故居的管理者如何去挖掘名人的资源，发挥其名人的社会效应。笔者认为，首先要树立精品意识，如同企业在市场竞争中要塑造名牌产品一样，对自身"故居"拥有的名人，进行深入剖析，横向挖掘，认真打造、精心包装，最大限度地获取社会效益。前面已经谈及，无论是自然科技博物馆、革命历史纪念馆以及名人故居都肩负着陈列展览的任务，而陈列展览又是创造文化精品的重要表现形式之一。因此，"故居"的陈列展览要制作精美，要科技含量高、宣传效果好，要体现出较高的学术水准，达到内容与形式的和谐统一。要突出特色，营造对观众具有吸引力与感染力的展览，只有这样才能深受社会和公众的青睐，只有创造了精品，才能树立品牌。品牌是整个单位团队综合实力的具体体现，它凝聚着科学管理、精心策划、市场信誉等文化内涵。树立品牌比打造精品有更大的难度，它需要对精品不断持续地投入和精心呵护，要不断地注入新的内涵，使精品展现出持久的魅力，最终产生品牌效应。名人故居尤其更要注重把握自身的特

色，特色就是与众不同，特色就是优势，特色就是魅力。抓住特色就是抓住了占有市场的资本。如广东翠亨村孙中山故居纪念馆就是利用特有的地理环境，在孙中山先生生平陈列和故居之外，辅以当地民居和民俗展览，以及可供观众参与耕作的数十亩农业生产区，故居特色、地方特色营造得格外鲜明。观众只有亲临其境，才能欣赏到别具个性的孙中山生平展览，才能领略到孙中山曾经生活过的小山村的自然与人文环境，这就是特色。再如绍兴的鲁迅故居，更是将鲁迅的品牌发挥得淋漓尽致的典范。原有的鲁迅故居已拓展为鲁迅故里，融入了绍兴的市政规划，成为绍兴重要的人文与自然景观。以政府牵头组织举办的各项鲁迅文化艺术活动层出不穷，鲁迅这一名人品牌已成功地被绍兴市政府塑造成为绍兴的城市品牌。鲁迅与绍兴息息相关，鲁迅的品牌营造了绍兴的旅游市场，从而拉动了城市经济的发展。

总之，名人故居要牢牢地把握住自身的特色，在市场经营中发挥优势，展示亮点，就会赢得观众，也就赢得了市场。

（二）与时俱进、开拓发展

随着社会的进步，民众收入水平在不断提高，文化消费成为人们衡量生活质量的重要标志。因此，人们对精神文化的需求日益高涨，要求的品味也越来越高，且更多样化、多元化，在这种新形势下，名人故居的建设就要与时代的脉搏合拍，与时俱进创造满足人们文化消费需求的精品。与时俱进意在开拓发展，名人故居在发挥自己的特色品牌优势的同时，要广开渠道，多边合作。如建立"故居"网站，依靠特色优势做巡展，与同行协作形成群体优势，促进陈列展览和专业技术成果等多方面的交流与合作，与旅游单位合作争取观众，形成优势互补，扩大品牌的宣传，提高自身在行业中和社会上的影响，从而增强在市场中的竞争力。

名人故居要着力于可持续发展的开拓，建立一套适合经济运行的体制和可操作的激励机制。一方面注重对人才的培育和保护，人才是最宝贵的资源，是最重要的资本，是促进生产力发展最活跃的因素。充分发挥员工的工作积极性，点燃大家智慧的火花，为所从事的事业建功立业是可持续发展的基础。另一方面做好名人文物的征集、研究与保护工作，名人的文物藏品也是体现故居实力的重要方面，甚至是"故居"的生命。同时，还要做好"故居"周边环境的利用与保护。观众是"故居"的真正主人，社会与观众的需求就是"故居"的需求。我们所推销的是精神产品，是文化，也是服务，要加强员工与观众的互动，广泛吸收观众的建议，广开思路，挖掘市场潜力。在名人故居，无论是收藏还是保护，做研究还是搞展示最终的目的都是为了服务社会，服务大众。因此，服务是多层面的，既可开拓自身的发展空间，又可满足广大观众的需求，要立足于名人故居事业的未来，协调各方面的工作，不断提高整体实力。

总之，名人故居集文物征集、保护、研究、展示、欣赏、教育于一体，是人类文明发展的物证。在市场经济大环境中求发展，只有立足于发展，树立经营理念，把握特色，打造品牌，不断创新。事实告诉我们：没有效益就没有生存的意义。因此，名人故居存在的根本意义就在于发挥其应有的社会功能。如果没有效益，社会功能何以体现？如果没有效益，名人故居的发展又从何谈起？如果既不能发挥应有的社会功能，又不能发展自身的事业，这样的"故居"存在价值又有多大？所以，创造效益最大化是名人故居生存与发展的动力。虽然现在名人故居还面临着许多困难，尤其资金短缺是制约事业发展不可回避现实问题，正因为如此，更需要勇于开拓，克服困难，创新经营，探索适合自身发展的道路，"守成制约发展，创新赢得未来"！

存一份真情　留一份真实

——论名人故居保护的真实美

薛　岚

（福建福州林觉民故居、冰心故居）

　　名人故居作为重要历史文化遗存，是反映城市文化内涵的物质载体。我们应当找寻时代精神的契合点，再现名人故居所蕴含的历史文化和人文精神，并以真实的史实、殷殷的真情去保护和挖掘名人故居的真实美，使其以独特的魅力走进千家万户。

　　名人故居的主体是名人和故居。其保护的原真性是学习名人风范、再现名人生存环境和生活场景的基本保证。能否使名人故居在挖掘内涵的基础上保护、保存其原汁原味，更是完整地承载历史信息和文化背景的重要原则。

　　福州作为一个拥有悠久历史文化内涵和丰富实物遗存的城市，是国务院颁布的国家历史文化名城之一。除五六千年前的新石器时代遗址外，福州还有两千多年前的沿城遗址。在此历史长河中，谱写了一幕幕惊心动魄、波澜壮阔的历史篇章，产生了无数名垂青史的杰出英雄人物，留下了世界上独一无二的历史真实文物史迹。名人故居就是不同时期留下的一笔灿烂的文化。被誉为明清古建筑博物馆的"三坊七巷"便是名人故居的聚集地。唐著名学者黄璞、晚唐诗人陈烈、宋理学家陈襄、状元郑性之、明抗倭名将张经、船政大臣沈葆桢、近代启蒙思想家严复、黄花岗七十二烈士之一林觉民都在此居住、生活过，并为这座城市留下了历史的印记。然而，名人故居是否继续存在、是否保护得好完全由后人决定、后人负责。如林觉民故居于 1991 年 11 月 9 日辛亥革命福州光复 80 周年那天正式对外开放，其间得到了省、市、区领导的大力扶持，也倾注了许多文物工作者及众多热心肠人的一片心血。正是有了他们，林觉民故居才得以修复，并作为辛亥革命纪念馆对外开放。

　　历史毕竟是遥远的，但是我们不得不感叹，一座座的名人故居竟都负载着如此恢弘的历史蕴涵！林觉民的卧室并不大，但它却用最真实的史实诠释了故居的内涵。"吾至爱汝，即此爱汝一念，使吾勇于就死也……汝体吾此心，于啼泣之余，亦以天下人为念，当亦乐牺牲吾身与汝身之福利，为天下人谋永福也。"这一人世间最纯真、最高尚的情书——《与妻书》便是林觉民故居给无数观众带去从未有过的心灵震撼和对生命意义重新思索的来源于真实史实的不朽的魅力。林觉民故居属木质结构，门内古朴生香，处处都透出了这是一个书香门第却又非富豪的人家。院中的翠竹、梅花等表现的正是故居主人托物言志的情怀。1886 年，林觉民就诞生在这座故居里并长大成婚于此。当时，清王朝的统治进入了最后的阶段，革命风暴已成山雨欲来之势。在这样一个动荡的年代，林觉民自青少年时代起便胸怀大志。13 岁时，他为从父命参加了童子试，在试卷上挥笔写下"少年不望万户侯"七个大字后便翩然而去。16 岁时，他便进了福建省最早的官办学堂——全闽大学堂。在此，他阅读了大量的进步书刊，如《苏报》、《警世钟》等，并在锦巷七君庙发表了《挽救垂亡之中国》的演说。1907 年，20 岁的林觉民毅然告别亲人东渡日本留学，并参加了孙中山、黄兴领导的同盟会，投身革命运动。1911 年 4 月，他参加了广州起义，把一腔热血洒在黄花岗上。历史上把这次武装起义称为黄花岗起义。1911 年 4 月 23 日，也就是起义前三天的晚上，林觉民在香港滨江楼内写下了被后人誉为"人世间最纯真、最高尚的情书"——《与妻书》。这是感动了中国一世纪的经典绝唱，并震撼了一代又一代人的心灵。林觉民故居的修缮和复原均严格按《与妻书》中所记载的内容，真实地再现了其历史原貌："……回忆后街之屋，入门穿廊，过前后厅，又三四折，又小厅，厅旁一屋，为吾与汝双栖之所，初婚三四个月，适冬之望日前后，窗外疏梅筛月影，依稀掩映，吾与汝并肩携手，低低切切，何事不语？何情不诉？"这一烈士在临牺牲前对亲人和美丽的家园的深深眷恋之情与观众对故居环境的触摸、怀想产生了激烈的碰撞，令无数热血青年和海外游子站在这座故居面前吟听《与妻书》时都感动得热泪盈眶，流连忘返。也是这么一座故居让千千万万的观众从中获得了一种质的感受，并了解到了一桩中国历史必须重重书写的事件。而那块微微发黄的白方帕（《与妻书》）便是这段真实历史的见证物之一。

林觉民牺牲后，为免遭清政府的陷害，林家七口人悄悄搬到了光禄坊一条斑驳、狭窄、悠长的巷子——早题巷。林觉民写的《与妻书》就是由不知名的人士悄悄塞入此处门缝的。那是一幢低矮、简陋、破旧的小屋，其凄凉的景象正是林觉民家人当时真实的生活写照。一个月后，林觉民的妻子陈意映生下了遗腹子林仲新。在那瞬间即永恒的爱的痛忆中，陈意映终日以泪洗面，孤独、凄凉地品尝着那一段既漫长而又转瞬的人间悲情。这也是观众从《与妻书》那斑斑泪痕中仿佛听见了一个女子的幽幽哭泣声，而迫切要去了解作为国家一级文物的《与妻书》后面所隐含的所有的历史真实的原动力。因为越是真实的东西就越能打动观众，也越能掘示人性的真善美。这就是观众喜欢林觉民故居的原因。

两年后，陈意映终因悲伤过度，抑郁而逝。那微微发黄的白方帕、隐约可见的斑斑泪痕、感天动地的高尚爱情以及多少显得清寂、简朴、毫无刻意渲染的故居更有了份真实的、残缺的美！这就是名人精神与名人故居完美统一的魅力。面对这样一座并不华丽然而更能引起观众内心共鸣的名人故居，笔者认为，她更贴近人性、更贴近观众。精心雕凿是美，清水出芙蓉亦是美！

林觉民走了，年轻的脚步只迈动了 24 年，而《与妻书》那独一无二的美却永远留在了人们的心中。这种美是为人类谋求幸福的精神美，是永远浓郁的芳香，是悠悠悦耳的琴声永远扣动着人们的心弦，让你懂得什么是历史，什么是民族精神，什么是爱！

笔者有幸与林觉民的孙女（林觉民遗腹子林仲新的女儿）林兰通了三次电话，除了问候及存一份敬重外，还特意征求了对于林觉民故居修缮问题的意见，但是这位烈士的后代透出的一种难能可贵的平常心让笔者心中久久不能平静！一句"你们看看就可以"的极纯朴、极实在的话语让人更添了一份感动，同时也让人对林觉民故居更添了几分肃然与崇敬。笔者以为，对名人故居的保护首先应存有一份真情。先感动自己才能去感动别人。在福州这块土地上曾经留下了林则徐、沈葆桢、严复、林祥谦、林觉民等的踪迹。他们是民族脊梁式的人物，守望他们的遗迹就是守望我们的民族魂。林觉民故居的开放不仅是众多有关人士努力、呼吁的结果，而且得到了省、市领导同志的重视。其间，领导多次亲临故居现场办公，落实解决居民户搬迁、故居修缮、建馆陈列等问题。1991年11月9日开馆那天，一位省委领导深情地说道："我上学时就读过林觉民的别妻书！"而来自海峡两岸的游客们更是被林觉民的《与妻书》深深感动。人们怀着一颗崇敬的心吟着《与妻书》并在故居内迂回的庭院间、翠竹下、梅影前寻找、体验烈士临牺牲前写下的人世间最高尚的情书——《与妻书》那崇高与炽热情爱的内心感受。正是有了一代又一代人的爱戴、缅怀、观瞻，那一座座的名人故居从历史走到现在，不停地向人们讲述着一个又一个永远的故事，而这故事又与一个国家有着千丝万缕的联系。因此，它将越来越受到人们的关注，人们也越来越希望了解名人故居。虽然由于社会的发展，城乡面貌正在经历一次翻天覆地般的巨变，一些文化名人故居也发生了本不该发生的破坏。即使保存了下来，有的故居的原真性和整体性也都遭到了破坏。但笔者相信，随着广大公民民族自豪感的加强，对一些名人故居的保护是完全可以做到的。我们要在国家为了加强文物的保护和利用，决定对红色旅游区的环境、基础设施、展陈条件及展览陈列、文物旧址及安保设施等进行全面的改造与维修保护，打造红色旅游精品景区的东风的吹拂下，抓住大好时机，努力提高名人故居的知名度，挖掘历史名人的价值，与时代同步发展。那么，应如何保持名人故居的历史原貌、凸显故居的真实美是摆在我们政府、文物工作者、设计者乃至市民面前的一个重要课题。

21世纪的阳光是灿烂的。在钢筋水泥筑就的幢幢高楼大厦中，希望我们能为后人留下一座座美丽、真实的历史文化名人故居。

如何保护好名人故居的周边环境

谢 华

（湖南省刘少奇同志纪念馆）

名人故居，顾名思义，就是在社会或在某一领域产生过一定影响的人曾经生活、居住过的地方。那里留下了他们积极进取、自强不息的足迹，对我们后人，特别是青少年一代具有非常重要的教育意义。而老一辈无产阶级革命家，大部分都出生于偏僻、贫寒的农家，为了寻求革命的真理，在艰苦的环境中寻求着救国救民的真理，这种锲而不舍的精神更值得我们去继承和发扬。因此，作为爱国主义教育基地的名人故居，肩负起了宣传名人经历、弘扬名人精神的使命。而现在，随着人们对精神文明需求的日益增长，很多人舍弃了繁华、精彩、刺激的热闹都市，选择了名人故居，来踏访伟人的足迹，接受心灵的洗涤。特别是 2004 年底，中共中央、国务院颁布的《2004—2010 年红色旅游发展规划纲要》，以及党的十六届五中全会提出的建设社会主义新农村的战略性举措，使得更多的人涌向地处广阔农村中的名人故居。一方面名人故居带来了难得的发展机遇，另一方面也带来了很大的挑战。

名人故居作为一种不可再生的文物资源，还原历史的本来面目，保持历史的原生态，给广大游客提供了一个舒适的参观环境，真实地再现了当年名人生活、学习和工作历史场景。对于科学合理地保护好名人故居周边环境的原生态，还原它的本来面貌，笔者谈谈自己的看法。

一 切实搞好名人故居的"四有"工作，改善故居的周边环境

名人故居的"四有"工作，即有保护范围、建设控制地带，设置保护标志和科学记录档案，成立专门机构或派专人负责管理。这是保护名人故居的一个基本政策。要贯彻落实好这个政策，保护名人故居周边环境原生态便显得尤为重要了。

（一）在名人故居周边设置保护范围

给名人故居划定一个保护范围，在该范围之内不得建其他的建筑，就能减少对故居的破坏。如全国重点文物保护单位——刘少奇故居就在显著的位置标明了它的保护范围：东以故居后山山脊为界，南至故居围墙基外 200 米处，西以石子岭山脊为界，北至故居邻居北土墙基外 80 米处。这样，在它的保护范围之内是不容许有任何破坏活动的。

（二）维持名人故居与周边环境的整体协调

名人故居向人们展现的是当年他们生活的场景，与历史背景、时代背景紧密相连。如果有民居或时尚的建筑紧邻名人故居，在它周边环境之内的，管理者应该尽早向上级领导汇报，申请资金，拆迁周边的民居与时尚建筑，保持故居的整体协调性。现在生活条件好了，农民朋友都住上了红砖瓦房，房子装饰得非常漂亮。作为名人故居，大多数都有上百年历史，当时的建筑风格、所采用的建筑材料与当代房屋建筑风格极不协调。为了保持名人故居的原始生态，只能花大力气，拆迁了这些民房与时尚的建筑，维持名人故居的整体风格，才能给游客一种身临其境的感觉。

（三）减少周边环境对名人故居的冲击

虽然许多名人故居地处偏僻的农村，但当时人们的建房观念是要讲点风水的，最起码也是"依山傍水"而建，如韶山毛泽东故居、花明楼刘少奇故居、广安邓小平故居，他们的房子都是背靠青山、前临碧水的建筑。房子临山近了，会有森林大火的隐患。因此，应该在名人故居的建设控制地带设置一条森林防火带，减少森林大火对名人故居的冲击。如果名人故居位于交通要道上，有道路在它的周边环境之内的，应该与当地政府联系，申请交通部门的批准，筹措适当的资金，将道路从故居的周边环境之内划出去，也就是改道，减少行人与车辆对名人故居的冲击。如花明楼刘少奇故居的房子位于炭子冲冲口的位置，前面的道路是村民与车辆进出的要道，为了保护名人故居，管理者通过各方的协调，筹措资金，修建了一条环馆公路，让村民与车辆从名人故居的外围通过，减少了隐患，达到了保护名人故居的目的。

二　严格管理名人故居周边的市场环境

名人故居属于不可再生的文物，它的存在是相当珍贵的，周边环境的好坏直接影响它的使用寿命。有的单位一味地追求经济效益，忽略了名人故居周边环境的管理，以至使人有机可乘，在故居的周边建纪念品市场，开设饭店，或弄一些时髦的建筑，其整体风格与故居的陈列极不协调，让人在视觉上感觉很不舒服，甚至有的设施对故居形成火患、污染的危险。有的名人故居所在地政府为了促进第三产业的发展，在紧邻名人故居建立了纪念品市场，允许当地人在故居旁建立饭店，以此来增加单位的整体收入。虽然整体收入上升了，但是市场的混乱与竞争势必对名人故居造成不利的影响。市场上的竞争是很激烈的，饭店老板为了争取更多的客源，到故居周围拉游客。同一批客人，这个老板来找，那个老板来请，让游客左右为难，如果处置得不妥当，还会引起口角之争，甚至大打出手，对名人故居的保护造成一定的威胁。纪念品市场也一样，到故居旁边摆摊设点、提篮叫卖推销纪念品，买的东西短斤少两或买卖不公，在名人故居门前与游客谩骂，不仅影响名人故居的形象，也极不利于名人故居的保护。因此，要保护名人故居周边环境，需将紧邻名人故居的纪念品市场和饭店撤销，建立严格的纪念品市场管理条例，来约束与管理经营者。如花明楼刘少奇故居，为规范故居的周边环境，花大力气拆掉了紧邻故居周边的一个纪念品市场、一个停车场及停车场内所有的饭店，在经营区制定了《文明经营公约》，规范个体经营行为，且开展"文明经营户"的评比活动，取得了良好的效果，并且在故居周边栽上了树木，铺上了草皮，让故居面貌焕然一新，更加有效地保护了名人故居。

三　有效治理名人故居周边环境污染

有效治理污染是我们的一项基本国策，它与人们的生活、学习、工作等方面密切相连。同时，是否有污染也成为评价一个城市或乡村好坏的基本标准。这个标准对于名人故居的保护同样尤为重要。如果名人故居的管理者以先进的管理加上优质的服务吸引更多的游客来到名人故居参观，伴随参观人数的急剧增加，名人故居的周边会相应增加更多的纪念品商场和饭店。到时，人气旺了，饭店火了，纪念品市场更丰富了。这一系列带来的突出问题就是名人故居周边环境的污染：绿色植被覆盖率的减少、游客带来的垃圾、饭店与市场排放的污水等等，都极不利于名人故居的环境保护，应该加以有效的治理。

（一）增加名人故居绿色植被的覆盖率

绿色是环保的象征，同时也是名人故居环境优美与否的保证。就算名人故居保护、建设、发展得再好，它周边的环境黄土裸露、风沙满天，夏天没有绿树遮阴，冬天没有大树挡风，这种恶劣的周边环境是留不住游客的。因此，只有增加名人故居周边环境绿色植被的覆盖率，铺植草皮，栽种树木，美化景区，让游客身处一个绿色的世界，仿佛来到一个公园一样，心灵与身心都得到净化。

（二）尽力清理名人故居的垃圾污染

对于垃圾的处理，每个景区都会沿参观线路以及在各个交叉路口设置垃圾箱进行回收，并分为"可回收类"和"不可回收类"进行处理。要保持周边环境的干净，更应该在景区白天开放的时间内，不间断地安排清洁工人进行打扫，随时保持清洁，给游客提供一个幽雅、干净、舒适的参观环境。

（三）有效治理名人故居的水污染

水是万物之源，任何东西经过水的陪衬就会显得非常有灵气，但它要是受到了污染，效果就不大一样了。对于傍水而建的名人故居，当年的人们一般都是取塘里或河里的水饮用和清洗东西，要真实的再现历史，就要谨防水源的污染。所以，名人故居周围饭店、市场、公共厕所等排放的污水只有进行集中的处理、净化，才能让它流到故居周围的池塘或河流中。只有让水变干净、变清澈了，才能让游客有身临其境的感觉。

　　总而言之，只有大环境保护了，名人故居才有保障，才能更好地发挥它的教育职能。因此，对于名人故居周边环境的保护，我们每一个文物工作者都有义不容辞的责任。

论名人故居的保护与利用

潘怡为

（山东省青岛市文物考古研究所）

　　名人故居问题现在成了全国的一个热门话题。2006 年初，中国文学馆馆长舒乙等全国政协委员在政协第十届全国委员会第二次会议上提交了"保护文化名人故居是当前先进文化持续发展中的一个急迫任务"的议案。今年 3 月，建设部颁发了《关于加强对城市优秀近现代建筑规划保护的指导意见》，强调加强对城市近现代建筑和名人故居的保护。这是在福建漳州"许地山故居事件"后，将尚存的名人故居从推土机下拯救出来的有力措施。事实上，我们现在所做的，已经是亡羊补牢了。2005 年，北京市政协文史委的委员们用 5 个多月的时间走访了东、西、宣崇 4 个城区，共调查出了 308 处名人故居。其中有 189 处未列入任何保护项目。而且有 98 处名人故居已被拆除，占已调查故居总数的 1/3①。目前就全国来看，青岛应当是在名人故居保护问题上做得较好的城市之一，在 21 处名人故居中，1 处被列入省级重点文物保护单位，14 处被列为市级文物保护单位，其余均已作为历史优秀建筑被挂牌保护。但是，青岛市的名人故居保护工作受到的却并不仅仅是赞扬。有人认为，康有为在青岛住了没几年便去世了，老舍、沈从文、洪深、萧军、萧红则都是租住的房子，而且也就住了两三年，对其能不能"算是"名人故居提出质疑。目前在全国范围内，并没有一个给名人故居定义的统一标准，这个问题确实应当加以澄清。不过笔者认为，名人故居的定义宁可宽泛一些，也不能失之于过分严谨。对于名人故居，保护总比拆毁要好得多，因为名人故居是不可再生资源。

一

　　对名人故居的定义，需要澄清两个问题：（一）什么是名人；（二）什么是故居。关于什么是名人这个问题，舒乙先生在全国政协十届二次会议上提出了四条标准："一是大文化范围内的知名人士；二是在其专业领域内受到多数人推崇和认可的；三是为社会进步和人类福祉做出过积极贡献的；四是已故的、诞辰过了百年以上的。"② 还有人认为，反面人物的故居也应当得到保护。2005 年 7 月，在北京举行的"名人故居保

---

① 《北京三成名人故居已被拆，189 处没入保护名单》，《法制晚报》2006 年 1 月 9 日。

② 李谱春《舒乙嫌名人故居太少，为"文化名人"划定四条标准》，《北京娱乐信息报》2004 年 3 月 9 日。

护与利用研讨会"上，中国考古学会理事长徐苹芳提出："名人故居的定位应当既有正面人物，也有反面人物。一些反面人物的故居如果运用得好，可以还原一段历史，可以起到立此存照，从反面提醒后人的效果。"① 的确，名人故居的保护应当是对历史遗迹的保护，而并不是对于某人的历史评价。这里所指的名人，应当是对历史有重要影响、在重要历史事件中起到关键作用，或者在科学文化领域作出过重大贡献的历史人物。以此标准，毛泽东、鲁迅是名人，曾经起过负面作用的蒋介石是名人，甚至"曲线救国"的汪精卫也应当是名人。汪精卫、陈璧君的旧居如果可以保存下来，倒是可以起到"立此存照"，警示后人的作用。就青岛的情况来看，在张勋复辟事件中起到过重要作用的刘廷琛等满清遗老，为青岛早期文化教育事业和中欧文化交流做出过重要贡献的卫礼贤，国民党海军旗舰"重庆号"起义的主要领导者邓兆祥，我国著名海洋生物学家、工程院院士曾呈奎教授等这些方方面面的人物，都应当是"名人"。许多城市所指的名人为"文化名人"，青岛也是如此。这个"文化"应当是"大文化"的概念，即一切人类活动的总称。但为了避免误会起见，窃以为还是"历史文化名人"这个名称更准确一点。因为此处所指的"名人"是已故去的历史人物，而且有一些还是可能并不存在的民间传说人物。"历史文化名人"这一概念，不但可以包括政治、经济、军事、文化、科技诸方面，而且也可以包容正反两面，较为中性、客观。

　　所谓故居，一般指名人曾经的居所。对于"故居"的确定标准，目前亦莫衷一是。有人认为，只有名人的出生地和度过青少年时光的居所才能算"故居"，这样一位名人便只能有一处故居；也有人认为，名人故居应当是名人度过其生命大部分时光的地方。舒乙先生则提出故居必须是文化名人"一生中属于重要经历阶段的"居所②。也正是因为没有统一的，被普遍认可的标准，有人在同一篇文章中认为，青岛的名人故居因为名人们只是租住，且时间较短，只有两三年，"算不上"是名人故居，同时却又对英国伦敦老舍同样是只租住了两三年的旧址被列为故居而欢欣鼓舞，典型的双重标准。笔者认为，如果仅以名人出生地或度过大部分时光的地方为标准，范围则过于狭窄。法国巴黎将周恩来、邓小平等伟人的居所已经列为名人故居，周恩来等人也不过在此租住了两三年而已。当然，一位名人一生中会住过许多地方，不可能每处都列为"名人故居"，至少他所住过的宾馆饭店和学生宿舍不能列为故居，他借住两三天的朋友家也不能列为故居。租住的房屋也并不是每处都可以成为"故居"。还是以老舍为例，他在北京有十几处曾经住过的居所，在青岛也先后住过三个地方，哪一处应当算做"故居"呢？究其所以，名人故居应当是名人所购置或者租赁的，并在此度过对其事业或生活有重要意义的一段时光的居所。另外，故居与旧居在概念上并无差异。习惯上"故居"指已去世名人的居所，通常把在世的名人曾经住过的居所称为"旧居"。现在一些地方将居住时间较短的名人居所称为旧居，其实并无依据。居住时间的长短并不是唯一的根据，像北京三眼井胡同毛泽东故居，虽然毛泽东在此居住时间很短，但这里是毛泽

---

①　《"名人故居保护与利用研讨会"在京召开》，《新京报》2005 年 7 月 5 日。

②　李谱春《舒乙嫌名人故居太少，为"文化名人"划定四条标准》，《北京娱乐信息报》2004 年 3 月 9 日。

东最早接触共产主义思想，并投身于早期革命斗争之所在，所以被列为故居，并且成为北京市文物保护单位（省级）。

就青岛这些名人故居而言，康有为的故居是康老先生买下的临海豪宅，是用来安享晚年的。他甚至还在青岛李村为自己购置了墓地，并且如愿在青岛故居病逝。虽然晚年的康有为并没有在青岛从事什么重大政治活动，但此处房产算做他的故居倒没有太大异议。王统照先生的故居也是他个人在观海二路购置的房产，曾在这里从事过许多革命和文化活动。至今其产权也归其儿子名下。至于老舍、沈从文、梁实秋先生的故居，虽然均是租住的民宅，居住的时间也并不长，但一处名人曾经的居所，能否算做其故居，主要应看名人在此居住的那段时光对其事业与生活之重要程度。就沈从文在福山路 3 号的故居而言，他于 1931～1933 年在山东大学任教期间，住了两年多一点的时间。时间虽然很短，可对沈从文来讲这两年非常关键。他自己说："当时年龄刚及三十，学习情绪格外旺盛。加之海边气候对我特别相宜，每天都有机会到附近山上或距离不及一里的大海边去，看看远近云影波光的变化，接受一种对我生命具有重要启发的教育。因此工作效率之高，也为一生所仅有。前一段十年，基本上在学习用笔。后来留下些短短篇章，若还看得过去，大多数是在青岛这两年内完成的。并且还影响今后十年的学习和工作。"① 就其个人生活而言，青岛也是沈从文爱情生活的福地。在这里他对张兆和马拉松式的求爱终告成功，双方确立了未婚夫妻关系。老舍先生一家在青岛住过三个地方，其中在黄县路住的时间比较长。在这里，老舍先生创作了他的代表作《骆驼祥子》。他们一家也在这里度过了家庭生活最愉快、最安详的一段时光。老舍先生和胡絜青先生都很怀念青岛的这个家。此外，梁实秋先生也是在青岛鱼山路33 号租住的居所内开始了他一生的重要译著《莎士比亚全集》的翻译工作。萧军、萧红在青岛的故居度过了从日寇铁蹄下的东北逃出后他们二人最美好的时光，萧军还在这里写作了他的代表作《八月的乡村》，并开始与鲁迅先生通信。应当讲，青岛的这些文化名人故居的确立是有根据的。

仅仅以是否出生地作为确定名人故居的唯一原则，恐怕有失偏颇。成都杜甫草堂某种意义上讲就是古代的名人故居，可这里并不是杜甫的出生地；法国巴黎巴尔扎克的故居同样也并不是巴尔扎克的出生地。居住时间的长短也不应当是唯一标准，鲁迅先生在上海的几处故居生活的时间都并不长，还有孙中山先生在上海的故居都不过几年时间，更不用提周恩来、邓小平等在巴黎的故居了。当然，也不是所有名人居住过的地方都可以算做故居。如毛泽东在青岛原总督官邸居住过一段时间，这里并没有被确立为毛泽东故居，因为那座官邸现在叫做迎宾馆，带有宾馆的性质。邓小平、叶剑英、李先念等都住过青岛八大关宾馆的小洋楼，出于同样的原因，也没有被列为故居。罗荣桓、臧克家等都在青岛住过，但他们住的是学生宿舍，都没有被列为故居。在确定名人故居问题上，既要以保护文物、弘扬祖国文化、发展旅游事业为宗旨，又要以科学的精神为主导；既不能过于宽泛，也不要过于狭隘。要尊重事实，还原历史。同

① 《〈从文自传〉附记》，《沈从文作品精编》，漓江出版社 2002 年版。

时也不必拘泥于"出生地"这样一条其实并不存在的规则。

二

　　名人故居的所有权与管理权也是个很需要探讨的问题。我国在实行了计划经济之后，习惯了"一大二公"的模式，至今全国名人故居的所有权与管理权大部分还是实行由国家、政府统包的方法，通常由文物部门或者旅游、园林部门来具体承担。政府部门在收购、维修、管理这些名人故居的过程中，付出了大量的财力和精力，而且往往得不偿失，背上沉重的包袱。青岛市为安置康有为故居中的住户和故居修缮共耗资400余万元。如果每一个名人故居都以这种方式来加以保护和利用，政府财政上的压力将是很大的。故居开放后，日常维护、管理费用及工作人员工资则又是一大笔开支，如果效益不好，还是需要政府埋单。从目前来看，全国大部分名人故居，除湖南韶山毛泽东故居、上海孙中山故居、湖南凤凰沈从文故居等少数名人故居盈利情况较好以外，大部分名人故居都出现"门可罗雀"的萧条景象，青岛康有为故居门票销售情况尚可，每年约有8～10万元的门票收入，但仍然不足以维持日常开支。

　　从历史渊源来看，名人故居原本大都属私人房产，租赁者也是如此。在我国古代，名人故居孔府、孟府等多由后代承袭。亦有如杜甫草堂等如普通商品一样在买者手中辗转。另如各地太白祠、武侯祠等均由地方宗社组织自发出资，或由政府出面组织乡民出资兴建和维护管理。欧洲各国由于其历史建筑保存情况较好，故而名人故居保存的比较多。但19世纪以前名人故居多以自然状态存在。19世纪后期，两名商人出资将行将拆毁的德国波恩贝多芬故居买下，办起了贝多芬故居。西欧各国名人故居有许多也是家族式继承经营。瑞典诺贝尔故居——白桦山庄则是由诺贝尔基金会经营。这些名人故居所有人负责出资维护、经营管理，所得收入也归个人或基金会所有。但是，对于那些对社会有重大贡献、可作为重要文化遗产的名人故居，还是以政府出资经营维持者居多。像加拿大渥太华市郊格雷文赫斯特镇的白求恩故居，便是由政府出资从长老会购得房产，加以维修后对外开放。因为白求恩于1972年获得了加政府授予的"历史名人"称号。其他一些名人故居只是挂牌标志而已，并不开放，房舍依然可以作为商品流动，但是，在英国等西方国家，一经挂牌就不准拆毁。

　　对于名人故居，工作的重点目前应当是立标保护，以长远的观点来看，也并不必将所有的名人故居都办成纪念馆对外开放，恐怕对于多数而言，拥有一个"名人故居"的标志已经足够。笔者认为，那些对历史、对国家和人民、对人类社会有重要贡献或重要影响，在民众中拥有很高知名度的历史名人故居，应当对外开放；对于有一定知名度的历史名人，其故居处于一个较好的位置，且结构相对独立，有较好的开发前景的，可以对外开放；对于知名度不是特别高的历史名人，地理位置又不好，结构不够独立，如处于居民单元楼中或大杂院里的名人故居，立标保护也就足够了，不必对外开放。确立哪些名人故居可以对外开放并不是一件像看上去那么简单的事情。有些人活着的时候声名显赫，去世后却被人淡忘；有的人则在世时备受压抑，身后却备极哀荣。这种例子是很多的，远有孔夫子，近有沈从文。孔子生前落魄，死后地位之高，几千年无出其右者；而沈从文则大半辈子被以"二流作家"对待，直到晚年才有所好转，过世后威望超过了大部分中国作家，现在被认为在近现代中国文学界的地位仅次于鲁迅。所以对这个问题不能草率行事，也需要集思广益。

在社会主义市场条件下，对于名人故居的产权不必一律收为国有，所有名人故居也不必均由政府投资，可以对不同的情况采用不同的办法。国家、集体、个人都可以出资，谁出资谁获益。政府的职能应该重在管理、重在保护。除去重要历史人物故居之外，其他的名人故居可以放开，单位可以搞，个人也可以搞。另外，在管理体制方面，既不必每个名人故居都归于政府编制，也不必每个名人故居都成立一个独立法人单位。因为那样要重复设立一些行政岗位，加大资源耗费。如广东南海康有为故居行政上归属于南海市博物馆，编制上是博物馆的一个部门。上海的鲁迅先生故居行政上归于鲁迅纪念馆。这些方法都很有借鉴意义。

三

名人故居所谓"门可罗雀"的情况在全国是个比较普遍的现象。全国大部分名人故居都在经营方面遇到不同程度的困难。这是个经营管理问题，也是个全国大文化环境问题。对于这个问题的认识和理解，可以从以下四个方面来进行：第一是名人故居是否应以赢利为目的；第二是名人故居的产权和管理权问题；第三是文化环境的规划、整合问题；第四才是名人故居自身的经营管理问题。名人故居由于其本身的特殊性，普通观众通常只会去参观一次。因为故居大都是复原陈列为主，不可能在内容上经常有大的变动，所以指望本地观众不断重复参观，恐不现实，只能依靠外地游客。从表面上看起来，多数名人故居很难获得大的经济效益，实际上许多名人故居还处于亏损状态。但如果从整个城市，从整个城市的历史建筑保护工作，从整个城市的旅游开发和文化建设来看，它又是有很大价值的。名人故居可以提升整个城市的历史文化品位，是城市文化地图的重要标识，是城市的名片。因此，保护、开放名人故居不应当仅仅以赢利为目的，而应当从全局出发，用科学发展观的观点来考虑这个问题。在这个基础上，如果不单纯使用国家、政府统包的办法来进行名人故居的保护和开放工作，而是充分发挥社会各方面的力量，办好名人故居，我们就可以在充分获得名人故居的社会效益的同时，减少国家在这项工作上的投入。

名人故居保护和开放工作的规划也应当考虑到城市的旅游和文化布局。名人故居当然是不可移动的，但其周围的旅游景点也可以被利用起来，形成"光照效应"。或是合理规划旅游线路，形成名人故居的群体效应。青岛市利用名人故居比较集中的特点，制作名人故居旅游线路图，并借用了周围海底世界、小鱼山公园等旅游热点，为推出"名人故居专线游"打好了基础。

已经开放的名人故居经营方面所遇到的问题，很大程度上也可以通过对经营管理工作的完善和提高加以解决。这不单纯是赢利问题，也是个对城市历史文化的宣传问题。名人故居的经营应在外地游客资源上多下工夫，因为它属一次性观光的人文景观。一种比较可行的方法是与旅行社挂钩，按照市场经济的操作方法，吸引旅游团体。这是在目前我国博物馆、纪念馆类人文景观自身吸引力有限的情况下，运用得比较成功的一种方法；再就是要加强对主题人物及其故居的宣传，应当以传记文学、电影、电视等文学艺术形式来对社会受众进行反复宣传。当然，这种大运作方式远非故居、纪念馆自身所能承担得了的，但却是改善名人故居经营的非常有效的手段；另外，联票、年票制等经营手段也是一种有效的方法。它可整合旅游资源，使强势景点与弱势景点相结合，实现旅游资源效益的最大化。总之，只要我们集思广益，充分调动各方面的积极性，随着人们物质生活水平和对文化生活要求的不断提高，名人故居所拥有的社会效益和经济效益潜能一定能得到更好的发挥。

结　语

"给子孙留点东西吧！"中国现代文学馆馆长舒乙先生在政协第十届全国委员会第二次会议上这样呼吁①。在目前全国各地都在大搞基础建设，房地产开发、旧城改造的情况下，名人故居保护与利用是一项刻不容缓的工作。在立法、执法、理论研究、宣传教育等方面都需要加大工作力度。对于名人故居的界定标准，应从历史名人在某地所居住的这段时间对其事业和生活是否具有重大意义为标准。是否有房屋产权、是否在此出生、居住时间长短等均不应成为名人故居的先决条件。应当改变目前名人故居的保护和开放主要由国家、政府投资运作的状况，鼓励团体和个人投资、经营名人故居。在名人故居的经营管理问题上，应从大处着眼。在对于名人故居的历史文化遗产和城市旅游资源地位有充分认识的基础上，按经济规律办事，整合旅游资源，发挥群体效益。名人故居的保护和利用工作与历史建筑保护工作一样，是科学发展观在城市建设工作中的具体体现。在目前社会文物保护意识不断增强，相关法律法规更加健全的情况下，我们一定能把名人故居的保护利用工作做得更好，使我们的城市更好地实现全面、协调、可持续发展的战略目标。

---

① 邱红杰、曲志红《名人故居有了"保护伞"》，新华网，2006年4月22日。

毛泽东故里保护与建设的思考

彭世雄　彭　艳

（湖南韶山毛泽东同志纪念馆）

50 多年来，中共湖南省委、省政府对毛泽东主席故里韶山的建设倾注了极大的热情，投入了巨大的人力和物力。早在 60 年代，省委就在韶山派驻一级厅局——湖南省韶山管理局。后来，省政府还曾设立地市级的韶山区。上世纪 80 年代恢复省委直辖的韶山管理局后，于 1990 年设立县级韶山市。1964 年，在中共中央中南局第一书记陶铸的直接领导下，省委、省政府建成韶山毛泽东同志旧居陈列馆（后更名为韶山毛泽东同志纪念馆），并于当年 10 月 1 日对外开放，先后由郭沫若、邓小平亲笔题写馆名。

韶山毛泽东同志纪念馆是全国唯一一家系统展示毛泽东生平业绩的纪念性博物馆，辖毛泽东故居、毛泽东读私塾旧址南岸、毛泽东同志铜像广场和毛氏宗祠、毛震公祠、毛鉴公祠等景点。自开放以来，已接待国内外观众近 5000 万人次，其中党和国家领导人 130 余位，外国元首和政府首脑 40 余位。邓小平、江泽民、胡锦涛等党和国家领导人先后专程来馆视察。1994 年被国家文物局授予"全国优秀社会教育基地"称号，1995 年获世界教科文组织"国际科学与和平贡献奖"，1996 年被国家教育委员会、国家文物局、共青团中央等六部委联合定为"全国中小学生爱国主义教育基地"，1997 年 6 月被中宣部公布为"全国爱国主义教育基地"。

作为毛泽东生平业绩纪念馆，我馆集珍藏、研究、陈列、宣传于一体，馆藏毛泽东遗物和毛泽东有关的文物、资料 35000 余件，已出版发行毛泽东和毛泽东思想研究的文章、著作共 2000 余万字。现开放的陈列展室 11 间，面积 2000 余平方米。基本陈列"中国出了个毛泽东"，运用幻影成像、三维动态成像、场景写实等现代科技展示手段形象地展现了毛泽东的丰功伟绩；专题陈列"毛泽东遗物展"，展出遗物 400 余件，从工作、学习、情趣、情感等角度展示了毛泽东的人生经历和人格风范；"毛泽东一家六烈士展"运用珍贵文物和历史图片讴歌了毛泽东一家亲人为革命英勇献身的感人事迹。

2003 年 11 月 8 日，中共中央政治局委员、中央书记处书记、中宣部部长刘云山视察后说，韶山毛泽东同志纪念馆的陈列布展，声、光、电等艺术效果都达到了国内一流水平。看了展览，他又后动情地说，思想上受到了教育，精神上受到了洗礼，灵魂上受到了净化。

随着人们对毛泽东同志的怀念之情和红色旅游的持续升温，来韶山参观、旅游的客人与日俱增。2005 年，毛泽东同志故居接待观众达 280 万人次，纪念馆入馆观众达

45 万人次。

为更好地发挥韶山全国爱国主义教育基地的示范作用,中央把韶山作为全国爱教基地的一号工程来建设,力争通过 3~5 年的努力,把韶山建设成为设施一流、陈列一流、环境一流、管理一流、教育效果一流的全国爱国主义教育示范基地,立项投资两亿多元。在对毛泽东同志铜像广场进行改扩建、对纪念馆现有陈列进行充实、调整、提高的同时,新建一座高标准的集展示、收藏、研究于一体的毛泽东文物馆。明天的韶山将会更加为世人瞩目,来这里的客人将会更多。

韶山管理局负责对毛泽东主席故里韶山冲,包括毛泽东故居、毛泽东读私塾旧址南岸、毛泽东开展过农民运动的毛氏宗祠、毛震公祠、毛鉴公祠和毛泽东 1959 年回韶山的住所故园一号、1996 年在韶山的住地滴水洞等旧址的管理、保护、宣传和接待,同时担负对旧址周边环境的管理。

新中国成立以来,韶山长期是传统意义上的革命纪念地。1986 年滴水洞对外开放,标志着韶山由一地(革命纪念地)向两地(革命纪念地和旅游地)的转化。进入 21 世纪后,红色旅游不断升温。特别是 2003 年以来,韶山接待的游客数量激增,2003 年为 125 万人次,2004 年为 200 万人次,2005 年达到 280 万人次。

韶山红色旅游的兴旺首先是由韶山半个多世纪来形成的历史地位所决定的。这里是中国人民的伟大领袖和世界历史巨人毛泽东的诞生地,也是他度过童年和少年时代的地方,又是他青年时代进行革命活动、晚年视察和休闲的地方。这里留下了极其宝贵的毛泽东和他的家人以及他的家族、他带出去的革命志士们进行革命活动的旧址,构成了红色旅游资源的基本要素和核心;同时,韶山相传为舜帝南巡之地,这里拥有秀丽而朴实的山林和田园,农耕文化土壤深厚,成为红色旅游资源赖以生存的良好环境。这一切为韶山红色旅游的发展提供了得天独厚的客观条件。

韶山管理局深刻认识到了韶山红色旅游的巨大潜力,大力弘扬爱国主义教育的主旋律,在管理保护好各个旧址,充分发挥最大的社会效益的前提下,借日益强劲的红旅东风,借船出海,助推了韶山红旅"快船"的腾飞。2002~2003 年,湖南省委、省政府投资 1000 万元,韶山管理局具体牵头实施,对毛泽东故居所在的土地冲环境进行了彻底的整治,这包括毛家饭店的拆迁、道路的修整,山塘田土的整理,使土地冲基本恢复了毛泽东主席 1959 年回韶山时的原貌,并对韶山冲的农贸市场、商场、宾馆、饭店等各种商业设施进行了拆迁,使各旧址周边恢复了宁静的乡村风貌。同时,省级财政还在韶山毛泽东同志纪念馆投资 2300 万元,对门楼、陈列内容和形式进行了建馆以来最大的一次改造,新的陈列大量运用多媒体、幻影成像、三维显示等多种现代科技,并融汇置景、雕塑、蜡像、绘画等艺术手段,使陈列更贴近观众,更有时代和文化气息,因而更吸引游客。这为红色旅游的腾飞增加了新的活力。韶山作为全国爱国主义教育示范基地的功能得到进一步的强化与完善。

当然,韶山红色旅游的兴旺是与大环境分不开的。近几年,党中央非常重视对全国人民尤其是青少年进行革命传统教育,毛泽东主席 110 周年诞辰之际,胡锦涛主席选择国庆日再次来到韶山视察,李长春、曾庆红、刘云山等党和国家领导人也来到韶山。他们对韶山的关注彰显了韶山在全国人民心目中的崇高地位，从而也带来了游览韶山的热浪。李长春、刘云山等还对韶山的建设提出了指导性、方向性的具体意见，并启动了韶山一号工程的建设。这对红色旅游无疑又是一次难得的推波助澜。

2005年，全党开展保持共产党员先进性教育活动，韶山成为这项教育的最佳活动基地。管理局、各级行政部门和旅游部门借此又推出了百万共产党员韶山行、百万青少年韶山行等一系列活动，并以此为契机进行了大规模的宣传造势。韶山宾馆特别加大了宣传力度，投资数百万元在进入韶山风景名胜区的各主要入口和公路沿线以及上瑞高速公路等处竖立各种宣传广告，各旅游景点利用网络、媒体宣传，产生了明显的促销作用；纪念馆、宾馆走出去，参加各种旅游展销会和促销活动，同时与各旅行社联手合作，带来了滚滚客源。

红色的人文旅游并不是孤立存在的，它是与绿色的生态游、山水游或历史、传统文化游紧密结合在一起的。韶山红色旅游注重与湖南的其他旅游品牌如张家界绿色山水游、长沙历史文化名城游以及南岳衡山寿文化游等的横向联系，从而使这块红色旅游品牌有了陪衬，也有了更大的生存发展空间。

诚然，我们也面临着许多矛盾与挑战，有些是亟待解决的制约红色旅游发展的瓶颈问题，许多则是需要全社会关注的问题。虽然中国红色旅游实际上已存在数十年，但她的成长则是近四五年的事情。正当它显露出强势发展之势的时候，问题和阻力也随之而至。我们深感开拓红色旅游的多维发展空间已到了刻不容缓的地步。如果对此还不重视，红色旅游的前景堪忧，甚至有夭折于襁褓之中的可能。

第一，从中央到地方，拥有制定政策和行政、执法职能的各级政府应当加强对旅游行业的规范与引导。相当多的旅行社并没有考虑到红色旅游的特殊性，而将红色旅游等同于一般旅游，即不太注意红色旅游的社会效益而一味追求经济效益，从而败坏了红色旅游的名声甚至糟蹋了红色旅游的品牌。如为了吸引游客，韶山一日游的团费报价已低到无利润空间，旅行社大量缩减参观点，以免费参观点代替其他参观点和购物回扣等方式相弥补，其结果是韶山红色旅游资源大量浪费、闲置，免费的毛泽东故居、毛泽东铜像等处爆满（且极不利于保护），毛泽东同志纪念馆、毛泽东图书馆等景点观众严重不足，来韶山观众的绝对量增加而产生的两个效益并不大，对当地经济的贡献率更是微乎其微。

第二，需要进一步加大宣传力度。各旅游景点自身的财力有限，韶山很少有一年内能在广告宣传方面投入百万以上的实力单位。应当把以革命传统教育为出发点和终点的红色旅游作为兴国利民的大计，国家和主流媒体以及各个公共场所应加大非营利性的对红色旅游区的宣传力度，给红色旅游的宣传开绿灯，即由政府和媒体出面多作整体性、公益性的宣传，而不是由景点各自为政的进行小规模的宣传。各级各类学校也可以考虑更多地把红色人物和红色景点纳入教科书，使革命传统教育和红色旅游在青少年中形成深刻印象。

第三，国家应从强化软实力的高度，加大对红色旅游区资金和人力的投入。红色旅游既是可持续发展的无烟产业，更是强化国人精神支柱的千秋大业，国家应在诸如税费减免等方面给红色旅游提供更大的生存和发展空间。

第四，要特别注意红色旅游的可持续性发展问题，即处理好保护和开发的关系。保护永远是第一位的，只有保护好才能利用好。要特别注意避免红色旅游资源的过度开采、过分利用，不能把红色旅游资源当作一般旅游资源看待，不能过于商业化；旅游实体要做到协调一致，避免因恶性竞争而造成的资源的浪费、闲置或破坏。应当考虑到红色景区内原住居民的利益分配，对他们的经营活动加以引导。

第五，完善景区的人性化设施并作科学布局。为保护好红色景点及其周边环境，进行适当的拆迁是必要的，但要避免形成旅游服务的真空地带，那样反而不利于保护，也不利于红色旅游的长远发展。目前韶山的服务设施就严重不足。

第六，应当加大红色旅游区的规划、立法，使红色旅游更加规范化，法制化，使它的发展得到法律的保护。

第七，警惕在社会主义新农村建设中出现破坏红色旅游资源和自然与文化原生态的问题。社会主义新农村建设应该严格控制在文物保护区与风景名胜区之外，对文物保护区与风景名胜区的大规模建设将严重破坏这些地区的自然与文化原生态，更将极大地甚至是根本性地摧毁自然与文化遗产赖以生存的原生环境。这是在拥有自然与文化遗产的地区要引起切实注意的严重问题，因为目前已经出现因新农村建设而严重破坏环境的问题。

为此，我们应当强烈呼吁：在文化遗产保护区内应该杜绝一切破坏原生环境的"建设"，在这些特定的地域内不能进行与遗产保护与完善无关的任何建设项目；建设部和各级建委、规划局应该专门针对自然与文化遗产保护区建设问题下达明文，禁止在区内进行超限和超规模的"建设"；自然与文化保护区的保护范围应该适当扩大；拥有自然与文化遗产地区的各级政府应当认真研究本地区经济发展的特殊性与规律，而不能盲目照搬城市建设经验，也不能盲目照搬那些没有自然与文化遗产的地区"社会主义新农村"建设的经验，要认真汲取遗产保护区因盲目"建设"造成的对自然与文化原生态破坏的深刻教训，尽可能作恢复性还原。

红色旅游要生存，要发展，要做强做大，不能仅靠一馆一地之力，它需要全社会的广泛关注和全方位的立体支持，更需要从事红旅的各主体单位作横向与纵向联合，甚至走集团化发展之路。在不断地增强红色旅游硬实力的同时，还要在观念、制度、服务等各方面增强我们的软实力。只有如此，红色旅游才能形成多维的发展空间，她前面的路才会越走越宽阔。

名人故居保护与利用先从挂牌做起

郭　骥　（上海孙中山故居）

王　璐　（上海鲁迅纪念馆）

在我国现存的名人故居中，由于历史和自然的原因，民居建筑能够被确切认定为某名人故居者大多是近现代名人的故居，而古人故居受到专门保护和开放利用者为数甚少。根据国家有关规定，将已故近现代名人故居专门辟作开放场所者必须严格履行报批手续。

一　做好为名人故居挂牌工作

据不完全统计，我国迄今已有 30 处名人故居、旧居被列为全国重点文物保护单位，全国正式开放的名人故居达 150 多处。名人故居以特定的、著名人物的人生经历作为主线，犹如一部立体化的人物传记，以真实、生动和直观形象的实物展示向人们传递故居主人的风采和魅力。加强名人故居的管理和开发将对我国的博物馆的社会影响功能起到重要的作用。

在当前我国经济的发展过程中，由于房地产开发、居民改善居住条件和城市改造，有时会损害到一些名人的故居。为了保护现有名人故居资源，国家批准可在建筑物的显著位置（如门面部位）增加标志说明牌以示纪念；对已拆除的名人故居，如果地点明确，也应在原地挂牌做出标识。目前，迫切需要着手进行的工作是尽快确定一批名人故居进行挂牌保护，并且尽快给现存的争议不大的名人故居普遍挂上标志牌，同时在标志牌上使用中英两种文字进行说明，使人们了解名人故居的历史和价值。这也是当前能够采取的简便易行的抢救性措施。

为名人故居挂牌在实际操作过程中常常会遇到许多实际问题。我们可以借鉴一些国外的相关经验和措施。如英国在挂牌方面规定："挂牌只能挂在他实际居住过的房屋上，而不是曾经呆过的地方；挂牌的房屋标志在大街上就能看到；除非有例外的情况，同一名人的故居在全国范围内所挂牌子应有一个统一的数量限制；被提名的名人如果还活着将不做考虑；具有特别历史意义、值得纪念的地方申请挂牌的提议予以考虑；如果是出于作家小说中出现的房屋将不被单独标示；尽管大多数牌子是为纪念名人而挂，但也不应排除给公寓楼和重要的工作地点挂牌"[①]；对于已经拆除消亡或迁移改建

---

①　文丹《英国名人故居保护的蓝牌制》，《中国文化遗产》2006 年第 2 期。

的名人故居也应该挂牌说明，设立标志，注明此人此事，立此存照。挂牌并不能为这些房子提供任何法定的保护，尽快制定相关保护措施的法令仍是一项当前极为紧迫的工作。

二　在为名人故居挂牌的同时还要抓紧抢修一批名人故居

1987 年，联合国教科文组织的《世界文化遗产公约实施守则》中就提出："文物建筑保护的最好方法是继续使用它们，或者使它们现代化而不做或只做一点适应性的改变。"我们应在近两三年内挑选一批人物影响较大、保存现状尚可、投入适量资金就可以修复，有利于国际交往和祖国统一的名人故居进行搬迁、修缮和使用。

在对故居进行修缮时要注意与周边地区的融合。周边环境是观众参观名人故居前首先要接触的场景，它直接影响到观众对名人故居的第一印象，影响着观众参观名人故居的情感。国际文物保护的《威尼斯宪法》中第六条指出："古迹的保护包含着对一定规模的环境的保护，凡历史环境还存在，则地方必须予以保存。"在对故居进行整体保护设计中，要充分考虑故居周边停车和通行安全，以及基础设施的改善等方面的配套问题，建立一个为观众服务的体系，为观众提供无障碍设施，考虑观众的餐饮、购物、休息等多方面需求，使观众感到满意、愉快。同时也要在基本不改变故居原有使用性质的情况下，尽早对社会开放。

三　合理利用也是一种保护，从细节着手进行经营

（一）要注意解决好名人故居保护和利用的关系，树立"合理利用也是保护"的理念

在给故居挂牌保护和修缮时，也要更新理念，绝对不能只停留在故居本身的维修和保护上。以利用促保护，在保护中利用。一些已经被列为文物保护单位的名人故居，由于开放管理方式单一、缺乏宣传和运作、管理机制不灵活，不能吸引众多的参观者。如大多数的北京名人故居至今还淹没在大片的胡同、四合院民居之中，近在闹市无人问。适度地放开名人故居的经营管理权对保护更有利。

（二）在树立"挂牌为主"的保护理念的同时，通过丰富多样的方式，充分发挥名人故居的作用，将文化展示、思想教育、旅游观光和文化体验等内容有机结合起来，力求给国内外观众以教育和启迪

在故居开放的同时，可以借用一些国际上通行的方式。即在不改变现有用途的前提下，以实物保护与设立标志牌为主，以建设博物馆、纪念馆进行图片、图像陈列为辅，树立"灵活多样，综合利用"的理念。故居管理者在结合自己的特长拓展办展思路的同时，要走专题化、精品化、特色化路线，努力集知识性、艺术性和娱乐性于一身。通过国内外巡回展出、馆际交流、与学校挂钩争取稳定的观众源等方法，也可以

带来一定的收入。

(三) 名人故居的展示经营模式也可以多种多样

名人故居可以开设名人书店、名人画廊、诗书茶社、艺术沙龙等，主动充当活动中的主角。注重宣传多样化，积极联系接待电视台、电影制片厂以及各类报刊记者进行宣传报道。办文学笔会、采风活动、摄影、征文、演讲比赛、出版宣传品、专著等作侧面宣传。举办一系列名人优秀事迹展览，在重大纪念日做主题展览，向社会公众召开主题报告会等，积极与各大、中、小学建立共建关系以深入宣传。此外，单位的办公用房也可以定期对社会公众开放，以起到宣传、教育和展示作用，树立历史文化名城的良好形象。

四　多种渠道筹集修缮和开发经费

名人故居的保护从挂牌到修缮和开发都需要在一定量的资金支持下才能完成，而名人故居与其他文博单位一样，一些关系到自身生存与发展的困难和问题在短时间内尚不能得到根本解决，从而在很大程度上影响其社会功能的发挥。如许多名人故居都因年久失修、设施简陋，文物资料得不到应有的科学保护，展览也长期无法得以更新，陈列设计内容单调、形式陈旧，十几年甚至几十年一贯制，难以吸引观众。

2005年，据中国博物馆学会理事长张文彬介绍："全国2200个博物馆中，大约有2/3生存困难，这其中又以中西部地区为主，以中小博物馆居多。安徽省有的县级博物馆一年经费不足发工资……许多县级博物馆一年人均经费约1万元，无法开展工作，连最起码的工资都无法保证。……湖北十堰市有的县级博物馆，全年包括工资经费不到5万元。"[①] 可见，在当前对名人故居的保护和利用过程中，仅靠政府出资是远远不够的。财政拨款只能解决人员工资，而想要开展其他业务活动则举步维艰。

(一) 非营利性不等于放弃经济效益

面对故居现状，管理者要采取多种形式进行经营管理。而一些博物馆的经营者对故居经营方面的宣传显得十分低调和被动，各地文化局负责人也很忌讳将博物馆与"经营"二字相提并论，多次强调博物馆是"非营利性"，只能"管理"而不能"经营"。但博物馆要在坚持社会效益为主的前提下争取经济效益，这一点应该是市场经济体制下博物馆界的共识。各界博物馆同仁们在扩大名人故居的历史性、纪念性的同时，要注意社会影响力和受众的辐射面，同时也要考虑和经济性结合起来。

(二) 抓住红色旅游的机遇，推动故居多层次多方位的经营

2005年下半年起，国家启动了在全国范围内重点建设以10个"红色旅游基地"、

---

① 姜江来、朱丹青《浅析中小型博物馆现状及发展方向》，《文物工作》2006年第3期。

20个"红色旅游名城"、100个"红色旅游经典景区"的"红色旅游"工程。这些以广大名人故居为依托的旅游景点必将为故居的开发带来新一轮的发展机遇。但是，也不容忽视其中存在的误区。一些名人故居的管理者由于自身的文物意识淡薄，过分追求经济效益和过度掠夺名人故居身上的商业价值，寄希望于通过市场化运作，过度开发名人故居资源，忽视了名人故居的长远发展。那些已经被开发成旅游景点的名人故居，要从合理利用、依法保护、加强管理的角度出发，注重名人故居本体及其人文和自然环境的可持续性整体保护与展示，从抓名人故居周边环境的整治和良好氛围的营造入手，制定专门的保护规划和管理办法。

随着经济日益繁荣，作为国际性大都市的上海寸土寸金，很多老式里弄被整条整条地拆除，兴建起高楼大厦。文物保护单位和不少优秀历史建筑虽然保存了下来，却往往与周边改变后的环境格格不入。但是市中心的香山路思南路口的上海孙中山故居纪念馆附近的建筑却依然保持原状。这与整条思南路上留存着众多名人故居是分不开的，周恩来、李烈钧、薛笃弼、梅兰芳、曾朴等都曾寓居在思南路上，思南路皋兰路、南昌路和复兴中路口有着张学良、赵丹、陈独秀、瞿秋白、郭沫若、刘海粟、柳亚子、史良、何香凝等人的故居，而不远处的重庆南路就是邹韬奋故居纪念馆。这样一幢幢别致的洋房所营造出的幽静氛围使参观孙中山故居的游客们远离尘嚣，静思历史，去感受这位革命伟人生活时代的背景，同时还能了解到与之时代相仿的学者和艺术家的精彩人生。2002年颁布的《中华人民共和国文物保护法》第二章第十八条规定："根据保护文物的实际需要，经省、自治区、直辖市人民政府批准，可以在文物保护单位的周围划出一定的建设控制地带。……在文物保护单位的建设控制地带内进行建设工程，不得破坏文物保护单位的历史风貌。历史建筑一般都不是孤立存在的，只有进行整体保护，才能够更好地体现出其历史价值，当然也将成为更好的旅游资源。"

在我国已开放的150多处名人故居中，约有90%以上被各级政府、有关部门命名为爱国主义教育基地。它们在陈列内容和学术研究上既突出了爱国主义教育基地的主题，也取得了相应良好的经济效益。上海鲁迅纪念馆在这方面的一些做法值得思考。上海鲁迅故居每5年对房屋内部按照修旧如旧的原则进行一次大修，依托毗邻的纪念馆与鲁迅墓，利用博物馆、纪念地和现代园林结合的综合优势，实现了纪念馆、墓地、故居、公园四项功能的统一。爱国主义教育基地和旅游景区的结合也是教育功能和旅游功能的统一，这为观众提供了参观的多种组合选择。此外，上海鲁迅纪念馆还十分注重对馆藏资料的整理和研究。其编辑出版的《上海鲁迅研究》等数十种文物图集和研究论著在中国现代文学研究、特别是鲁迅研究中有着十分重要的地位。1999年，上海鲁迅纪念馆经扩建后加强了学术研讨和临时展览的更新，为专家学者和普通观众从多层次多方面提供了交流与参观。

综上所述，我国现已开放的名人故居绝大部分由各级政府部门兴办的故居纪念馆、文管所管理，经费不足是一个十分普遍的问题，像上海孙中山故居和鲁迅故居这样社会效益和经济效益俱佳者为数甚少。笔者以为，扭转政府包办状态下形成的依赖思想是故居经营管理的首要任务，名人故居内部要真正深化改革，减员增效，引进竞争机制，加强科学管理和经济核算，使有限的政府拨款和其他收入在使用上得到严格控制，避免资金浪费。在名人故居努力进行内部调整的同时，也要争取政府拨款，依靠政府支持，即政府为故居提供诸如土地方面的帮助，允许故居从事一定的经营和基金募捐活动，政府在技术、专业方面给予多方面的帮助和辅导。对于那些公布为名人故居的私产房，在要求房主按规格进行定期维修的同时，国家或当地政府适当给予补贴，以进行修缮和维护。还可以通过业务活动和各种合法经营以及动员社会捐助等，多渠道筹集办馆资金，如依靠一个经济实体，通过经营实体赢利来支持故居的运转。此外，可以依靠社会资助，如志同道合的人组成一个团体，有钱出钱，有力出力，为故居的管理和发展提供持续的、强大的资金支持。总之，国家如能够进一步加大对文化事业单位经营创收活动优惠措施的倾斜力度，放宽对捐助公益事业的鼓励政策，必将增强故居自身的"造血"功能，同时也将唤起社会更多的关注与资金投入。

浅述三坊七巷名人故居保护现状及对策

王秀琳

（福建福州严复故居）

福州历史悠久，文明昌盛，人杰地灵，素有"海滨邹鲁"之称，自然景观和人文景观兼备，历史文化遗存丰富。早在距今 5000～7000 年前的新石器时代早期，就有原始氏族部落在此繁衍生息。公元前 202 年，闽越王无诸定都于此，并修筑冶城，这是福州的第一座王城。唐末五代闽王王审知先后扩建了罗城和南北夹城，福州自此成为闽国都城，是福建地区的政治、经济、文化中心，有"东南都会"、"福地宝城"之称。自古以来形成的发达的内河水系，以及丰富的地热资源，都为福州的名人故居保护提供了很好的条件。2200 多年来的城市建设历史，为福州留下了"古城"、"文化文教城"、"海港城"、"海军城"等多种文化内涵，形成了"山中有城，城中有山，山、水、城一体"的名城总体格局和"三山两塔一条街"的古城空间格局。

1986 年 12 月，福州被国务院公布为第二批国家历史文化名城。福州市现拥有 16 个历史文化保护区，9 个全国重点文物保护单位，83 个省级文物保护单位，95 个市级文物保护单位，455 处县（市）区级文物保护单位，64 处名人故居、历史纪念地和有代表性古建筑，4 个省级历史文化名镇（村）。

近年来，福州市在加强物质文明建设的同时，注重精神文明的建设，加强历史名人故居的保护，大力弘扬福州优秀传统文化，努力建设"文化强市"，打造具有地方特色的闽都文化。

为更好地保护福州市历史名城风貌，根据《中华人民共和国文物保护法》和《福建省文物保护管理条例》，并结合福州具体情况，于 1995 年制定了《福州市历史文化名城保护条例》，1997 年 2 月正式颁布实施，使福州成为全省第一个制定名城保护条例的城市。《条例》明确了历史文化名城的范围与文化内涵以及名城保护的性质、范围和部门，福州市的文物和名城保护工作逐步走上法制化、规范化发展道路。

为了将整体性保护福州古城规划具体化，增强实践中的操作性，自 2000 年始，经过 3 年多的论证、研究，市规划局、市文物局、市规划设计研究院耗资 40 万元编制了《福州市历史文化名城保护规划》，该《规划》重点保护"三山两塔一条街"的历史名城空间格局，并对文物古迹、历史文化保护区、古城格局、历史传统轴线、古民居、古街区、古城建筑高度控制等均进行了详细的规划，为整体上更好地保护福州历史文化名城的城市格局和文物、名人故居提供了科学的依据。目前，此《规划》已通过有关专家初审。

自 2003 年始，市政府将文物专项经费从每年 100 万元增至 200 万元，还根据文物修缮、馆所建设的实际情况，划拨项目专项经费，专款专用，修复和保护了一批文物和历史文化遗存。据不完全统计，我市近年来共投入文物事业经费约 2 亿元。

近年来，市委、市政府十分重视三坊七巷及朱紫坊等历史文化街区的保护工作区，对三坊七巷保护、利用工作进行论证、指导。今年将投资 1 亿元启动三坊七巷保护工程，修复省级文物保护单位水榭戏台。此外，还将投资 450 万元用于更新、增设三坊七巷内消防设施，消除安全隐患。2005 年 11 月，组织文物专业人员进行"三坊七巷"文物保护基本情况摸底工作，对"三坊七巷"的历史沿革、文物现状和文物修复等重新进行了全面的调查，并组织召开省市建筑、文物、史学专家论证会，确定 150 处需保护的古建筑、名人故居，形成初步调查保护意见上报市委、市政府，为"三坊七巷"历史街区的规划保护提供了翔实可靠的依据。

虽然福州名人故居保护、开发、利用均取得长足的进步，但还存在一些问题：

一 宣传力度方面有待加强

近年来，虽然通过多种方式，加强文物保护宣传，但是全社会的文物保护意识还需进一步提高。保护文物、人人有责的良好的社会氛围还未形成。如何利用各种媒体，展开多方位、多层次、多角度有效宣传，是我们需要认真思考的问题。

二 文物保护经费仍需进一步增加

我市文物保护的力度还有待加强，文物管理水平有待提高。三坊七巷文化内涵还需进一步挖掘。由于财政的资金有限，相当数量的文物保护单位还存在安全隐患。

三 城市建设和名人故居保护的关系需进一步理顺

随着城市建设步伐的加快，城市建设和文物保护之间的关系也日显突出。如何妥善地处理这两者的关系，更好地有效保护好我市历史文化资源，并加以合理利用，实现其可持续发展，仍然是任重而道远。

四 文物旅游的效益尚未充分发挥

我市历史悠久，人文荟萃，文物旅游资源丰富，既有名胜古迹，又有具有浓郁地方特色的风俗民情、传统文化。但由于分布较散，且规模偏小，未能有效纳入现有旅游线路。因此，需要整合旅游线路，树立一、两个文化旅游拳头产品，积极促进文物旅游的发展，开发利用文物旅游价值使之成为新的经济增长点。

针对存在的问题，我们要解放思想，深化改革，开拓创新，增强活力，努力探索新思路，发掘福州历史名人故居内涵。

一　出台有关的法规政策，力促文物保护事业的发展

（一）尽快批准、实施《福州市历史文化名城保护规划》

1999 年，市规划局、市规划设计研究院与我局联合编制了《福州市历史文化名城保护规划》，该规划在国务院批复的《福州城市总体规划》的基础上，根据我市的特点，分名城总体保护、历史风貌区、各级文物保护单位、福州地方文化遗存四个层次，分别提出详细规划和具体的可操作性意见。但该规划在 2001 年通过专家初审后便没有下文，希望上级及时批准、实施名城规划，以便加强我市名城保护。与此相对应，浙江省杭州市去年 6 月出台了《杭州市历史文化名城保护规划》，绍兴市则早在 2001 年 7 月就出台了《绍兴市历史文化名城保护规划》。这些规划的出台均较好地保护了历史文化名城。

（二）制定优惠的财税政策，鼓励社会投资保护文物和名城

由于市财政投入文物经费有限，在经费方面应学习国外和国内对基金会、外资企业等优惠的作法，出台相关扶持文化文物减免税收政策，对投资保护文物的企业、团体实行精神奖励和税收减免，引进内外资，成立文物保护基金，争取发行文物彩票等，力争多渠道筹集文物保护资金，在保护文物的前提下进行市场化运作。如意大利，尽管公共财政每年入不敷出，但政府每年都要从财政收入中拨出专款数亿欧元用于文物修复，同时在税收政策上对投资修复文物的企业或个人给予优惠。由于文物保护受到国家和社会的高度重视，常有一些意大利国内外企业慷慨解囊，积极赞助，弥补了政府经费的不足。位于米兰圣玛丽亚教堂里的达·芬奇名画《最后的晚餐》，最后一次修复就是由意大利奥利维蒂计算机公司赞助的。

对于历史风貌区的保护，由于涉及面广，可采取争取国家、省专项资金补助，市区财政、产权单位、个人等共同出资。如浙江省绍兴市在仓桥直街历史街区（占地约 6.4 公顷）保护过程中，采取政府和住户共同出资保护，比例为政府 55%，住户 45%，住户所出资金由房屋实际产权人承担；对于营业用房的修缮，则由住户自行出资，政府按每平方米收取 280 元的修缮费用等。由于采取了一系列正确的措施，如今仓桥直街已成为历史街区保护、整治的典范，获得国际多项奖，同时取得良好的旅游收益。再如我省的漳州市香港路历史街区（占地约 2.8 公顷）的整治与保护，采取了政府和居民共同分摊的方式，具体是在建筑立面修缮或建筑整体维修方面，政府负担 40%，住户负担 60%。该项工程已完成前期准备工作和部分拆迁工作，投资 2400 万元。

二　加强宣传，塑造良好的社会氛围

福州是一个历史悠久，人文荟萃、山川秀丽的国家历史文化名城、国家优秀旅游

城市。要采取各种方式,通过传播媒介,向全世界展开多方位、多层次、多角度的宣传,宣传我市的城市形象、名城风采、风俗民情、传统文化等,让更多的人了解福州文化底蕴和城市风貌。

(一)学习浙江省杭州市、山东威海市等城市做法,拍摄文物、名人等专题纪录片,在中央电视台、各卫星电视台进行城市形象广告,宣传福州

(二)每年借助各种纪念日,举办大规模的活动,邀请国内外嘉宾参加,扩大福州城市的影响力

(三)要求福州市级电视台、电台、报刊等新闻媒体,都必须开辟专题、专版、专刊,宣传福州历史文化、文物资源等,使之家喻户晓

三 加大文物保护力度,保护好我市历史文化名城

(一)深入挖掘闽都特色历史文化内涵

文物是人类创造的物质文化遗存。保护、继承和借鉴优秀的历史名人故居,不仅可促进可持续发展,而且还能形成经济新的增长点,在三个文明建设发挥积极作用。如云南省丽江世界名人故居地保护完好,其旅游年收入就达30亿元;江苏省小镇周庄因完整地保存了江南古镇的原有风貌,游人如织,旅游收入成为当地经济的重要来源。

福州的昙石山文化、船政文化、三坊七巷文化、寿山石文化极具闽都特色,要深入挖掘四大文化品牌内涵,提升福州城市文化品位和知名度。尤其是三坊七巷文化。

三坊七巷街区至今仍然保留自唐宋以来鱼骨架形坊巷格局,被誉为"明清古建筑博物馆",是福州历史文化名城的重要标志。我们要在保护的前提下,加以合理开发。目前我市正努力推进三坊七巷的有效保护与合理开发,确立了"总体规划,分期实施"的原则,拟投资3000万元,启动一期保护建设工程,重点是修复、完善两巷(塔巷、郎官巷)三点(黄麒故居、二梅书屋、严复故居)。今后将按照总体规划,全面实施三坊七巷保护工程,可设想将福州古老的工艺文化、民俗文化、集中到南后街,展示福州民间文化特色。同时还可考虑将三坊七巷与附近的文庙、邓拓故居、林觉民故居、林则徐纪念馆以及乌塔、白塔、于山、乌山形成连片开发,并结合名人故居游、内河游等文化旅游活动,逐渐形成我市文化旅游拳头产品,提升城市品位。

(二)加强历史文化街区的保护

福州历史文化名城的保护,是以保护福州城市珍贵的文物古迹、纪念建筑物、历史地段、风景名胜,及其环境为重点,达到保持古城的格局和风貌特色,继承和发扬优秀历史文化传统的目的。福州现有屏山、乌山、于山、冶山、西湖、三坊七巷、朱紫坊、大庙山、南公园、烟台山、古城山、淮安、林浦、螺洲、鼓山、阳岐等十六处为第一批历史文化保护区。

　　之所以将历史街区的保护提到突出位置，主要在于目前城市建设与历史文化名城保护矛盾突出，很多地方进行城市建设和旧城改造规划时，较少考虑历史传统街区和城市风貌格局保护及文物保护因素。有些历史文化街区一定程度上存在违章建设，文物建筑受到不同程度的破坏。有些传统民居和重要古建筑被机关、企业长期占用，有些传统民居住房数量多，空间被任意分割，造成不同程度的破坏。尤其是福州市三坊七巷和朱紫坊文物古迹众多，历史文化积淀浓厚，目前保存状态相对完整，要做好保护工作，科学合理审定通过新改造保护规划方案。2004年建设部公布了《城市紫线管理办法》，为历史文化街区划出一道"紫线"进行严格保护。"城市紫线"是指国家历史文化名城内的历史文化街区和省、自治区、直辖市人民政府公布的历史文化街区的保护范围界线，以及历史文化街区外经县级以上人民政府公布保护的历史建筑的保护范围界线。今后，在编制城市规划时，应当划定保护历史文化街区和历史建筑的紫线。在城市紫线范围内进行新建或者改建，除需要办理相关手续进行规划审查，还需要组织专家论证并进行公示。同时在紫线范围内，将禁止违反保护规划的大面积拆除、开发；禁止对历史文化街区传统格局和风貌构成影响的大面积改建；禁止损坏或者拆毁保护规划确定保护的建筑物、构筑物和其他设施；禁止修建破坏历史文化街区传统风貌的建筑物、构筑物和其他设施等。

（三）打造名人故居品牌

　　如果说历史文化名城是个整体，是一片森林，而名人故居则是一棵棵大树。如果这些大树只是孤立地存在，那就成不了森林，要营造大树周边的环境，恢复其历史风貌，把文物的大树连成森林，产生森林的生态效应，恢复文物的原生态。如绍兴在古城保护中将名人故居保护发展为名人故里保护，将其建设成为最完整、风貌最传统、规模最大、文化内涵最丰富的人文旅游区，集旅游、购物、餐饮于一体，满足游客的基本需求。近年绍兴的人文旅游以每年20%的速度增长，这在全国是罕见的。鲁迅故居以往每年参观人数已逾百万，上海、北京、厦门、广州5个比较大的鲁迅故居加起来的游客量还不足绍兴的1/3。我市历史名人众多，要利用现有名人故居，布置陈列展览，努力发挥名人效应，为三个文明建设服务。要在保护修缮前提下，整合三坊七巷名人故居资源，打造三坊七巷品牌，充分发挥名人故居作用。

　　对名人故居的保护，我们要坚持"保护为主、抢救第一、合理利用、传承发展"的方针，采取积极措施，将其纳入名城保护开发的重要组成部分，建议制定相关保护条例，成立专门名人故居挖掘整理小组，摸清名人故居的种类、数量、分布和现状，建立名人故居档案；充分发挥教育各级基地作用，妥善保存和展示与名人故居有关的实物、资料，形成全社会共同关心、爱护并积极参与名人故居保护的社会氛围。

让历史成为财富

——名人故居在保护利用中"复活"

吴晓玲

（福建省福州市林则徐纪念馆）

名人故居是一个国家历史文化的重要载体，它浓缩展示了某一特定时期中国社会的面貌。因为这些名人都是当时站在社会顶层的精英，对社会产生了重大影响。而要把名人故居作为一种重要的旅游资源，要使参观者能够更好地认识历史，并受到爱国主义教育，就应当采取有效措施来保护和利用，充分挖掘其旅游和文化价值，使其在保护利用中"复活"，让这些历史变为宝贵的财富，实现文化效益与经济效益的双赢。

三坊七巷是福州这个千年古城历史和文化的精髓，而三坊七巷中的名人故居又是其灵魂所在，在城市的现代化进程中，对于祖先留给我们的这一宝贵遗产，对作为向世人展示和交代一段历史的丰富遗产，我们应将其视为有重要价值的历史财富，对它进行有效保护与合理利用，让名人故居从"死文物"变成充满生机的城市组成部分，让它在保护的基础上通过合理利用继续"活"下去。

一 三坊七巷中名人故居的现状

三坊七巷人杰地灵，是出将入相的所在，历代众多著名的政治家、军事家、文学家、诗人从这里走向辉煌，保留下来的名人故居所蕴含的文化底蕴和独特的建筑风格都具有极高的艺术价值及学术价值。而有些名人故居本身就承载着一段历史，体现着一种精神。然而现今不少有重要历史价值的名人故居仍然得不到有效保护，在很多人眼里，这些建筑的价值仅是"房子"，其历史文化内涵往往被忽略。有些名人故居里还有人居住，大厅、通道、花厅、偏厅都被住户乱搭乱建，原本宽敞的大厅显得狭小阴暗，木质地板就像是打着一块块补丁的丐帮"百衲衣"。不少古建筑因年久失修，已岌岌可危，塌、蛀、漏、私搭乱建，火灾隐患，随时威胁着这些古建筑的生存。如明朝抗倭英雄张经故居主体木构架保留完整，主厝明间回廊等搭建十分严重。看来前人留给我们的财富随着时间的流逝一点点被尘封，一点点被淡忘，我们应该行动起来，应该尽最大的努力也为我们的子孙留住这丰富的财产。现今，随着文化旅游的发展，各级部门对三坊七巷的保护也越来越重视，已经投入大量的人力、物力、财力对其进行保护与发展。

二 在城市发展中对名人故居进行保护、发展与利用

在人类文明不断进步，物质生活高度丰富，旅游成为世界性发展潮流的今天，名人故居理所当然地成为独特的旅游资源。在现代化的进程中，视有重要价值的名人故居为财富还是经济发展和城市建设的负担，反映出是否尊重历史和文化遗产的价值取向。因此，缓解城市的现代化发展与名人故居保护发展的矛盾，利用名人故居的文化底蕴来促进文物旅游事业的发展，进而进一步促进城市经济的发展及文化建设则成为当务之急。

名人故居是前人留下的巨大财富，这种财富既是物质的，更是精神的，从这个角度来看，是应该完全的、无条件的保护。而保护应在不改变其原有功能的基础上实现。三坊七巷中的名人故居比较多，在其范围内应依据现状建设和遗存现状分别制定保护措施，对保存较完整重要文保单位的名人故居以保存方式进行保护。这些单位应严格日常性保护，适度维修严格按照"护旧如旧"的原则进行。先把后来违章搭建部分先行拆除，对连片的、保留相对完整的民居和街巷风貌地块，以修缮的方式进行保护和控制，修缮的力度坚持"修旧如旧"的原则，以不触动和改变原建筑的结构为准。该类型地块是集中体现街坊、巷风貌的主体，必须在沿街、巷立面等进行重点控制。对保存质量状况不够好但仍能体现原街坊风貌特色的建筑或是与保护风貌基本相符的建筑，采取装饰的方式进行保护和改善，而对于一些暂时还无法原样恢复的故居，可先保留其现有样子，待日后研究考证后再进行修复。

对于这些故居单单保护，而不去发展，不去利用，也不行。保护就是为了利用。那种让故居闭门紧锁，表面上看是保护，可是却无法体现其社会价值。"户枢不蠹"，这些名人故居修复后如果说关门落锁，不供人参观，那么只会使这些建筑失去生活气息，失去原有的教育功能，我们除了保护它，还要让它在现代社会中恢复生机，让它在修复中再生。这样才能让沾满尘埃的名人故居走出围墙光彩亮相，成为富有文化内涵的景观。保护更新后的"三坊七巷"将具有旧坊故里、人文荟萃、温馨宅院、名人故居汇聚的典型古街坊风貌，而名人故居则是三坊七巷中的精髓。

三 名人故居的"复活"与文化旅游

名人故居有其特定的文化氛围，体现特有的精神追求。"复活"后的名人故居只有与文化旅游联系在一起，才能最大限度发挥其宣传、教育功能。两者是相辅相成，相互促进的。

将名人故居纳入文化旅游，使其宣传教育功能与经济利用价值有机结合，通过合理利用获取利益，为保护提供资金。因为名人故居、古建筑的保护是需要强大的经济基础作后盾的，如果单靠政府的资金投入，势必会加重政府的负担，而如果没有足够的资金投入，其保护效果一定有限，并且也难以维持长久。通过旅游可以实现名人故

居文物价值与社会价值，通过合理利用产生社会效益与经济效益，并且还能唤起人们对名人故居的热爱与理解，从而有利于保护。只有将名人故居与旅游开发和谐发展，才能推进文化旅游，实现社会与经济效益双赢的目的。

参考文献

1. 宋伟宏《文化遗产保护与文化旅游利用的良性互动发展》（《"中国文化遗产事业的现状与前瞻"学术研讨会论文集》）第 53~57 页，复旦大学文物与博物馆学系 文化遗产研究中心，2005 年。

试论新农村建设中名人故居的保护

王定良　孙中华

（湖南省刘少奇同志纪念馆）

　　名人故居留下了名人的雪泥鸿爪、前贤的奋斗踪影，具有深厚的底蕴和永恒的魅力，是民族文化的精华、民族精神的结晶，是最值得珍惜的建筑。走进名人故居，仿佛又见到了昨日的他们。因此，作为历史文化遗产或文物遗迹保存下来的名人故居本身就是一座记录历史真实的博物馆，具有很高的价值，是不可多得的宝贵财富。党的十六届五中全会提出了建设社会主义新农村的重大历史任务，这是一项惠及亿万农民，关系到国家长治久安的战略性举措。围绕这一中心任务，各地各级党委、政府和各部门纷纷制定规划，确定目标，采取切实可行的措施推动社会主义新农村建设。在此过程中，更多的优惠政策、更多的资金、更多市场要素和社会资源流向广阔的农村，更多的基本建设项目也将在各地农村纷纷上马和实施。同时，今年年初，国家旅游局在河北省西柏坡确定了 2006 年旅游主题为"乡村游"，作为地处农村的名人故居都不想失去这个难得的发展机遇，都想在"乡村游"上大做文章。于是，在大建设、大开发的形势下，农村中大量的名人故居势必面临前所未有的挑战。

一　新农村建设中名人故居保护存在的困惑

　　在我国广大的农村，许许多多名人故居星罗棋布。据统计，在我国政府公布的近 7 万处各级文物保护单位中，约半数在农村，其中名人故居和遗迹约占 25%。尤其是中国近现代史上，一批批革命志士为了建设一个新中国，从全国各个农村走出，奔赴革命的第一线。革命胜利后，他们青少年生活和成长的住所就成了今天让人们向往的红色旅游景点和爱国主义教育基地。如广东翠亨孙中山故居、湖南韶山毛泽东故居、湖南花明楼刘少奇故居、四川广安邓小平故居、上海青浦陈云故居等等。在全国各地实施新农村建设以后，农村的面貌开始出现了可喜的变化，但也出现了一些值得我们警惕的不良趋向。如有的地方在村庄整治中不加鉴别地拆除没有列入文物保护单位的名人故居，一味地"克隆"城市，在建筑和规划上盲目地求洋求新。导致这一现象产生的一个重要原因就是一些人存在认识上的误区，简单地把新农村建设等同于新村建设。

　　关于新农村建设，中央提出了"生产发展、生活宽裕、乡风文明、村容整洁、管理民主"的要求。可见，新农村建设是一项长期的历史任务，需要用几十年甚至上百年的时间来完成。那种急功近利、片面搞"形象工程"的做法非但欲速则不达，还有可能给农村中名人故居的保护带来不可挽回的损失。

（一）新农村建设中名人故居保护认识不足

在新农村建设中，常常会听到："这些破破烂烂的旧房子保护起来干啥，拆掉算了。""这也保护，那也保护，还怎么发展？"等各种议论，这往往将名人故居保护与新农村建设对立起来。一些基层领导认为，保护名人故居就会影响整个农村的村容村貌，妨碍社会主义新农村建设进程。同时，一些地方领导和旅游主管部门为了抢抓"红色旅游年"和"乡村旅游年"这两个发展契机，法律意识淡薄，功利思想严重，片面地追求旅游经济效益，过分地掠夺名人故居的文物资源，在名人故居控制范围内肆意地建饭店、购物商店，盲目地开发旅游产品，从而导致名人故居周边环境遭受到严重破坏，使名人故居置身于商业的笼罩下，失去了原来历史风貌，导致缩寿减岁。

（二）新农村建设中名人故居保护经费短缺

据笔者了解，在湖南、湖北、江西、四川等省的广大农村诞生了许许多多革命伟人、将帅，烈士更是不计其数。由于这些省目前经济还不是十分发达，各级财政经费有限，对地处农村中的名人故居的保护仅仅停留在人员经费保障上，除特别突出的革命伟人或重大影响的知名人士故居建立了纪念馆，成为国家重点文物保护单位外，还有一部分将军、英雄人物和许多革命烈士的故居至今没有进入列入省、市、县三级文物保护单位范畴。尽管有的列入了，各级财政还没有安排专门的保护经费，再加上各级文物保管部门自身经费不足，有些地方因人员包袱过重，连干职工基本工资都不能足额按时到位。如著名的陈赓大将在湖南湘乡的故居，绝大部分土砖房屋已经倒塌，仅有两间也在风雨飘摇中岌岌可危。一无专用经费，更无专门人员保管，仅有一个陈赓原来的旧邻居热心地看管。经费的短缺导致了地处农村中的名人的故居生存状况令人担忧。

（三）新农村建设中名人故居保护法制滞后

今年5月份，国务院正式公布了第六批1080处全国重点文物保护单位。至此，我国的全国重点文物保护单位由原来的1271处增加到2351处。但据笔者所知，目前80%已经列入全国重点文物保护单位的名人故居没有编制好保护规划。一部分地方由于没有编制好当地名人故居的保护规划，明知新农村建设规划与名人故居保护规划存在冲突，但也只能眼睁睁地看着新农村建设对名人故居周边环境造成冲击而无可奈何。尽管国家出台了《文物保护法》，但在一些农村，由于群众生活水平低，急于脱贫致富，加上地方政府重视不够，给名人故居的保护、管理带来了很大难度。再加上对名人故居破坏大多是群体性的、开发性的、建设性的，文物部门前往制止，他们便以阻碍社会主义新农村建设或有领导同意的"尚方宝剑"为盾牌，对文物执法人员进行围攻或冷言讥讽，对文物部门下达的停建、整改通知更是不屑一顾。名人故居的保护执法有时处于进退维谷的境地，导致部分名人故居在社会主义新农村建设中遭到破坏。

目前，尽管部分有识之士曾经呼吁要设立《名人故居保护法》，但其制定到实施仍需要一个过程。同时，《文物保护法》规定："县级以上的文物保护部门对行政区域内的文物保护实施具体的监督与管理。"从目前情况来看，全国文物行政管理力量相当薄弱，机构不健全，人员偏少且素质不高，权力难以行使。

二　新农村建设中名人故居保护对策

新农村建设中名人故居的保护不是简单意义上传统建筑的集合，而是一个文化结构缜密的整体，不仅具有认识价值、审美价值、社会价值，而且还有着历史的延续性和节奏感，是不能再造的，具有不可再生的特性和文化教育功能。

（一）新农村建设中名人故居保护要坚持真实性原则

毋庸置疑，历史环境创造了名人故居的血肉，文物保护单位构架了名人故居的筋骨，历史文化凸现了名人故居的风貌，文化内涵孕育了名人故居的个性，保护特征形成了名人故居的保护方法。作为地处农村的名人故居，地域上决定了名人故居所依存的环境，自然环境是农村生成和发展的先决条件，也是农村固有的自然风貌。保护名人故居必然也必须与自然环境联系在一起，成为一个完美的整体。为此，我们要在坚持真实性原则下搞好名人故居的保护：一是要做好各类名人故居的"四有"工作，即保护范围、建设控制地带有保护标志、有科学记录档案、有专门机构或专人负责管理。二是名人故居的保护应实行原址保护，非特殊情况下不得迁移、重建，它的修缮、保养不得改变原来文物原状。一般传统建筑中的名人故居危房的改造要按照保持本体的历史风貌和特点进行修缮和保养。在改造之前，聘请古建筑保护专家科学制定保护规划和实施步骤，所有人、管理人、使用人应当按照规划要求和保护修缮的标准履行管理、维修的义务，任何人不得随意拆除、改建、扩建名人故居的本体建筑。三是对处在名人故居绝对保护范围和控制地带范围内的民居，如果与名人故居的历史风貌不相适应，应当花大力气进行拆除和改造。四是注重依托名人故居所遗存的文化遗产建设新村镇，加强对村庄整体风貌的保护，注重保护以名人故居为中心的历史风貌和农村文化风情，保持名人故居历史地段的完整性，主要表现在建筑的景观环境、自然景观环境、人文景观环境的整合，杜绝影响保护安全的生产及社会活动，防止环境污染等方面。五是把名人故居的保护工作融入新农村建设之中，统筹考虑，统一规划。要尽快编制名人故居发展规划，新农村建设规划，因地制宜地制定名人故居保护措施，不搞一刀切。并加强名人故居传统格局的保护，包括路网布置、构图轴线、地形、地貌、山、水、林等。如湖南刘少奇故居为进一步提升景区质量，拟在景区修建电瓶车通道，为科学保护好刘少奇故居周边环境，首先聘请河南古建筑保护研究所制定《刘少奇故居及周边环境保护规划》，然后聘请省建筑设计院在不违背故居保护规划的前提下，再制定电瓶车通道建设方案。六是要注重对名人故居所在地域非物质文化遗产的保护传承，要尽力保护传承各类民俗活动、表演艺术、传统知识和技能，以及与之相关的器物、实物、手工制品等，来进一步烘托名人故居所处的历史环境。如湖南刘少奇故居在原邻居处，按照故居民居风格，建成了一个炭子冲民俗文化馆，内部陈列与刘少奇青少年时代紧密关联的当地农民生产生活的农具，以及婚丧嫁娶用品，使观众置身于当时的历史环境中，获得知识，受到教益。

（二）新农村建设中名人故居保护要坚持协调发展原则

在新农村建设中，名人故居的保护要坚持协调发展原则，不能因为怕丧失红色旅游、乡村旅游、新农村建设这些发展机遇，而在条件不成熟、当地政府和文物保护部门没有充分的政策和资金保障的前提下，对名人故居采取过度的开发和利用，甚至造成毁灭性的破坏。因此，新农村建设中名人故居要确实做到保护与各级政府的职能协调发展；保护与新农村建设协调发展；保护与当地经济建设协调发展；保护与研究管理协调发展，保护与旅游开发利用协调发展；利用服从保护这个大局，坚持社会效益为主，在保护与发展的过程中全面揭示出"保护为主，抢救第一，合理利用，加强管理"的科学含义。同时，为解决名人故居资金短缺问题，坚持"国家保护为主，动员社会参与"的文物保护新机制，调动国家、企业、个人三方面的积极性，有钱出钱，有力出力，并争取国内外致力于名人故居保护团体和人士的援助，制定优惠政策，鼓励各行各业及中外人士投资名人故居的保护。此外，还可以向有名的企业家，名人的后人、生前好友募集。

（三）新农村建设中名人故居保护要坚持加强宣传原则

在新农村建设中，要坚持加强宣传原则，不断加强名人故居的保护宣传，进一步提高名人故居保护认识。一是不仅提高文化（文物）部门的认识，还要促进各级领导提高认识，特别是要帮助广大村民提高认识。如湖南刘少奇故居将《文物保护法》、《博物馆管理办法》、第一个世界文化遗产日宣传资料复印成小册子，给每位员工和周边村组农民发放一份，并通过召开座谈会、知识讲座、抢答赛、宣传板报等形式来宣传刘少奇故居及周边环境保护的意义和具体办法，让村民进一步提高认识，在炭子冲新农村建设中自觉加强刘少奇故居及周边环境的保护。二是要进一步增强名人故居忧患意识的宣传，利用各级文物部门和新闻媒体报道的各地名人故居保护的经验和教训实例，加强针对性的宣传，及时有效地制止新农村建设中毁损名人故居的各种行为。三是利用广播、电视、报纸等媒体，借助世界文化遗产日、国家博物馆日，加强对社会、领导、村民广泛、深入地宣传文化遗产保护的法律、法规、规章，普及文化遗产保护知识。四是结合自身的特点，借助外力，通过与旅行社、周边景点建立互利互惠的合作关系，与厂矿、学校、机关事业单位建立德育教育基地等方式来加强名人故居的保护宣传，争取赢得各级各部门领导及社会各界人士的重视和支持。此外，还可以通过借鉴国外先进经验和办法，先对农村中文化名人故居做一次普查，以抢救的姿态审定一批名人故居。如在英国的遗产委员会下面，有一个名人故居保护的专门机构－－蓝牌委员会，对名人故居采取挂蓝牌保护，并选择挂牌保护的标准，即首先这个人必须去世 20 年或诞辰超过百年，以此充分考虑这个人的知名度和持久的声望。

　　神州大地，钟灵毓秀，英豪才俊，层出不穷。博大精深的中华文化孕育和滋养了一代代杰出的思想家、文学家、艺术家、科学家、教育家、革命家、政治家、军事家和外交家。见贤思齐是中华民族的优良传统之一，中国人向来重视楷模的作用。一代代名人的杰出事迹、奋斗精神、高尚气节，激励着后人充实知识、提升道德、陶冶情操、完善人格、超越前贤。这正是中华民族生生不息、不断发展的动力。名人是人民中佼佼者，他们对自己的国家和人民，甚至对人类都作出了重大贡献，是中华民族的骄傲，应当受到人民的崇敬。这种崇敬是对自己民族历史和文化的尊重。发挥名人故居教育功能，让更多的人走近名人、了解名人、学习名人，观瞻凭吊，宣其德行，扬其事迹，传其嘉言，意义重大。因此，在新农村建设中应当予以重视和保护名人故居，并不断深挖其文化内涵，让世人更多地了解和认识它们，让其放射出应有的光芒。

谈蒲松龄故居的保护与利用

王昆岳

（蒲松龄纪念馆）

蒲松龄故居位于山东省淄博市淄川蒲家庄，是一座典型的清代北方农家建筑。明崇祯十三年（公元1640年），蒲松龄出生在这聊斋正房里。康熙五十四年（公元1715年），蒲松龄又是在这聊斋正房的南窗下“倚窗危坐而卒”。正是在这座普通的农家院落里，崛起了一代“世界短篇小说之王”。

蒲松龄去世后，其故居一直为蒲氏后人所居住。最后一位居住的是蒲松龄十世孙蒲文魁。近三百年来，变化情况已无考据，现在的蒲松龄故居是新中国成立后山东省人民政府文化局、省文联派路大荒、陶钝两位先生来考察定址的。1948年淄川解放时，聊斋书房仅存四堵残墙，东、西两厢房也残破不堪。1953年夏，山东省人民政府拨专款对蒲松龄故居加以整修。1954年初完工，修复了东大门楼一座，北堂屋三间，即“聊斋正房”，还有东、西厢房。整个修复工程严格按照“修旧如旧”原则，以现存蒲家庄的清代建筑为蓝本，在原有地基上按原来大小、原形加以修复，突出清代建筑风格和地方特点。“聊斋正房”为三层粗钻方整石墙基，土坯墙身，砖柱镶门窗，立木条窗棂，两层门，里门为黑油漆厚板门，外门为花棂板门，门下三层石阶。屋面为小泥瓦仰砌，六层小筒瓦花脊，叠砖脊头。两梢由二节梢和戗梢组成，梢头有猫头和滴水，梢下砖柱楹蓬上为田字四方连纹饰，下面为磨砖卷书挑尺。整个建筑古朴大方，雅致庄重，颇具聊斋意趣。东西厢房小瓦接檐麦秸屋面，当地俗称“海青”式，乱石墙基，白灰墙，也是砖柱门窗，直窗棂，有极浓厚的民间色彩。使整个聊斋小院，正、厢配合自然得体。故居小院内，正房门两侧各植石榴树一株，因北方民居中多有种石榴树的风俗，象征“多子多福”之意。对面墙眼栽翠竹百竿，据考证蒲松龄较喜竹。在编写家谱中第一个字便为“竹”字，给四个儿子“箬、篪、笏、筠”起名，都是竹字头，更有在其《斗室》诗中有院内种竹之句。主体与小院的有机结合，使整个庭院更显古色古香，清静幽雅。我国著名古建筑专家同济大学教授陈从周先生，十分欣赏这个小院，题诗称赞说：“繁花古木映庭院，陋室三间写异书”。

蒲松龄故居修复后，先后有五次扩建。以故居为中心陆续征收临近民房，均以故居为原形加以维修，使其格调一致，风格统一，作为纪念馆部分。并对蒲松龄故居附属保护范围内村东的“柳泉”及“墓园”加以保护修复，力求保持原貌。还对近村主街道铺以青石条板路面，修复了东西村门。

至此，蒲松龄故居已初具规模，整个建筑以“聊斋”为主，两厢对称，院墙月门错落有致，泥瓦青砖，粉墙净壁，古藤绕屋，青砖铺地，布局合理，结构严谨，保持了历史原貌和地方特色。

1980 年，蒲松龄纪念馆成立并对外开放。纪念馆是在蒲松龄故居基础上扩建而成的文化名人纪念馆，这一性质决定了该馆的陈列内容和主题，也决定了该馆不同于其他博物馆的陈列个性和特色。就博物馆一般的陈列原则来讲，蒲松龄纪念馆的主题陈列应是蒲松龄的生平和著述陈列，但蒲松龄纪念馆是建立在蒲松龄故居基础上的，因此，"聊斋"故居复原陈列与纪念馆主题、附属陈列之间风格的统一，也是一个重要课题。自建馆以来，我们便把庭院绿化，包括展室风格设计全部纳入陈列范畴，合理布局一草一木，使庭院景色成为全馆陈列密不可分的有机组成部分。现在我馆的陈列已形成了以"聊斋"为中心，先后利用扩建院落开辟了六个展厅，各种主题陈列、附属陈列如众星捧月围绕四周的陈列格局，具有独到的特色，吸引了大量的国内外游客。建馆迄今，已接待游客三百多万人次，创造了较好的社会效益和经济效益。

一　聊斋复原陈列

蒲松龄故居有聊斋正房三间，东西厢房各一间，均为土坯、草顶结构，为明清风格的农家四合小院。蒲松龄在这里出生，在这里谢世，并在这里著述了蜚声中外的《聊斋志异》。随着蒲松龄和《聊斋志异》影响的不断扩大，"聊斋"这个普通的农家院落也越来越引起世人的关注和向往，愈来愈多的中外游客不远千里来到这里探奇寻幽，抒情怀古。为了向中外游客提供真实地蒲松龄的生活和著述环境，我们依据博物馆名人故居复原陈列的原则，对"聊斋"的陈列进行了精心构思和布局。

（一）"聊斋"正房

"聊斋"正房依据原有的三间格局就三个方面的内容进行了陈列。

"聊斋"中间，迎门正面墙上悬挂着蒲松龄画像，这幅画像是蒲松龄暮年家居时，其长子蒲筠请江南名画家朱湘麟画的，是流传在世的唯一一幅画像。画像两边是著名文学家郭沫若手书楹联："写鬼写妖高人一等，刺贪刺虐入骨三分。"画像上方是著名蒲学专家路大荒手书的"聊斋"匾额，下方按当地农家风俗摆放着明清式样的长条几、八仙桌和罗圈椅。这里是蒲松龄会客的地方。上述陈列既可使人目睹蒲松龄生活的遗迹，也可使人一瞻蒲翁的容颜；郭老的楹联又可使人体会到蒲松龄一生的坎坷和《聊斋志异》的伟大成就，令人追古抚今，遐想万千。

"聊斋"两间按蒲松龄的书房陈列，南窗下是一张古色古香的书桌，上摆蒲松龄曾使用过的砚台、手炉、笔筒等物，靠两墙一个博古架，架上堆满线装古书。北墙下是清式衣架、帽架和坐榻。坐榻是蒲松龄曾用过之物，上有蒲松龄题咏一首。这一间的陈列令人睹物思人，触景生情。

（二）"聊斋"小院

蒲松龄生活在社会底层，与农民打了一辈子的交道，因此，聊斋小院的陈列既要体现农家的风土人情，又要体现出"聊斋"特有的气氛和意境，真实地再现蒲松龄的生活环境。"聊斋"正房门前两边培植了两棵古朴茂盛的石榴和两株浓翠欲滴的苍松，院内一盘石磨，墙上几捆金黄的玉米，使聊斋小院不仅严谨、古朴、典雅，不失蒲氏遗风，还有着蒲松龄诗文中特有的诗情画意。据考证，蒲松龄酷爱竹，在他的诗中多次记有竹句，并曾植竹于院中。据此，我们在小院南墙恢复了聊斋小竹林。几篷翠竹，独挑春色，既增添了蒲氏故居的生气，又表达了蒲松龄高风亮节。聊斋小竹林成为整个"聊斋"复原陈列的画龙点睛之笔。

二　基本陈列

围绕"聊斋"，蒲松龄纪念馆的基本陈列内容是蒲松龄的生平和著述。建馆后，我们经过几次调整，不断改进陈列形式，丰富陈列内容，逐步形成了蒲松龄生平展、蒲松龄著述展、蒲松龄著述外文展等几个专题展览。

（一）蒲松龄生平展

蒲松龄生平展主要是运用一组图文并茂的版面和大量实物，详细介绍了蒲松龄一生的几个重要阶段。首先用一组照片和文字说明交代了蒲松龄家族的兴衰变迁和蒲家庄的历史、景色，同时展出了蒲松龄手订的《蒲氏族谱》、路大荒著的《蒲松龄年谱》的实物。接下来是图片配以文字，分别介绍了蒲松龄的出生、童年、求学、完婚、应试、结"郢中诗社"、假馆、南游、设帐、暮年，乡饮介宾、魂归聊斋等蒲松龄生平中的几个重要阶段和重要事件。同时展出了大量实物，如蒲松龄墓中出土的灯台、捻珠、酒壶、酒杯、耳挖、铜簪、铜镜等。

（二）蒲松龄著述展

蒲松龄一生著述甚丰，除代表作《聊斋志异》外，还有诗、词、文、赋、俚曲、杂著、戏等近百万言。这个展览陈列了蒲松龄主要著述在国内的重要版本，大致介绍了蒲松龄著述情况和流传情况。主要的版本有《聊斋志异》手稿影印本、蒲松龄手稿《拟表》九篇、《聊斋杂记》手稿、《聊斋志异》铸雪斋抄本、《药祟书》旧抄本、《聊斋志异》"王柯亭"初雕本、《日用俗字》旧抄本、《聊斋诗草》旧抄本、《聊斋文集》旧抄本、清道光三年《聊斋志异》评点本等旧抄本、古刻本共三十余种近百册。

（三）蒲松龄著述外文版本展

蒲松龄的著作三百多年来名驰遐迩，久盛不衰，除在国内家喻户晓，广泛流传外，还被译成英、法、德、俄、日、朝、韩、瑞典、挪威、匈牙利、捷克、越等近二十种文字，在世界各国流传，成为世界文学宝库中的珍品。《聊斋志异》外文版本展出了约20种有代表性的世界各国历年版行的《聊斋志异》版本。其中有1880年英国伦敦出版的《中国书斋神异故事》及其他英文版9种；1957年苏联莫斯科出版的《僧道魔法奇人的故事》及乌克兰文的《作法术的道士》；法文刻印本《聊斋志异》；日文版《聊斋志异》5种，匈牙利文版《聊斋志异》等等，大致介绍了《聊斋志异》在国外的流传情况。

三 附属陈列

为了加深游客对蒲松龄及其著述的了解，除基本陈列内容外，我们还开辟了蒲学研究成果展，聊斋故事彩塑展，馆藏精品书画展等附属陈列。

（一）蒲松龄研究成果展

随着蒲松龄及其著作的影响的不断扩大，对"蒲学"的研究也日益受到注重。国内外的蒲学研究机构纷纷成立，有关论著及论文更如雨后春笋，形成了一支规模可观的蒲学研究队伍。到目前为止，已召开了两届国际聊斋学讨论会，多次全国蒲学讨论会，并成立了蒲松龄研究所、蒲松龄研究会等研究团体，并有《蒲松龄研究所》季刊发行。这里展出了近四十种国内研究蒲学的专著和大量的论文。

（二）聊斋故事彩塑展

这个展览用我国传统的民间泥塑的形式，精选了《聊斋志异》中十个典型的故事，将主要情节立体地、形象地展示出来，便于人们直观形象地了解《聊斋志异》的思想精髓和艺术魅力。这些故事有《翩翩》、《连琐》、《连城》、《清凤》、《红玉》，都描写了男女间纯真的爱情和真挚的友谊，歌颂了青年男女大胆冲决封建礼教束缚，追求个人幸福和自由，具有民主主义思想的爱情婚姻。《小翠》、《阿霞》则塑造了新型的妇女形象。《促织》鞭挞揭露了封建统治者的残暴荒淫，另外还有《田七郎》、《王六郎》等故事。

（三）名人书画展

蒲松龄坎坷的一生和《聊斋志异》的神奇魅力，曾引起古往今来无数文人墨客感慨万千，挥毫题咏。我馆自建馆以来便着力于收藏名人题咏蒲松龄的书画作品，他们中有郭沫若、老舍、田汉、叶圣陶、胡厥文、刘海粟、俞平伯、钱伟长、赵朴初、阳翰笙、聂绀弩、吴组缃、端木蕻良、王力、吴作人、启功、欧阳中石、范曾、周而复、张友渔等一大批名人书画作品共千件。名人字画展采取周期轮流展出方式，根据展室容量并配合其他专题临时展览调整书画内容，使之始终对游客保持无穷的吸引力。

四　庭院陈列

　　蒲松龄纪念馆是由数个农家四合院组成，与故居连为一体。《聊斋志异》塑造的人妖鬼狐的艺术世界，为蒲松龄故居从而也为蒲松龄纪念馆蒙上了一层浓重的神秘气氛。这种特有的氛围是其他任何名人纪念馆所没有的，这也决定了蒲松龄纪念馆的庭院绿化与设计决不能等同于一般的园林绿化，而要特别体现出聊斋独具的花妖鬼狐的艺术境地。多年来，我们把庭院绿化纳入全馆陈列范畴，追求风格的统一，根据"能藏不露，宜曲勿直"的原则，合理布局院内一草一木，精心选择了藤萝、石榴、国槐、苍松等十几个树种，进行精心培植，突出地方特色，收到较好的效果。院内还设置了蒲松龄塑像、太湖石和碑刻等人文景观。现在游客一进我馆大门，便进入特定的氛围中，但见门楼洞然，青砖老瓦，杨柳依依，古藤茑萝，花木扶疏，曲径通幽，似乎随时可见狐仙出没，吸引了大量游客来此探奇寻幽。

原真性原则的坚守

——名人故居保护之我见

章大国

（中国绍兴蔡元培纪念馆）

市场经济环境中，用经济价值来衡量事物的有用与否几乎成为唯一的标准。在名人故居保护的实践中，这样的价值取向也或明或隐、或轻或重地存在着，且有愈演愈烈之势。于是，一方面，随着经济的发展，政府对文化事业越来越重视，对名人故居保护重要性的认识越来越清晰，保护的力度不断加大，所投入的财力物力也不断增多，名人故居的保护成果不断涌现，成绩不容小觑。另一方面，随着旅游业的兴起，特别是文化旅游的高涨，对名人故居旅游价值的渴望、对名人故居经济价值的实现，日益成为各地政府以文化带动经济发展的题中应有之义，并被频频提上议事日程。而有着浓厚的"文化搭台，经济唱戏"情结的地方政府，对待名人故居的保护持相当偏颇的实用主义态度，十分急功近利。由此便带来了两种负面现象：其一，是否对某一名人故居予以保护、保护的力度如何、投入的财力物力多少取决于该名人故居旅游价值、经济价值等利用价值的有否、高低。利用价值高，保护的力度就大，投入的财力物力就多；反之，则保护的力度小，投入的财力物力少；暂时看不出利用价值的，就受冷落，就被忽视，任其自生自灭。其二，即便受重视，花大力气保护的名人故居也大多不遵循文物法律法规的原则办事，而是按照经济价值实现的要求、依据长官意志，随心所欲地更新改造、扩建重建，甚至脱胎换骨也在所不惜。类似这方面的报道屡屡见诸报端，不仅给名人故居的保护蒙上浓重的阴影，更为可悲的是，长此以往，名人故居的保护必将走入歧途。对名人故居的建设性损害、开发性破坏的积聚，很有可能使改革开放以来名人故居的保护成果毁于一旦，这绝非危言耸听。

有鉴于此，如何明晰名人故居的保护理念，廓清认识误区，使名人故居的保护切实遵循文物法律法规的规定，走上一条正确的发展道路，便日益成为文物战线特别是从事名人故居保护管理工作同志的当务之急和重中之重。本文试从名人故居保护的原真性视角作些理论探索，并结合实践反思谈一点浅见，以求教于大家，同时也聊作芹献，以供同行参考。

一　原真性原则的阐述

名人故居保护的原真性原则是依据《中华人民共和国文物保护法》的法理精义，

结合文物自身的真实性和不可再生性的内在特点而提出的。在实际工作中，是否严格遵循这一原则是事关名人故居有效保护、永久存续的大事，极有提出的意义和阐明的必要。

所谓原真性原则，即名人故居的保护要严格按照历史原貌，完整地、真实地、客观地保护，使被保护的名人故居能永久延续历史脉络，完整地承载历史信息和文化元素；客观地反映历史风貌和社会生活；真实地再现名人的生存环境和生活场景，使名人故居原汁原味地存在下去，以起到印证历史、还原历史的作用。

在名人故居保护的工作中，原真性原则的坚守必须从不同的层面处处设防，必须从不同的阶段时时坚持。一般来说，名人故居保护的原真性原则的坚守着重在三个层面：一是宏观层面，即名人故居保护利用的规划层面，这是名人故居保护的战略层面。在规划层面坚守住原真性原则，就掌握了名人故居保护的战略主动权，可以避免战略性失误，坚持正确的保护方向。二是中观层面，即名人故居保护利用的开发层面，这是名人故居保护的战役层面。在开发层面坚守住原真性原则，就能确保名人故居核心区域（或称名人故居保护场）的整体安全，以避免因开发建设带来的损害与破坏。三是微观层面，即名人故居保护利用的展示层面，这是名人故居保护的战术层面。在展示层面坚守住原真性原则，就能确保名人故居具体场景及细部陈列的历史性与真实性，以确保展示的理念与手段能还原出符合历史原貌和历史真实性的生存环境与人物场景。

二　原真性原则在宏观层面的坚守

原真性原则在宏观层面的坚守最重要的是廓清名人故居保护区域的概念正确与否，在保护实践中的效果怎样。习惯上是将名人故居保护区域分为故居主体建筑、故居周边环境和故居气氛保护（包括建筑控制地带）三个概念。从名人故居保护实践来看，这三个概念具有先天的弱点，容易发生歧见，常常被误读，保护功能亦极易弱化。从我国各地名人故居保护现状中大量出现的"一枝独秀"式的孤芳自赏——周边环境及建筑已亡，仅故居主体建筑孤零零地存在和"花团锦簇"式的傲视群雄——周边环境正变得面目全非、大量的商业性建筑簇拥着故居主体建筑，便是很好的佐证。细究起来故居主体建筑、故居周边环境和故居气氛保护（包括建筑控制地带）等概念具有以下致命弱点：一是对整体保护区域的人为割裂，导致周边环境的保护弱化；二是对整体保护区域内环境与建筑人为区分主次，导致周边环境被蚕食、除故居主体建筑外的建筑物遭损毁；三是对整体保护区域内建筑与建筑等物体的人为划分，导致保护区域内各建筑物的孤立存在，相互之间没有联系，将鲜活的环境异化为僵死的存在。同时，这些概念对现代人而言极易产生不同的理解，作出不同的解读，而所有这些理解与解读归结到一点，即均为现代意义上的理解与解读，与历史无关，与名人故居所处的特定的历史时代相去甚远。这样的理解、这样的解读，对名人故居原真性保护有害无益，甚至害莫大焉。有例为证：某历史文化名城一位名人的故居，其原生态是背依小山，前临小巷，左右古色古香的建筑群簇拥，极富历史信息与地方特色。但在该市政府美化环境、造福市民的"显山露水"城建工程中，依山的后园被毁，与山景混为一体，左右的建筑群被拆，小巷已失，只有名人故居孤零零地"竖"在大街一隅，日复一日接受着机动车尾气的"洗礼"和大多数行人陌生目光的注视，好不凄惨。这样的美化环境，如此地解读名人故居周边环境的保护，对名人故居而言不亚于毁灭性打击，因为历史风貌不再，历史氛围顿消，历史信息全失，岂不悲哉！

　　为了在宏观层面坚守原真性原则，有必要摒弃故居主体建筑、故居周边环境和故居气氛保护（包括建筑控制地带）等概念，探索新的更加合理、更加有效的名人故居保护的概念，以规范我们的工作实践。我们从现代物理科学中引入"物理场"的概念，并尝试嫁接到名人故居保护的概念上，组成一个新概念："名人故居保护场"。那么，什么是"场"呢？在现代物理科学中，"场"的本义是物理场，即相互作用场，物质存在的两种基本形态之一，存在于空间区域。……实物之间的相互作用依靠有关的场来实现。将"场"的概念引入名人故居保护领域，是为了吸取"场"的概念中的三个重要涵义，使名人故居保护的概念得以更新、递进，使名人故居的保护能更好更有效地实现原真性原则。这三个重要涵义是：一整体性，一个区域内的事物共同构成一个场；二互动性，一个区域内的事物相互作用，共同构成一个场；三活性，一个区域内的事物处于互动交流状态，活生生构成一个共同的场。

　　什么是"名人故居保护场"呢？所谓"名人故居保护场"是指名人故居坐落的一定区域内，各种事物相互依存、相互作用，构成一个保存历史信息、呈现历史氛围、反映历史原貌的不可分割的整体性空间共同体。有了"名人故居保护场"的概念，我们就能把名人故居主体建筑及周边一定区域视作一个整体加以保护，这样就能强化名人故居主体建筑以外一定区域的环境与建筑的保护，避免被蚕食、遭损毁的悲剧结果发生。有了"名人故居保护场"的概念，我们就能把名人故居及周边一定区域的环境与建筑有机地结合起来，不人为地分出主次及重要与否，这样就能提高区域保护的力度，也使名人故居的原生态保护得以实现。有了"名人故居保护场"的概念，更有利于我们在名人故居保护规划制定时，明确保护范围，明晰保护目标，强化保护手段，有利于名人故居保护原真性原则的坚守。当然，"名人故居保护场"概念的提出是否合理、规范，还有待同行的认可，其成效如何还有待实践的检验。

三　原真性原则在中观层面的坚守

　　原真性原则在中观层面的坚守对于把握名人故居开发利用的方向，掌握名人故居开发建设的广度与深度，及时排除开发建设对名人故居的损害因素，以确保名人故居保护场的安全是十分重要的。同时，在名人故居开发建设时，要注重三个区域的划分，即核心区域——名人故居保护场；扩充展示区域——名人纪念场馆；功能服务区域——吃、住、行、娱、购等旅游要素配套服务区。三个区域既相互连接又互相分隔，特别是核心区域与扩充展示区域之间的分隔更应该明显，以确保名人故居保护场的原真与安全；三个区域所承担的功能既有联系又各自相对独立，这样既断又连、分合相间构成名人故居开发利用的整体区域。

如何在名人故居开发建设中，确保名人故居保护场的原真与安全，最关键的一点就是在开发建设工程规划时明确名人故居保护场的范围，在工程进行时严禁进入该范围内从事工程施工或与施工相关的工作，违者依据有关法律法规严惩不贷。同时，要注意做好以下几方面工作：一是名人故居保护场作为核心区域，必须原汁原味保护，只有在确保其安全及永久存续的基础上，才能合理使用，有限度地发挥其文化旅游价值，绝不允许过度发挥作用、极限使用，并依据文物保护法律法规的规定，作出制度上的保证。二是名人纪念场馆作为扩充展示区，不能设在核心区内，必须设在核心区外，并与核心区保持适当的距离，两个区域之间应设明显的标志区分，以免混淆。在实际工作中，因为没有区分核心区和扩充展示区，造成游客误会的例子不少。笔者就曾亲历过：一次到某名人故居参观，该名人出生于并不富有的家庭，故居仅几间房子，但因为紧邻故居而新建的纪念馆与故居的房子在建筑式样、建筑材料、油漆颜色等方方面面均雷同，故居与纪念馆两个区域又不相分隔，造成游客误解。不少人说："陈列介绍说某人出身贫寒，怎么有这么多房子，我看应该出生大地主才对。"这例子提醒我们，不区分核心区与扩充展示区会带来消极后果，严重的话，还会使纪念馆的陈列宣传效果适得其反。三是扩充展示区内的建筑外观和建筑风格要与当地传统建筑风格相一致，并与核心区内的建筑外观相协调，这样才能既体现地方特色、展示历史风貌，从一个侧面体现了原真性原则，又与核心区内建筑距离上分风格上合，保证了名人故居整个区域的协调统一。

四　原真性原则在微观层面的坚守

原真性原则在微观层面的坚守要重在历史的再现、真实地反映，在场景的构筑、气氛的烘托、基调的把握、细部的点缀等方面，要符合名人所处的历史背景、生活的时代风格、活动的社会环境。

微观层面所指的展示一般是指核心区域内的展示，尤其是指名人故居的原状陈列和复原陈列。在这种陈列展示中，坚守原真性原则需要特别注意以下几方面的工作：

首先是注重历史背景的把握。针对名人生活的时代，营造历史氛围，用对应的物品（包括家具）来复原生活场景、活动环境，使名人在特定的历史背景中栩栩如生地再现出来，给人以深切的历史纵深感，令人产生身临其境的鲜活感。这里需要提醒两点：一是构筑某一历史场景的物品（包括家具）最佳的是成套成组，以便风格统一；二是将从不同场合收购来的旧物品、旧家具在陈列时必须特别仔细检查，以免带有不合时宜的标记文字而贻笑大方。笔者曾在参观一民国时期的名人故居时，发现复原的卧室里所陈列的一口大衣橱左侧上方用白油漆写有"1982年××招待所购"字样，如此疏忽，就很有些不应该了。

其次是注重历史文化的再现。我国的历史文化源远流长，而名人们无一不在历史文化的长河里浸润。为了做好名人故居的陈列，不但要了解和掌握名人所处时代的历史文化特点，而且也要对我们几千年的历史文化特征有所了解，否则就可能闹笑话。如笔者在参观一位清末民国初年的名人故居时，发现该故居的复原陈列有小姐书房，又没有特别注明该家族历史上有专为小姐配置书房的记载，那么这个复原陈列就违背了历史真实。稍有历史常识的人都知道，我国漫长的封建社会，鼓吹的是"女子无才便是德"，即便是生长在一个非常开明的家庭，作为女子最多也只是跟着兄长念几天书，断没有专门配置书房的道理。可见，了解和掌握我国几千年的历史文化，对于我们在陈列时坚守原真性原则是何等的重要。

再次要防止现代陈列手段所带来的负面影响。随着科技水平的提高，在博物馆、纪念馆陈列中大量采用声、光、电的陈列手段来再现场景来烘托气氛、突出重要内容等等。应该说，在现代化建筑的博物馆、纪念馆展厅中，适当运用声、光、电技术来提高陈列的可看性、强化陈列的效果也未尝不可。但在名人故居的原状陈列中，不适当地大量采用声、光、电技术来进行陈列，其结果可能正好相反。因为在名人故居，尤其是明清建筑的名人故居，其建筑文化、生活方式、历史氛围，恰恰与声、光、电技术相冲突、相排斥。在这些故居的原状陈列采用声、光、电技术，除必要的照明外，是不适宜的，容易给人造成不伦不类的感觉。很难想象，在一个18世纪名人的故居里出现电视机，会给人以怎样的感觉，想必是颇为滑稽的。况且，大量声、光、电技术的采用带来的用电量给名人故居埋下了电路火灾的隐患，那就更不妥当了。因此，为了坚守原真性原则，在名人故居陈列，尤其是原状陈列时，尽量不要采用声、光、电技术，还名人故居以历史的清净与文化的纯洁。

最后还有不少陈列展示内容可资讨论，限于篇幅，不再赘述。

五　小　结

综上所述，在名人故居保护中，要坚守原真性原则，需要在宏观战略层面——规划层面、中观战役层面——开发层面微观战术层面——展示层面，处处设防，时时坚持；同时不断更新理念，在实践中不断反思，以便总结经验，积累成果。相信一定能在名人故居保护利用上创出一条新路，走上一条坦途。

挖掘名人故居内涵　延续榕城历史文脉

张振玉

（福州市博物馆）

历史文化名城是古代政治、经济、文化、科技、艺术、宗教、建筑等文物古迹名胜综汇之域，是古代物质文化、精神文化储聚之所。福州是国务院颁布的国家历史文化名城之一。她伴随着中国文明的进程，日益凸现出深厚的文化底蕴，孕育出一代又一代的福州名人。这里是我国著名的禁毒先驱、民族英雄、中国近代第一个睁眼看世界的林则徐，近代启蒙思想家、放眼西学第一人的严复，实践"师夷长技以制夷"的船政大臣沈葆桢等众多名人的故乡。历史悠久、文化发达、古迹众多的福州向来以礼仪之邦驰名中外。众多的福州籍名人在历史舞台上谱写了可歌可泣的宏伟篇章，为这座有着7000多年人类文明史和2200多年建城史的历史文化名城构筑了一道又一道亮丽的景观。诚然，名人故居作为历史文化名城重要的内涵之一，是一个城市历史发展的重要见证物。在新时期条件下，如何更好地开发、利用好名人故居资源，使之成为爱国主义教育基地的独特题材，是我们文博工作者值得深入探讨研究的重要课题。

一　修葺名人故居，整理榕城记忆

历史名人在一个城市中，尤其是在历史文化名城中的地位和作用是不言而喻的。因此，名人和名城历来是相互关联的。国务院在公布福州为国家历史文化名城时写道："福州市位于福建省东部，闽江下游。秦汉设闽中郡，后一直为福建的政治中心，宋末、明末两次作为临时京都。福州汉代即有海外贸易，宋代为全国造船业中心，近代是'五口通商'口岸之一。城池始于汉代的冶城。晋、唐、五代、宋几次扩大，奠定了现在市区三山鼎立、两塔对峙的格局。市区文物古迹有宋代华林寺大殿、崇福寺、乌塔、白塔、戚公祠、开元寺等，郊区鼓山有涌泉寺及历代摩崖石刻，还有王审知墓、林则徐祠堂和墓、林祥谦陵园等。市区'三坊七巷'保存有大量明、清民居。"① 可见，名人故居是福州这座国家历史文化名城重要的内涵之一。据统计，截止2003年上半年，福州已有16个历史文化保护区，9个全国重点文物保护单位，64个省级文物保护单位，96个市级文物保护单位，467处县（市）区级文物保护单位，64处名人故居、

---

① 摘自（国发1986年104号）国务院文件。

历史纪念地和有代表性古建筑，4个省级历史文化名镇（村）。其中名人故居、历史纪念地和有代表性的古建筑占各级文物保护单位总数的13.7%，比例相当高。经历十几个朝代、2200多年的历史沧桑变迁，积淀下来极其丰富的历史文化遗产和优秀历史文物建筑，尤其是古建筑，随着时间流逝、岁月沧桑、风雨剥蚀，加上地处南方的福州地层潮湿、白蚁众多，木建筑大多难以持久保存，且伴随着城市建设和"旧城改造"，故在一定程度上给历史建筑造成毁坏。但是，分布在榕城大地的绝大部分名人故居还是在各级领导的关怀重视下，在人大、政协的视察、检查的督促呼吁下，在文物工作者的努力工作下得以保存下来，并得到妥善的保护、管理。以被誉为"明清古建筑博物馆"、名人故居集聚地的"三坊七巷"为例。当你从高处俯瞰，那重重风火墙高低错落间，多少名人志士的踪迹已深深嵌进历史。唐著名学者黄璞，宋理学家陈襄、国子监祭酒郑穆、宋理宗皇帝御笔亲点的状元郑性之、郡守陆蕴、光禄卿程师孟，元行省都事贾讷，明代进士及第御史林廷玉、抗倭明将统领七省经略使张经、侍郎萨琦，清代知府林文英、榜眼林枝春、巡抚李馥、梁章钜、郭柏荫、船政大臣沈葆桢、雍正年间武进士——福建陆路提督甘国宝、光绪学部主事——京师大学堂（今北京大学）教授陈衍、浙江按察史——林则徐的二儿子林聪彝，近代启蒙思想家严复、碧血黄花岗烈士林觉民等，这些寓居在"三坊七巷"中的历代名人，或安民抚恤，造福乾坤社稷；或著书立说，为闽越文明添色增辉；或创办学堂，注重闽、汉、西学交流，极力推动着古城的繁荣、发展。对于这些丰富的名人故居资源，我们采取多种形式加以保护管理，对符合具有历史、艺术、科学价值的名人故居，由政府公布为文物保护单位；一些具有纪念性意义的，但达不到文保单位标准的名人故居以政府的名义予以挂牌保护；还有一些故居在文物普查中发现的，予以登记造册，明确保护范围以达到分级、分类予以保护管理，充分挖掘名人故居潜在的资源。

与此同时，福州市近年来还投入大量的资金修缮一批名人故居，如林觉民故居、邓拓故居、林则徐故居、严复故居、魏杰故居、高士其故居、林纾故居等。这些故居的修复成为福州这座城市一笔宝贵的财富和独特的风景，使各地观众真正感受到福州的风格，以及她在福州乃至中国历史上所起的作用和应有的地位。因此，人们"了解了这些故居的主人，等于在一定程度上了解了这座城市、这段历史。他们与城市，甚至国家息息相关，他们抒写着城市与国家的历史，同时也记录下了他们奋斗的足迹"①。从而极大丰富、充实了福州这座历史文化名城的内涵，唤起了榕城人民对福州先贤俊杰的敬仰，有力地把提高城市现代化程度与历史文化名城保护有机结合起来，整合了榕城人民的记忆。

二　保护名人故居，延续榕城文化的音符

福州作为国家历史文化名城，深厚的文化底蕴自古代一直延续至今，山川清淑之

---

①　李文儒主编《全球化下的中国博物馆》第510、514页，文物出版社2002年版。

气，郁为人文之邦，衣冠之盛，自古而然。而文化作为社会存在的反映，在不同社会里，往往是特定阶级利益和需要的反映。认同一个地方的文化必须首先认同它的历史，肯定它的存在，而文物是历史文化精神的最好实证。因此，名人故居作为一个地方文化的重要组成部分和城市文化历史发展的见证物，无疑是延续一个城市文化的音符。

（一）名人故居是福州历史文化发展的见证物

分布在榕城大地的名人故居是福州历史文化发展的见证物。研究名人故居肯定脱离不了研究故居的主人，因为故居是主人生活、工作过的地方，可从一个侧面折射出主人一生的奋斗历程。因此，如果我们把榕城历史文化比喻成一首绵延不断的历史赞歌，那么一个故居就是一个音符，多个名人故居就组成了一个音节，众多的音节必然组成了一首完整的榕城历史文化赞歌，并使之长唱不断、绵延发展。如闽越王无诸于汉高祖五年（公元前202年）建冶城，开福州建城史的先河。因此，福州的汉代历史离不开他。看到忠懿王庙，必然想起倡导"保境安民"，"兴四门学"，"宁为开门节度使、不为闭门天子"的闽王王审知。福州五代史离不开他。倡导福州市民广植榕树，使福州"绿荫满城，署不张盖"的太守张伯玉，抗金民族英雄李刚，以光禄卿知福州府的程师孟等等名人，构成福州宋代人文荟萃、海滨邹鲁的内涵。抗倭将领戚继光，状元、礼部尚书翁正春，丞相首辅叶向高等名人都为明代福州历史留下了浓浓的一笔。船政大臣沈葆桢、脱胎漆器鼻祖沈绍安、启蒙思想家严复、刑部尚书陈若霖等都在各自领域里为清代福州历史文化创造辉煌。而"苟利国家生死以，岂因祸福避趋之"、民族英雄林则徐，恸别爱妻、血溅黄花、慷慨就义的林觉民，中国科普事业先驱、著名生物学家、身残志不残的高士其，杰出新闻工作者，优秀的历史学家和诗人邓拓等等都为福州近现代历史谱写出壮丽的诗篇。因此，福州历史文化如果没有名人故居，那必定是一种缺憾的文化。只有真正保护好名人故居，并加以合理挖掘，才能真正达到延续榕城文化的音符。

（二）名人故居是福州建筑文化的重要语言符号

名人故居除与主人生活有直接关系外，同时又是古代建筑科学技术的见证。福州名人故居大多都是古建筑，其独有的布局结构及墙体的马鞍墙、墙头和翘角的泥塑彩绘形成福州古代民居独特的墙头风貌；其规模、形制、构件、精致的石雕、木刻都具有福州地方的建筑语言。因此，众多的福州名人故居堪称天然的"古建筑博物馆"和"古建筑艺术宝库"。从构件看，寓艺术于构件是福州建筑业优良传统。"乳伏上驼峰、枋与梁之间花盆、云朵以及吊柱、雀替、斗拱等本来是支撑的构件，但经匠师加工、镂刻成各种艺术形象。再加上得天独厚的福州花岗石资源和精湛的石工技艺，使龙柱、石狮、柱础、须弥座等以其艺术造型，把主建筑衬托得更加多彩多姿"[1]。其艺术装饰构件也极富地方建筑特色。"屋脊上鸱尾、吻兽，墙头上泥塑、纹饰都取材于地方风土

---

[1] 《福州市建筑志》第47页，中国建筑工业出版社1993年版。

人物及民间故事传说。殿宇的梁栋、飞檐、照壁、藻井、团窠等均精心描绘、雕刻，并以福州特产生漆着色，五彩缤纷。特别是门、窗中的漏花用骨格榫接编排，花样繁多，乡土气息浓厚"①。以位于南街宫巷 11 号的沈葆桢故居为例，该木构建筑四面风火墙，由三进院落、一列倒朝楼、隔院三座花厅组成，布局严谨，装饰富丽，表现了福州古代绅宦宅第的建筑特色。其墙头翘角上有彩色泥塑人像、花鸟、鱼虫、静物，俗称墙头花，它反映了明清时代福州传统墙头雕塑技艺特色。因此，福州名人故居给众多建筑、设计专家带来设计灵感和创作源泉，从中人们可以真正感悟到其蕴藏着丰富的建筑文化内涵，不愧为"实物的历史"、"石头的史书"。

三　合理利用故居，发挥爱国主义教育独特作用

（一）充分挖掘名人故居本身的内涵

名人故居大多系古建筑。这些露天的建筑文物本身就是不可多得的特殊陈列品，也是一部内涵深刻、生动形象的"立体教科书"。因此，其受教育内容鲜明，有着得天独厚的优势。我们在合理利用故居时，必须要严格按照《文物保护法》规定的"保护为主，抢救第一，合理利用，加强管理"的方针，做好故居的维修、陈列，还故居本来面目。即使在把故居改为纪念馆时，也要按原样修复，不改变其原貌。对此，原国家文物局张文彬局长有其精辟的论述："纪念馆建设时，要正确处理好保护历史原址与新建的陈列展示场馆的关系，一定要把保护原址和周围环境的历史风貌放在场馆建设的重要位置。场馆的建设规划要着力体现原址历史场景，服务服从于历史的真实和再现，避免对原址及其周边环境造成破坏。""新建馆厅与原址相比，它是辅助性的，是补充的。因此绝不能喧宾夺主，更不能游离于原址的历史风貌和内涵。""每个纪念馆都要把握自身特有的历史文化内涵，使观众从每个场馆中都能获得独特的思想教育和精神启迪。"② 如福州市现已修复并正式对外开放的林觉民故居、严复故居、邓拓故居、高士其故居、林纾故居、林则徐故居等均严格按照"修旧如旧"、"不改变原状"的原则，精心测绘，精心设计、精心施工，并严格按照原有的故居布局结构把故居主人生前生活过的地方按原样复原，充分挖掘与故居主人生前生活息息相关的点点滴滴的细节之处，真正营造出让观众步入故居时，能聆听故居主人"脚步声"的如临其境的氛围，使故居内涵得以全方位的挖掘。所以重要的是，要重视故居本身，研究它，充实它，使它的历史内涵发扬出来。哪怕是残垣断壁，在同一环境的建筑中它也应该理直气壮地成为历史的主体。因此，挖掘名人故居内涵是合理利用好名人故居资源的基础。

（二）精心设计再现名人故居原貌的陈列展览

名人故居的陈列与一般博物馆的陈列有着截然的不同。一般历史类博物馆的陈列

---

① 《福州市建筑志》第 47 页，中国建筑工业出版社 1993 年版。

② 李文儒主编《全球化下的中国博物馆》第 510、514 页，文物出版社 2002 年版。

大多以文物为主体，图、表、照片等辅助，适当复原些有代表性的场景，让文物说话，许多精美的陈列展品往往都是某一时期、某一类器物的代表，反映着特定时期内的特有文化，给观众造成的震撼是巨大的。故其主要是通过文物展出来揭示出陈列展览主题的内涵。而名人故居的陈列主要是突出故居主人的生平，故大多采取场景复原式的手法，撷取与故居主人或其生活年代有关的东西（如生活用具、亲朋好友赠送的字画等纪念品）组成生活场景，来增添故居主人生活气息，使观众在参观时倍感亲切、自然。故其陈列主要是通过"复原主人生前的典型的生活场景和系统叙述主人的生平来揭示故居的历史文化意义"。如我们均严格按照林觉民在《与妻书》记载"南后街之屋，入门穿廊，过前后厅，又三四折有小厅，厅旁一室，为吾与汝双栖之所……适冬之望日前后，窗外疏梅筛月影，依稀掩映，吾与汝并肩携手，低低切切，何事不语，何情不诉？"的情况对林觉民故居进行复原，再现其历史原貌，使观众在缅怀先贤烈士时，在这里可以触摸到它的主人，亲身体验着他的生活。这样展现给观众面前是身临其境，充满缅怀、敬仰之情的故居环境氛围，爱国主义教育之感便油然而生。其他已完成陈列并正式对外开放的"高士其生平及故居复原展"、"邓拓生平及故居复原展"、"林纾生平及故居复原展"、"严复生平及故居复原展"等与故居有关的陈列展览均遵循这一原则，使观众在参观故居时，如同与故居主人在进行面对面交谈，真正达到参观者因逼真的故居复原陈列而拉近了与故居主人的距离。

（三）采取独特的讲解方式讲活、讲透名人故居内涵

由于名人故居大多是利用古建筑在原址上进行陈列布展，故往往受自身条件限制。其特定的场地往往不可能将全部的物品都一一展示出来，故只能凭自身的优势，发挥自身的潜能，用独特的讲解方式来诠释故居的内涵。参观故居的观众大致可分为几种类型：专家、学生、外宾、一般观众，他们大多是慕名而来或有组织而来。由于观众受教育的程度不同，所以要了解名人故居的内容方式也不一样，故对不同对象、不同文化层次的观众最好采取不同的内容标准、不同的方式进行讲解，或通俗易懂，或深入浅出，找准讲解对象的切入点。对一般观众最好采取引导式的讲解。如在对林觉民故居讲解时，要尽量多告诉观众一些有关辛亥革命、广州起义和福州光复前后，烈士们抛头颅、洒热血、赴汤蹈火的社会史实，使他们在了解历史的同时，进一步了解一个真实的林觉民。又如在对林则徐纪念馆讲解时，要采取不同侧重点和深度，因为林则徐一生历官 14 省，仕途坎坷，从少年、青年到老年都有值得观众学习、敬仰的地方。因此，对小学生主要侧重讲解林则徐刻苦好学的故事，使他们从中受到教育和启发；对大学生主要侧重讲解林则徐一生成长的历程，尤其强调其虎门销烟的壮举及产生的影响，以加深对林则徐爱国思想形成的认识；对一些革命老同志，主要侧重讲解林则徐一生仕途坎坷，在受贬充军伊犁途中仍吟出"苟利国家生死之，岂因祸福避趋之"的这种忧国忧民、披肝沥胆的博大情怀，以体现爱国主义思想永存这一永恒主题。根据不同对象采用不同的讲解方法，既有原则性，又有灵活性和针对性，有主有次，有详有略，从而达到很好的教育效果。

　　以人为镜，可以明得失；以史为镜，可以知兴亡。福州名人故居内涵作为了解这座历史文化名城的重要资源，为当地人民提供了一部洋溢着爱国主义精神的"立体教科书"。人们不仅从中领略到故居主人的风采，而且受到了生动而深刻的教育和启迪，进而"更好更自觉地知我福州、爱我福州、建我福州。唯有如此，才能无愧于先人，无愧于来者"①。

　　①　林公武、黄国盛主编《近现代福州名人》序，福建人民出版社 1999 年版。

名人故居的文化传播

李 浩

（上海鲁迅纪念馆）

名人故居在一般意义上是以在社会或某一领域有杰出贡献，并且产生深刻影响的人的故居或旧址为主体的纪念场所。在中国，名人故居有悠久的历史。最早类似于名人故居的场所应该是供奉祖先的庙了，但这样的庙一般只对家族内部开放，也不一定包含祖先生活的居所，并且包括了所有祖先，不管他们是否有重大社会成就。与现代意义上名人故居相近的应该是在公元前 478 年孔子死后的第二年，以其故居三间为主体，"藏孔子衣冠琴车书"，岁时奉祀的孔庙。这便成为在中国建立最早的、延续时间最长的向公众开放的名人故居。在辛亥革命前的漫长的中国历史中，名人故居多以庙的形式存在，但这些庙不一定如山东曲阜孔庙那样以其故居为依托。辛亥革命后，中国历史进入了汲取西方文化的现代化历程，现代意义的名人故居不断涌现，它们或直接被命名为故居、旧址，或被命名为纪念馆、博物馆。据笔者 2001 年的初步统计，目前国内依托故居或旧址而建的名人纪念场所约有三百所①。

名人故居建立的最初功能是纪念、褒扬先贤和维系宗族传统、凝聚宗族内部向心力。随着社会文化的发展，名人故居逐渐越出家族在社会上发挥它的文化功能，在这方面最显著的应该是孔庙。孔庙最初只在山东曲阜一地，功能上也只是限于纪念和褒扬孔子一人。汉高祖刘邦亲自到曲阜祭祀孔子以后，孔庙的地位开始发生变化，由面向宗族和儒生小群体的纪念扩展到整个中国社会的纪念。到唐朝时，唐太宗李世民先后下诏："天下学皆各立周、孔庙，赠孔子为司寇，谥'文宣'，旋准房玄龄议停周公祀，专祀孔子，尊为先圣，以颜回为先师，配享孔庙（公元 627 年）"；"州县皆特立孔子庙，四时致祭，以左丘明等廿二人从祀（公元 630 年）。"② 从此全国各地纷纷建立孔庙，并在其中设立学校，孔庙的文化地位发生了重大转折，它的社会功能得到了充分扩展。虽然，山东曲阜以外的孔庙不再依托孔子故居或者活动旧址，但它们可以视作山东曲阜的孔庙的伸延。这些孔庙使单一的具有纪念性质的孔庙变成了遍布各地的文化保存、研习和传播的场所。可以这样说，中国数千文化保存、传递、延续，各地的

---

① 李浩编《全国人物类博物馆、纪念馆简表》，《人物类博物馆、纪念馆现状与发展前瞻学术研讨会论文集》，百家出版社 2002 年版。

② 转引孔德懋《研究中国孔庙发展史弘扬中华优秀传统文化——序〈中国孔庙〉》，《中华文化论坛》2005年第 2 期。

孔庙起到了重要作用。

现今社会，单一的名人故居很难取得如历史上孔庙那样的地位，更不可能如孔庙那样在全国各地克隆。并且，现代社会分工细化，使原来由孔庙承担的教育（设置在孔庙内的明伦堂，即实施儒家教化的大讲堂）、图书典藏（设置在孔庙内的尊经阁，存放儒家经典的图书室）等社会功能分别由学校和图书馆等专门机构承担。因此，当今的名人故居要继续承担文化保存和传播功能有相当的难度，并且遍布各地的各类博物馆也对名人故居发挥其社会作用有一定的影响。现今社会的多元化趋势使得名人故居的文化传播既面临了新的挑战，又获得了新的机遇。因此，从自身的力量出发研究出符合名人故居目前状况的文化传播形式显得尤其重要。

在理论上，以名人故居为中心的文化传播面可以辐射到任何地区，但在实际操作过程中，最为显效的传播却是在名人故居所在的区域中，这样的情况犹如过去散布在各地的孔庙。在相当长的历史中，中国的区域精神文化中心不是宗教寺庙而是孔庙。在政府的强力支持下，孔庙成为传播历史、文化以及社会道德礼仪等以儒家文化为核心的民族文化的重要场所，也是得益于各地克隆的大小孔庙。在现代社会中，名人故居虽然得到了政府的支持，但不可能形成强力支持，更不可能在全国各地克隆。因此，探索出新的出路是摆在各名人故居面前的重要议题。本文拟就名人故居的文化传播问题做些探讨。

一　名人故居实现文化传播的前提

文化传播是一个现代概念，但它并非是一种全新的传播形式。战国时期，商鞅为确保新法令的实施，于新法颁布之前，在国都南门竖起一根三丈高的木头，并告谕民众：谁要能将它搬到北门，便可得到十金的奖赏。最后，商鞅在有人完成告示的要求后兑现了承诺。由此，新法令被广泛传播并得到了实施。这一事件其实就是一次文化传播的著名案例。它的主体就是新法令的传播，而新法令的传播则是通过一个故意安排的事件来达成的。在这个过程中，包含了文化传播的几个要素：发布人（代表政府的商鞅）、媒介（告示）、受众（城市民众）、传播环境（城门）。现代文化传播基本也由有这几个要素组成。所不同的是，发布主体已经不限于政府，它可以是一个组织甚至是社会个体，发布媒介更为多样，信息传播面也更为宽广。相同的则是传播受众仍然是社会中的所有成员。

"所谓传播是人际关系借以成立的基础，又是它得以发展的肌理，就是说它是精神现象转换为符号并在一定的距离空间得到搬运，经过一定的时间得到保存的手段。"[①]由此，传播是通过传播来达成一种新型的人与人之间关系，如果在开始新的文化传播前利用旧有的关系，那么传播将可以事半功倍地达成它的目的。而名人故居正有这样的优势。首先是它的文化基础。名人故居的主人都是在与传播受众同一个社会文化背

---

　　① 参见胡正荣《传播学总论》第 61 页，北京广播学院出版社 1995 年版。

景下成长起来的。明确地说，这些名人是在中国文化背景下成长起来的。他们对区域社会乃至国家做出了非凡的成就，并产生不可磨灭的、久远的社会文化影响，从来都不曾脱离他们所生活的社会文化情景。可以这样说，他们是整个社会文化、精神的最高标准的实践者。他们在建立其历史成就过程中所体现的文化和精神追求是社会所褒扬并要求后来者进行研习和继承的。此外，名人故居大部分散布在普通人生活区域中，与普通人比邻而居，其故居是社区中的一个组成部分，其人是社区中的一员。与博物馆相比较，名人故居在民众中间更具有亲和力。这些就是名人故居展开文化传播的有利前提和宝贵资源。借用文化传播学的观点，这是传播的"前人际关系"，是文化传播良好实施的前提。

二　文化传播的要素与文化形态

文化传播在文化中主要表现为"传承"和"扩布"。传播一方面意味着文化信息在时间上的传承和展延，另一方面表现为在空间上的扩布和流行。具体表现为：一种文化习惯可以在某一社会环境中传承，具有明显的稳定性和延传性，同时又可以影响扩展至地区文化圈以外。

传者、受众、传播环境和传播渠道是传播的四个基本要素。文化传播的受众是全体社会成员，他们也是文化传播社会环境组成的决定性力量。因此，展开文化传播就必须对传播受众进行深入的研究。目前常见的现象是，传播者的意图和受众的需求之间往往不相吻合。这就需要传播者在着手进行传播的时候仔细研究受众的心理状况，并且找出造成这些心理状况的社会文化因素，不断地调整传播策略和形式。从宏观上来看，作为传播受众的人是具有普遍意义的。按照马斯洛的心理学观点，人的普遍性就在于他们的心理需求都可以分为五个层次，即生理、安全、社交、自尊以及自我实现的需求。但从微观上来说，对于具体名人故居传播的具体对象，人又呈现出其特殊性。尤其在一个相对的区域内，人的特殊性就更为明显。这种特殊性并不是五个心理需求层次的破坏，而是这五个心理需求的具体化。细致探究所面对的受众的需求可以使文化传播在调整中获得针对性，从而使传播发挥更有效的作用。

从文化形态上看，文化传播是一种非常复杂的社会精神现象，它是千百年来相沿成习、代代相传的人类文化行为以及文化意识的综合表现。它虽然不具有主流传播的强制性和显著的功利色彩，但却以"春风化雨润无声"的形式将所要传播的文化内容以契合于大众接受习惯的方式渗透到大众生活的每一个角落。显然，只有把文化传播放在它特有的社会文化环境中来考察，我们才能发现它的深层的文化构成，以便制定出有针对性和可操作性的文化传播方案来。

三　文化传播的基本方式

文化传播的内容包罗万象，与广阔的社会、繁杂的生活相映照。据相关传播学的研究成果，文化传播的方式大致有语言传播、行为传播、仪式传播和艺术传播四种基本方式。对于名人故居文化传播来说，研究文化传播的基本方式的构成和实质是在于恰当地利用它们并注入相应的名人故居文化方面的内容，并且获得特有而有效的传播形式。

首先是语言传播。语言是人类传播的最基本的信息符号。它作为一种传播媒介物，大致可以分为两种形式，一是无形的声音形式，另一种是有形的书面形式。无形的语言传播为口语，它是人际交流的最基本的手段。在目前，名人故居的无形语言传播形式大都是在故居现场完成，也就是故居讲解员对观众的讲解。近年来，各地名人故居在此前提下也进行了新的尝试，这些尝试就是深入到学校、企事业单位进行宣讲活动。无论是基本的故居现场讲解还是离开故居的宣讲活动，目前都具有良好的效果。但同时也应该看到，在无形语言传播活动中，针对故居所在社区的传播活动相对比较薄弱，难度也比较大。另一种语言传播就是以书面形式出现的各种宣传资料。相对于博物馆来说，名人故居在开发有偿的书面资料方面有很大的成果，而在发放免费宣传材料方面却比较薄弱，这可能是受到经费的限制，还有可能是受观念的限制。在当今，由于网络的普及，有形或无形语言传播又拓展到网上，成为语言传播的新领域。据目前所见，名人故居的网上宣传大都是附属于大网站的情况简介，其中有一部分简介较为详细的则列出了开放接待时间、票价、联系电话，以及区域交通指示，详细的介绍更利于加强传播的成效。同时，在网上罕见如博物馆网站那样的自建专门网站。

其次是行为传播。这是一种非语言传播，但是它在文化传播中具有特殊的意义。行为传播是以日常生活为基础，通过行为的比拟来达到文化传播的目的。在名人故居，行为传播是很特殊的，它是通过故居内部的详细复原，营造一个可比拟行为的场景，再通过讲解员或辅助文字说明的介绍，使人们在头脑中产生接近于真实的可行为的想像，使人们在想像的行为体验中获得文化认知并得到传承。现在很多地方运用蜡像来帮助观众建立接近于真实的行为想像，但笔者认为，由于蜡像制作的真实性——并非所有的蜡像都能准确表现出名人故居主人的精神风貌，以及保存的难度——蜡像往往因为温度、湿度、灰尘的关系而变形，利用蜡像来作为名人故居行为传播辅助往往会破坏观众的想像空间，是否能够真正达到传播者的预想是值得怀疑的。

再次是仪式传播。在名人故居最为常见的仪式传播活动是在故居主人生日、忌日或者是对故居主人有重大意义的日子举行的各类纪念活动。作为一种社会行为，仪式往往是相对集中地展示社会的文化积淀、文化传承的风貌。在名人故居进行的仪式传播活动可以说是历史上祭祀仪式的继承和发展，很多名人故居在其间注入了新的内容并采用了新的形式。然而也应该看到，在商品经济日趋发展的今天，很多具有深刻文化内涵的经典性仪式正为商业所侵蚀，虽每每场面在扩大，但它们与传统文化传承结合较少，使得仪式的文化内涵逐渐被压缩或被替代，这是值得我们所警醒的。

最后是艺术传播。所谓艺术传播是运用艺术语言，如舞蹈、音乐、绘画、雕塑等表达思想内容和情感的形式进行文化传播的途径。近年来，名人故居的艺术传播得到长足的发展，除了传统的那些复制品、纪念品以及书籍以外，其他形式如舞台影视演出等已经有大量的运用，虽然这些艺术形式并非全部由名人故居承担完成的。其中，尤其可观的是在电视制作方面，各种人物传记电视纪录片以及传记性电视剧纷呈迭出，对名人故居文化宣传起到了强力的推动作用。但在这样繁华的情况下，难免也有遗憾，这就是对名人的文化精神面貌的把握问题，往往是名人故居参与制作的电视片能够保证其内涵把握的正确性，反之则较差，甚至产生不良影响。

从名人故居文化传播的发展现状来看，在文化传播方式的研究、吸收、利用等方面还有很长的路要走。目前，很多名人故居因为处在旅游的位置上而获得了良好的传播成果，其中某些名人故居已经成为特定区域内新的经济增长点，使故居文化的传播达到了一个新的高度。但在这种良好的形势下，也应该看见商业对名人故居文化传播的侵蚀。因此，笔者认为，从故居所在的社区着手，做好周边的宣传工作，使文化传播的公共性与名人故居所覆盖范围内的私人性有机结合，这样才能在逐渐浓重的商业气氛中不为之所侵，坚守故居文化的传统，最终营造名人故居周围的文化气氛，使名人故居文化传播持久并最终发挥作用的重要保证。

四　合作是名人故居文化传播的有力保证

文化传播是一种非强制性传播，是适应现代社会需求并引导大众对文化需求的软性传播形式。在当今多元化的社会中，要使单一存在的名人故居获得广泛、持久的传播，名人故居之间的合作便显得非常重要。由于社会贡献的方面不同，名人在社会上的知名度不是等同的，有些名人是人人皆知，并且很多人对他们有比较深入的了解；有些名人只是在社会的某一领域有很高的声望，而普通人并不熟知。因此，要进一步推进名人故居的文化传播，除了立足各自所在的区域进行广泛而有效的传播活动之外，更要联合起来形成文化传播上的联动效应，使名人故居文化传播牢牢在多元社会中占有一席之地。20世纪90年代成立的中国名书画家纪念馆联会就是一个很好的例子。这个联会的成员单位有基本相同的文化背景，内容上也有相似性，但各有特色。他们分工合作、取长补短，在推进文化传播上取得了丰硕的成果。而现在中国名人故居联谊会的成立则为将来名人故居的文化传播打下了坚实的基础。

联合传播在名人故居文化传播中的重要性是显而易见的。在传播的实施过程中，最大限度地利用各地区的资源需要科学有效的方法。笔者认为，首先是建立定期沟通机制。相互联手、借助公共文化资源制定联动的计划，如利用现有红色旅游线进行革命家故居的联合，研究他们的共同特征，制作统一的书面或影像宣传资料，以求在资源共享的前提下进行网络化的传播。其次是在联动的前提下突现各名人故居的特色，尤其是名人本身的文化和精神特色。不能因为联合而消磨了各个故居的特殊性，这样就有违合作进行文化传播大众化的初衷。最后注意各种传播资源的有机组合，提高传播效率。一般来说，在省会、地区市等区域，经济状况、交通设施、文化心理发展比较成熟，文化传播主要是依靠传统传播习惯和现代传播手段的有机结合。而在偏远地区，则可以充分利用当地的文化资源，设法依靠民众的传播路径展开名人文化的文化传播。

　　总之，文化传播是名人故居为提升社会文化地位的重要工作，也是名人故居存在的根本性目标之一。研究名人故居的文化传播，实际上也是研究名人故居与社会互动关系的重要内容。现代商业的无孔不入给名人故居的文化传播带来了很多便利条件，如电视、网络、移动通讯等；但同时也给名人故居的文化传播带来严峻的问题，就是商业化的侵蚀。如何利用现代社会所给予的种种便利，使之为名人故居的文化传播服务是值得我们进一步探讨的重要问题。

浅谈名人故居、纪念馆文化传播的创新

黄水英

（福建省冰心文学馆）

名人故居、纪念馆是文明的象征。它们不仅仅是历史的见证、凝固的建筑、纪念缅怀的场所，更是一颗颗璀璨闪耀的文化明珠，是传承中华民族先进文化、弘扬民族精神的重要载体。如果仅仅是简单、粗放式地对外开放，并不能完全发挥名人故居、纪念馆在传播先进文化中的作用，其蕴含的深刻文化内涵也将随着岁月的流逝而慢慢消失，这对名人故居、纪念馆的保护是极其不利的。只有广泛传播名人故居、纪念馆的文化内涵，让世人铭记历史，认识和了解那些为社会做出过杰出贡献、影响深远的人们的思想精神，让其放射出应有的光芒，才是对名人故居、纪念馆完整意义上的保护。

胡锦涛总书记在中共中央政治局第七次集体学习时指出："当今世界，文化赖以发展的物质基础、社会环境、传播条件发生了深刻变化。我们要深入研究新形势下我国文化建设面临的新情况新问题，善于在更加开放的环境中建设中国特色社会主义文化。"随着人民物质生活水平的不断提高，社会文化价值观念的改变，更加灵活、特色、创意的文化传播才能吸引公众的目光。新形势下名人故居、纪念馆文化传播的创新成为我们不得不思考的一个问题。本文拟从传播导向、受众主体、传播方式三个方面谈一些粗浅的认识与看法。

一　坚持正确的传播导向，深入挖掘文化内涵

传播是将观念或思想由一个人传递到另一个的程序，其宗旨是使接受传递的人获得思想上的了解。文化传播就是社会传播，是人对文化的分配和共享，具有一定的导向性。胡锦涛总书记在纪念中国人民抗日战争暨世界反法西斯战争胜利 60 周年大会上，精辟概括了伟大的中华民族精神——国家和民族利益至上、誓死不当亡国奴的民族自尊品格，万众一心、共赴国难的民族团结意识，不畏强暴、敢于同敌人血战到底的民族英雄气概，百折不挠、勇于依靠自己的力量战胜侵略者的民族自强信念，开拓创新、善于在危难中开辟发展新路的民族创造精神，坚持正义、自觉为人类和平进步事业贡献力量的民族奉献精神。随着我国社会主义市场经济的深入发展，社会经济成分、利益关系和分配方式的日益多样化，与社会进步相适应的新思想、新观念正在丰富着人们的精神世界。与此同时，一些道德失范、诚信缺失、假冒伪劣、欺骗欺诈活

动有所蔓延；封建迷信、邪教和黄赌毒等社会丑恶现象死灰复燃；拜金主义、享乐主义、以权谋私等消极腐败现象滋生，给社会发展带来不可忽视的负面影响。名人故居、纪念馆的文化传播必须坚持正确的导向，始终把社会效益放在首位，义不容辞地承担起传承中华民族先进文化、肃清不良社会风气、启迪后人、提高全民族思想道德素质、培养教育青少年的重责。

名人故居、纪念馆涵盖了政治、经济、文化、军事、科技等各个领域，连接起来就是一部生动的中国文明史和革命史。每位名人都有不同的思想精神闪光点，每所名人故居、纪念馆都记录了意义重大的历史事件或历史文化，蕴含着丰富的精神内涵。深挖其文化内涵是名人故居、纪念馆文化传播的前提。以福建省冰心文学馆为例，冰心是我国杰出的文学大师，她的作品影响了一代又一代的小读者。她的名言"有了爱就有了一切"，爱祖国、爱人民、爱自然、爱孩子、爱一切美好事物的"爱心精神"是冰心思想的精髓，这与构建社会主义和谐社会是一致的。这一独特的爱的教育就是福建省冰心文学馆的文化内涵。因此，在设计"冰心生平与创作展览"时，各个单元都注重溶入冰心的爱心精神，使观众在了解冰心生平与创作的同时，感受到冰心的爱心精神，并受到教育和启发。

二　加强对受众主体未成年人的思想道德教育

2004 年 5 月 1 日起，作为爱国主义教育基地的全国名人故居、纪念馆开始对未成年人免费开放，未成年人成为名人故居、纪念馆文化传播的受众主体。目前，我国 18 岁以下的未成年人约有 3.67 亿，占总人口的 29%，他们的思想道德状况如何直接关系到中华民族的整体素质，关系到国家前途和民族命运。高度重视对下一代的教育培养，努力提高未成年人思想道德素质是党和国家事业后继有人的重要保证。这一新形势对名人故居、纪念馆既是机遇也是挑战。名人故居、纪念馆在文化传播的过程中，应特别注重加强对未成年人的思想道德教育，吸引更多的未成年人走进名人故居、纪念馆，自觉接受爱国主义教育。

青少年前往名人故居、纪念馆参观，对于一成不变的展览、枯燥乏味的讲解和眼花缭乱的纪念品已经失去了兴趣，甚至会产生腻烦、抵触心理。只有把思想性、艺术性、趣味性相结合，做到形式新颖、内容丰富、灵活生动，才能满足青少年的心理需求。同时，积极开展有益青少年德、智、体、美全面发展的活动，使名人故居、纪念馆成为学校之外生动的第二课堂。2004 年，福建省冰心文学馆在接收大量珍贵的冰心遗物后，对"冰心生平与创作展览"进行了改造。在序厅增加了多台触摸式电脑，设置了展览简介、冰心作品、冰心手稿、趣味知识问答等单元，增添了参观的趣味性；展示了大量冰心与小读者的通信手稿，拉近了与孩子们的距离；在展厅中央按照 1:1 的比例复制冰心在北京中央民族大学的故居，使孩子们能够身临其境地感受冰心简朴的生活环境。与广大中、小学校共建，组建"小小讲解员"队伍是福建省冰心文学馆的一大特色。经过培训的小小讲解员为前来参观的青少年讲解。他们比成年讲解员更具亲和力，孩子们特有的语言表达和思维方式也更容易被接受。"小小讲解员"成为一个光荣的称号。他们不仅自己受到教育、熏陶，还影响带动周围的同学，成为学校里的"文明劝导员"。福建省冰心文学馆还注重开发适合青少年的纪念品，出版了5本《冰心中小学生读本》系列口袋丛书，让孩子们在参观结束后能够带回有意义的纪念品。

三 以创新方式实现名人故居、纪念馆文化的有效传播

文化传播的方式是灵活多变的，新形势下名人故居、纪念馆的文化传播关键是在传统传播方式的基础上注入新的元素，加以恰当运用，并融入名人故居、纪念馆的文化内涵，充分展示文化的魅力，实现文化的有效传播。

（一）展览传播

名人故居、纪念馆收藏了大量珍贵的文物。它们记载着社会发展的历史，承载着民族厚重的记忆。将这些中华民族的精神财富和文化遗产展示给广大观众是传播名人故居、纪念馆文化的基本方式和最直接的途径。

1. 流动展览

酒香也怕巷子深，一些名人故居、纪念馆由于地处偏远地区，或远离市区中心，面临着养在深闺无人知的尴尬境地。在固定陈列展览的基础上，举办流动展览，主动送展上门，将展览延伸扩展到更广阔的区域就能较好地解决这个问题。福建省冰心文学馆制作了一套流动的"永远的爱心——冰心生平与创作展览"，于冰心诞辰100周年之际在北京中国现代文学馆展出，参观人数逾万人，反响热烈。2001～2006年期间，分别又在福建的厦门、南平、泉州、晋江、石狮等地成功举办该展览。参观者中最老的有年逾八旬的老夫妻，最小的有幼儿园的小朋友。许多观众参观后在留言册上写下自己的感想，还不太会写字的小朋友就用拼音写下对冰心奶奶的敬爱。

2. 联合展览

增强馆际交流，加强合作是名人故居、纪念馆发展的新思路。同时期或同领域的名人在思想精神上的统一性，以及名人之间的友谊与交往成为名人故居、纪念馆举办联合展览的纽带。如鲁迅、巴金、茅盾、郭沫若、老舍、曹禺、冰心同是中国现代文学大师。他们是新文化运动的先驱，在中国现代文学史上具有重要意义。笔者以为，如果这七家名人故居、纪念馆联手合作在北京、上海等地举办联合展览，必将引起社会的轰动，其影响力和渗透力不可估量。中国博物馆学会名人故居专业委员会的成立为实现名人故居文化的联合传播打下了坚实的基础。

（二）活动传播

活动出活力，通过活动提升名人故居、纪念馆的知名度与影响力。

1. 纪念活动

名人的诞辰、逝世纪念日，与名人有密切联系的重大节庆纪念日，以及名人故居、

纪念馆的建馆周年纪念日等对名人故居、纪念馆而言是进行文化传播的有利时机。通过举行内涵丰富、形式新颖的纪念活动，达到宣传和教育的目的。

2. 学术活动

开展学术研究活动，确立宣传研究中心的地位，对名人故居、纪念馆的发展具有战略性意义。福建省冰心文学馆为加强学术研究，借助社会与高校的力量，建立了客座研究员队伍，创办出版了 27 期冰心研究的专刊《爱心》杂志，召开了冰心文学首届、第二届国际学术研讨会，出版了《冰心玫瑰》、《冰心论集》（上、下）以及《冰心论集》（三）等冰心研究丛书。通过学术研究活动，与日本、美国、马来西亚等海外国家的研究机构、专家学者建立了密切的联系，为宣传研究冰心、为福建省冰心文学馆发展提供了更为广阔的国际平台。

（三）网络传播

网络已成为文化的重要传播媒介，为接受者和创作者提供了双向的交流平台，具有创新性、灵活性、互动性等优势，并且不受地域与时间的限制。不少名人故居、纪念馆开设了自己的网站，通过不断丰富、充实网站内容，开展网上祭英烈、献花、留言，网上论坛等特色活动，吸引大众浏览网页，传播名人故居、纪念馆文化。

弘扬鲁迅精神　打造文化品牌

——名人故居保护与发展的实践与启示

徐晓光

（浙江绍兴鲁迅纪念馆）

绍兴是国务院首批公布的 24 座历史文化名城之一，是一座有 4000 多年文化积淀和近 2500 年建城历史的文明古城。绍兴在千百年的历史演变中，积淀了丰富的文化内涵，形成了独特的地方风韵，构成了许多具有地域特色的系列文化。这在推动地方经济发展、加强精神文明建设方面发挥着不可替代的作用。绍兴是古代南方百越文化中心和舜、禹活动的重要地区，是中华民族的发祥地之一，历史悠久，人文荟萃，群星灿烂。可以说，名人辈出是绍兴历史文化名城的突出标志。从虞舜夏禹、越国君臣到光复群雄、辛亥英杰，历史上出现了一大批著名的思想家、史学家、文学家、艺术家、科学家、教育家和革命家。如舜王虞舜、禹王夏禹、越王勾践，书圣王羲之、诗圣陆游、画圣徐渭，教育家蔡元培、文学家鲁迅、革命家周恩来等等。人数众多，群贤毕至；成绩卓著，名声显赫；史迹丰富，内涵深广。这些名人生于斯、长于斯，或从绍兴走向全国，或在绍兴创造业绩，留下的故居、遗物、手稿、陵墓等文物遗存比比皆是。这些既是大宗的文化遗产，又是丰富的旅游资源。绍兴众多的名人故居也就成了陈列生平事迹的展馆、进行爱国主义教育的基地。近几年来，绍兴在围绕名人文化做好有效保护与合理利用的文章上花了不少精力和财力，从而促进了绍兴的文物保护与文化旅游的协调发展，提高了绍兴名人故居的知名度，同时也提升了城市的品位，更成为打造绍兴文化旅游品牌不可多得的基础与依据。打造绍兴文化旅游精品最好的依托是鲁迅先生这位世界级名人，作为绍兴最具优势的知名品牌——鲁迅故居，在中国乃至世界名人故居中都占有重要的一席，更是弘扬名人文化的一个很好的载体。

绍兴鲁迅纪念馆成立于 1953 年 1 月，是建国后浙江省最早建立的纪念性人物博物馆。它以鲁迅故居、百草园和三味书屋的原状陈列以及鲁迅生平事迹陈列厅的辅助陈列为主要阵地，结合丰富的馆藏文物资料和一系列的科研成果，通过多种形式坚持不懈地宣传和弘扬鲁迅的思想、精神，体现了纪念馆社会宣传教育的特性和作用。经过半个世纪的风雨历程，现已发展成为历史文化名城绍兴对外宣传教育的一个重要窗口和著名的人文景观，在海内外享有较高的声誉，年接待观众 70 余万人。1988 年，鲁迅故居（含三味书屋、周家老台门）被列为全国重点文物保护单位，还先后获得全国优秀社会教育基地、全国百个爱国主义教育示范基地、浙江省首届文明示范博物馆、浙江省爱国主义教育基地先进单位等荣誉。近几年来，在大力推进社会主义文化建设和文化体制改革的新形势下，纪念馆大胆改革和创新管理体制、经营机制、教育内容和教育方式，大力加强软、硬件建设，丰富内涵，拓展功能，增强吸引力和感染力，将工作的专业性、学术性和知识性、趣味性、观赏性有机结合起来，使其不断适应新形势的需要，呈现出建设、管理、开发、教育相互促进的良性发展态势。特别是在展览的文化内涵和科技含量上，不断创新，发挥特色，努力打造文化品牌，从而走出了一条在新形势下加强名人故居的保护与发展的新路子。

一　搞好基本陈列，举办临时展览

举办陈列展览、开展宣传教育是博物馆的首要任务，也是博物馆对社会提供服务的主要形式。陈列展览是衡量一个博物馆业务高低的重要标志，陈列质量的高低关系到博物馆宣传教育效果的好坏。2002 年，绍兴市委、市政府和社会各界先后投资 3.5 亿元对鲁迅故里实施了全面的保护和修复。经过近五年的精心保护建设，目前鲁迅故里已拥有鲁迅故居、祖居、纪念馆、三味书屋、鲁迅笔下的风情园、土谷祠及鲁迅笔下东昌坊口步行街等众多的文化旅游景点。特别是易地重建后的鲁迅纪念馆陈列厅，占地 5500 平方米，以"老房子、新空间"为建筑设计理念，很好地体现了自然、传统、简约、协调的风格。其"鲁迅生平事迹陈列"大量采用实物，配以照片、图表、模型、雕塑、景观等形式，运用声、光、电等高科技艺术手法，既吸纳了各地纪念馆先进的展示手段，又体现了鲁迅纪念馆的特点和展览个性，科技含量足，艺术品位高，有效改变了基本陈列长期不变、内容形式陈旧单一的状况，为广大观众主动参与、阅读、研究鲁迅创造了良好条件。鲁迅生平事迹陈列既有他青少年时期的绍兴地方特色，反映绍兴乡土文化和家庭变故对他思想发展所带来的影响，又有他上海光辉十年的重点，生动形象地再现了他的光辉业绩及其思想发展的历程，起到了很好的宣传效果。目前，全国有 4 个鲁迅纪念馆（博物馆）。作为鲁迅故乡的纪念馆，我们明确陈列的指导思想，尽量办出自己的特色和风格，将陈列工作的重点放在鲁迅故居、百草园和三味书屋的原状陈列上。如充实鲁迅故居内的日常生活用具，塾师寿镜吾指导学生学习书法的工具等，在百草园里种植鲁迅儿时种植的瓜菜，恢复当年的氛围，使其具有直观、生动、真实的特点和效果，真实地再现了陈列对象的历史原貌，生动地反映了鲁迅在绍兴时期生活、学习、工作的情状。纪念馆的原状陈列和辅助陈列主题鲜明，内容丰富，形式新颖，使广大中外观众对鲁迅生平事迹和思想精神有了一个比较系统全面的了解，使陈列展览成为进行鲁迅思想精神宣传教育的主要手段，从而使鲁迅纪念馆成为宣传鲁迅思想精神、弘扬爱国主义精神的基本阵地。

纪念馆在重点做好基本陈列的同时，充分利用自身的资源优势，及时把握时代脉搏，积极推出或与兄弟馆、相关部门引进多角度、多主题、针对性强、紧扣时代信息的临时展览，先后成功举办了"抗战八年在绍兴"，"我们的总设计师——邓小平"，

"五十年绍兴历史巨变大型图片展","馆庆五十周年回顾展","赵延年鲁迅文学作品木刻展","中学语文鲁迅作品辅导展","与鲁迅同时代人版画展","弘扬胆剑精神,推进率先发展,实现富民强市"——"越魂"大型图片展,裘沙、王伟君"世界之鲁迅"大型画展等专题展览,丰富了爱国主义教育基地活动内容。为充分发挥教育基地的示范功能,服务社会,纪念馆还以走出去的形式,将"民族魂——鲁迅"等展览制作成流动展览,送到各县(市)及社区、大中小学校、劳教所、武警支队等企事业单位巡回展出,扩大了教育辐射面,受到了社会各界的热烈欢迎和一致好评。

二 注重基地建设,加强宣传教育

爱国主义是中华民族的光荣传统,是推动中国社会前进的巨大力量。纪念馆全年对外开放,每年都有数十万的中外游客前来参观、瞻仰。其中包括江泽民、胡锦涛、李鹏、朱镕基、温家宝等30多位党和国家领导人以及数以百计的中外著名文学艺术家、科学家、政治活动家等。

纪念馆不断创新基地教育的形式,与时俱进,开拓创新,改变了过去"填鸭式"、冷冰冰的教育模式,将爱国主义教育与旅游休闲活动有机地结合起来,推出喜闻乐见、寓教于乐、丰富多彩的节会活动。如先后举办了"游鲁迅故里,尝越乡小吃"活动、春节"鲁迅故里过大年"、三八妇女节"献给母亲的微笑"专场文艺演出、五一节"向劳动者致敬"、"2004年杭州万名好妈妈同游鲁迅故里首游仪式"、"读鲁迅作品 访鲁迅故乡——上海万名学生同游鲁迅故里首发式"、"鲁迅与先进性教育"专家座谈会等等节庆活动。同时,积极发挥爱国主义教育基地的作用,组织"学习名人,服务双争"红领巾百日大行动、"弘扬爱国主义精神 回归精神家园"、"亲近鲁迅——鲁迅研究专家与青少年对话"等活动,陆续成为"中国作家协会创作基地"、"中国新闻摄影学会创作基地"等,进一步提高了绍兴鲁迅纪念馆的知名度和美誉度,社会效益明显。

多年来,绍兴鲁迅纪念馆一直关注未成年人的爱国主义教育工作,通过挖掘文化资源,做深、做透特色文章,采取了一系列行之有效的措施,在实践中创新了旅游品牌。2000年开始,我们在本地九年义务制学生中推出"一卡在手,文旅景点天天游"活动,对大中专学生集体参观门票对折优惠。同时,针对青少年学生推出了富有特色的修学游。2004年7月,由国家教育部基础教育课程材料发展中心、中国教育学会、人民教育出版社、中学语文教学专业研究会和绍兴市人民政府等联合举办的"全国中学鲁迅作品研讨会"在纪念馆隆重举行,现场请来了全国特级教师在百草园讲授鲁迅作品《从百草园到三味书屋》,与学生开展互动式教育。来自全国各地的知名教育工作者和广大学生聆听了这堂别具一格的现场观摩课,反响强烈,并掀起了鲁迅故里修学游和鲁迅作品赏析游的高潮。全国多家媒体报道了"百草园情景课让学生走进鲁迅作品鲜活的世界"这种全新的上课形式。2005年7月,浙江省青少年红色之旅经典景区授牌仪式暨百万青少年"跟着课本游绍兴"启动仪式在鲁迅故里举行。这使"鲁迅故里修学游"升格为参与性极强的"跟着课本游"。到目前,"课本游"已吸引国内外游客近 10 万人次。每到周末，成群结队的各地学生佩着专门的"课本游"徽章，捧着装帧精美的"课本游"手册，走在历史与文化气息浓郁的大街小巷，成为鲁迅故里一道"渐欲迷人眼"的靓丽风景。这使学生们走出课堂，用双脚重新解读课本中的绍兴，认识课文中的鲁迅，品味江南古城的别样风情。

为贯彻落实《中共中央国务院关于进一步加强和改进未成年人思想道德建设的若干意见》，纪念馆始终以社会效益为重，把未成年人思想道德建设摆上了议事日程，按照中央、省委、市委要求，重新调整和完善了校外辅导员队伍。到目前为止，纪念馆已与绍兴文理学院、杭州育英技术学院、浙江商业技术学院、绍兴一中、鲁迅中学、鲁迅小学、成章小学等 16 所大中小学校建立基地共建单位，并配备了优秀的校外联络员、辅导员，共同商讨制定了《爱国主义教育实施计划》，对未成年人集体组织参观实行免费，个人参观实行半价优惠等措施，鼓励未成年人前来鲁迅故里参观、学习、实践。此外，纪念馆还参与学校德育教育工作，支持学生社团开展活动，经常与绍兴文理学院学生鲁迅研究社、稽山中学鲁迅文学社、皇甫少年鲁迅研究会等学生社团保持联系，担任顾问，热情辅导，定期前往讲课，解答疑难问题。去年，还尝试与鲁迅小学合作，帮助编印书刊和校本教材《走近鲁迅》、《阅读鲁迅》和《感受鲁迅》，有力地增加了绍兴大中小学校的学生对鲁迅学习和研究的兴趣。纪念馆始终牢记爱国主义教育基地的使命，积极支持学校在基地开展各项活动，如举办小讲解员培训班、"寻访鲁迅公公的足迹"夏令营、"争做鲁迅公公的好后代"主题班会及有关知识竞赛活动等。这些形式丰富多彩、寓教于乐的教育活动，拓展了为广大青少年学生教育服务的深度和广度。

三 规范内部管理，深化 ISO 体系认证

为进一步加强内部建设，做深、做实管理文章，规范并优化服务流程与岗位，纪念馆以创建活动为载体，树立良好的企业形象为目的，在实施游客满意工程的基础上，全面启动了 ISO9001 质量管理体系和 ISO14001 环境管理体系双认证。一直以观众为关注焦点，把持续改进服务质量作为永恒的追求目标，对纪念馆硬件和软件建设的要求几近苛刻，对讲解接待、陈列展览、环境卫生、安全秩序等方面作了较全面的改善和提高。在管理上要求程式化和规范化，进一步完善日常办事规范，加强部门与部门、单位与外界之间沟通与协调的能力，在很大程度上提高了工作效率。纪念馆通过一手抓制度建设，完善"员工守则"、"岗位职责"、"考核细则"等三个系列的制度和值班长制度，加强监督机制，使检查考核落到实处；一手抓各项创建活动，通过积极参加市级文明单位、省级青年文明号、市级五好基层党支部、市巾帼建功示范岗等创建活动，提高了纪念馆的文化品位和对外形象。从而顺利地通过了中国方圆标志认证中心对 ISO 质量、环境管理体系双认证运行情况的审查和现场审核，为进一步提升绍兴鲁迅纪念馆品牌形象，展示管理服务实力与能力奠定了坚实的基础。

四　抓好文物保护，强化安全防范

2002 年，绍兴市委、市政府站在战略的高度，本着对历史高度负责的精神，经过多方论证，慎重决策实施《鲁迅故里历史街区保护规划》。鲁迅故里保护规划范围为51.57 公顷，其核心保护区 28.9 公顷，总投资 10 亿元。根据清华大学编制的保护规划，建成后的故里包括五大区块：以鲁迅祖居、鲁迅故居、三味书屋等为核心的鲁迅青少年时代生活环境展示区，清末民初绍兴市井生活风情和鲁迅作品人物场景展示区，鲁迅文化研究展示区，绍兴传统商业区，旅游服务区等。其中，鲁迅故里保护工程一期中含有大量与鲁迅文化、绍兴历史文化处处相关的历史文化遗存。鲁迅故居、百草园、鲁迅祖居、三味书屋是全国重点文物保护单位，声名远扬。此外，曾出现在鲁迅笔下的咸亨酒店、东昌坊口、塔子桥、土谷祠、长庆寺、恒济当铺等也原汁原味地呈现在世人面前。街区内还保存了十余座典型的清末民初绍兴台门建筑，周围则是蜿蜒的传统居民区。经过一年的努力，鲁迅故里保护工程一期于 2003 年 9 月 25 日对外开放，本着修旧如旧的原则，还恢复了鲁迅故居组成部分周家新台门，修缮了三味书屋主人寿镜吾故居——寿家台门。其中周家老台门在恢复中轴线原状陈列的基础上，对西厢房又作了原状陈列布置，恢复了周家大户人家生活的原貌。古色古香的东昌坊口步行街、粉墙黛瓦的鲁迅故居周家新台门、傍水而筑的寿镜吾故宅寿家台门、庄重简约的明代建筑戴家台门以及古城最完整的典型花园式台门朱家台门等连同闻名遐迩的老景点鲁迅故居、百草园、鲁迅祖居和三味书屋都一一向世人展现。通过保护和修缮，昔日重现的鲁迅故里成为了历史文化名城的传世之作、精品之作、镇城之宝，成为展示鲁迅文化、品味鲁迅思想、解读鲁迅作品的不可替代之地，同时，也成为研究鲁迅文化、弘扬鲁迅精神最集中、最精华的地方。

近年来，纪念馆不仅高起点规划，不惜花巨资对鲁迅故里进行保护和修缮，而且还十分重视鲁迅及其有关文物资料的收集、整理、保管和利用工作。目前，纪念馆文物藏品资料有二万余件，其中一级文物 50 件，二级文物 61 件，三级文物 102 件以及包括鲁迅书信、手稿及党和国家领导人题词等具有一定收藏价值的文物资料。这些丰富的馆藏文物资料为纪念馆开展一系列业务活动提供了丰富的资源，同时也发挥了其巨大的作用。

五　提高队伍素质，开展学术研究

纪念馆一直注重自身建设，现有研究馆员 3 名、馆员 11 名、助理馆员 3 名、文博管理员 6 名，省级"十佳"、"十优"讲解员各 2 名，文化程度均达到大专以上。从队伍建设和文化素养来看，这支队伍热爱文博事业，整体素质较高，平时注重业务学习，不断提高自身的理论修养和专业技术水平，经常开展宣传研究工作、举办学术讲座、理论研讨会、鲁迅亲友座谈会等，定期编印业务交流书刊。到目前为止，已编印了 27

期《绍兴鲁迅研究》专刊，发表学术论文百余篇，出版鲁迅研究学术论著等各类书籍三十余种，如《鲁迅在绍踪迹掇拾》、《故乡人士论鲁迅》、《民族的脊梁》、《孙伏园怀思录》、《许寿裳诗集》、《许寿裳书信集》、《越乡中馈录》、《名人往事——鲁迅》、《鲁迅散文集》、《鲁迅小说集》、《中学语文鲁迅作品赏析》、《鲁迅故里》等，还针对普通观众和中小学生编印出版了图文并茂、通俗易懂的《绍兴鲁迅纪念馆报》。这些书报不仅解开了鲁迅在绍期间的历史背景、有关事件的来龙去脉，而且还反映了绍兴地区独特的风土人情，有助于广大观众特别是青少年学生和国内外观众对鲁迅生平和作品的理解，受到社会各界的一致好评。这些绚丽多彩的文化产品满足了广大参观者的文化需求，为他们提供了一道优秀的精神食粮。

近年来，纪念馆为加强学术研究，还专门成立了鲁迅研究所，旨在加强对鲁迅学术文化的研究和鲁迅道德文章的宣传教育、鲁迅思想作品的科学研究等各项业务工作。我们利用馆藏文物资料，积极开展关于鲁迅以及绍兴地方文史学术研究、馆际交流等活动，如"纪念鲁迅赴仙台学医100周年座谈会"、"越文化视野中的鲁迅学术研讨会"和"中国名人故居联谊会成立暨名人故居保护与发展论坛"等。通过打响鲁迅"金名片"，扩大教育宣传领域，使之成为全国的鲁迅文化旅游中心、宣传教育中心、文物资料中心和科学研究中心之一。

党中央提出加强公益性文化事业，要求贴近实际、贴近生活、贴近群众，是新时期文物博物馆工作的指导思想，也是贯彻落实"三个代表"重要思想的必然要求，更是促进社会经济发展的必然要求。作为名人故居（纪念馆），在进行爱国主义教育、革命传统教育和社会主义精神文明建设上，始终坚持贴近群众、贴近实际、贴近生活的"三贴近"原则，更好地整合名人故居资源，充分发挥教育功能，提升展览品味，提高学术研究水平，实现资源共享，为社会提供更好的精神文化产品，使名人故居（纪念馆）成为弘扬中华传统美德、构筑国人精神家园的重要思想道德教育基地。

近年来，纪念馆"从鲁迅故居到鲁迅故里，从文物景点到文物景区，从文物大树到文物森林"的保护与发展并存的道路已受到同行们的一致认同。实践证明，保护和发展名人故居的确具有极为重要的作用。就如何建设好名人故居，增强吸引力和感染力，使其各项功能得到充分发挥，我们必须要与时代精神相结合，与文化旅游相结合，与推进机制创新相结合，与大力打造先进文化品牌相结合。这样才能走出一条品牌提升、资源整合、产品经营的名人故居保护与利用的路子，达到社会效益和经济效益的协调发展。因此，我们将一如既往，高扬爱国主义主旋律，开创名人故居保护与发展的道路，把学习鲁迅、宣传鲁迅、研究鲁迅提高到一个崭新的水平，使鲁迅思想精神发扬光大，为把鲁迅故居打造成特色文化品牌而不懈努力，为发展社会主义先进文化作出新的贡献。

服务时代 凝练主题 创新形式

——绍兴周恩来纪念馆展览成功改版的启示

汤晓蕾

（浙江省绍兴市名人故居管理处）

2006 年 7～10 月，绍兴周恩来纪念馆对馆内展览进行了全面改版。新版的展览陈列在形式和内容上，都对旧版进行了较大的调整，除展示周恩来总理为中国革命和建设事业建立的丰功伟绩外，重点以专题陈列的方式，彰显了他在漫长的革命生涯中刻苦勤政、廉政自洁的崇高人格和不朽风范。

周恩来纪念馆新版展览的内容在保持延续纪念馆缅怀、歌颂伟人的传统功能的基础上，更突出了以伟人为楷模的学习教育功能。这使新版展览能有效地配合新时期中国共产党党建工作和日益重要不断加强的党风廉政教育工作的开展，适应了新时期政治思想文化建设的发展需要。

展览改版后的周恩来纪念馆，由陈列展厅、缅怀厅、留言壁、党课室等组成，其中以"风范垂青史"陈列展厅为主体。它改变了以前纪念馆以伟人生平历史为序列，以平面图版为主，适当配以文物的静态展览的陈式。新版展览具有鲜明的主题、精炼的内容，全面应用现代声光、多媒体技术，结合展览空间艺术创作，具有鲜明、生动、形象的陈列语言，丰富的历史信息和优质的声光视听效果，营造出了浓郁的纪念缅怀氛围，使展览陈列取得了很好的教育感染力。另外展览还通过电子留言、卡片留言等方式，较好地实现了参观者的参与性和与展览内容的互动性。

新版展览由于主题突出、形式新颖，可看性、感染力明显提高。改版开馆后得到了各方领导、专家和民众的广泛好评。新版展览开馆后一个多月来，慕名前来学习参观和取经的各界人士络绎不绝，许多老同志更是流连忘返、高度赞誉。现在绍兴周恩来纪念馆已被评为省级爱国主义教育先进单位，列入浙江省首批廉政文化教育基地。

展览改版的成功，是基于周恩来总理伟大的革命生涯所具有的极其丰厚、无与伦比的历史资料作为展览的素材，是周恩来总理的崇高品格、革命精神时时激励我们创新、求真、求美。在改版的三个多月中，各方领导以他们良好的思想政治素养和善于把握时代脉搏的政治敏锐性，对我们以十分有益的指导。把周恩来总理的思想品格以最有效的方式展示出来，尽力提高展览的教育功能，是大家一致追求的目标。

回顾这次展览改版工作，我们得到了一些有益的启示。

一 名人纪念馆陈列展览改版要把准时代脉搏，
紧跟时代步伐，服务时代需要

今日我们身处的世界已进入了网络时代，我们身边的社会在高速发展，人们的思想和观念也是日新月异。而与此形成鲜明对比的是，我们许多名人纪念馆的陈列展览却是多年一贯制，以不变应万变。由此造成的后果是名人纪念馆的参观人数在减少，在人们心目中的地位在降低，教育和缅怀的社会功能在弱化。对此，我们既不能怨天尤人，也不能妄自菲薄，而要冷静反思，积极探索，努力有为。这其中十分重要的一条是我们的展览陈列无论是内容还是形式，都必须把准时代脉搏，紧跟时代步伐，服务时代需要。

随着改革开放的不断深入，社会思潮的多元化变化，社会利益格局的不断调整，我们许多党员干部的思想也在不断变化之中，其中有一部分党员经受不住金钱、权力和美女的考验，做出了有损党、国家和群众利益的坏事。在加强制度建设的同时，如何在广大党员的内心中筑出一条坚固的思想道德防线，是摆在我党面前新时期的一个重大而紧迫的现实任务。在全国范围的思想教育实践中，我们也发现，廉政教育也碰到一些难题和问题，许多教育实践并没有取得预期的效果。只有创新办法和形式，才能收到事半功倍的效果。正是在作了这些理性思考后，我们发现，名人故居的生存和发展与新时期廉政教育是可以找到结合点的，名人故居在廉政教育中可以大有所为。特别是我们周恩来祖居，因为周总理是在全国人民甚至世界人民心目中最具有勤政廉政人格魅力的党和国家领导人，在人们心中拥有着强大的精神感召力。榜样的力量是无穷的，我们这次陈列改版就突出了周总理勤政廉政的光辉形象，使周总理这一家喻户晓的伟人，在新时期发出更加耀眼的光彩。

二 展览采用主题式陈列结构，有利于
集中主题，清晰脉络，提高效果

以往以生平序列为结构的展览陈列，对伟人从出生到离世，事无巨细、面面俱到。由于没有展览、思想主题和有效的陈列语言引导，展览内容表面上看来很翔实，实则往往枯燥乏味。伟人几十年的生平事迹，观众亦难以记忆。观众来到一个博物馆（纪念馆），希望看到的是在别处无法看到的、无可取代的信息和体验。如果单纯为了查看详细资料，观众还不如端坐在家中或图书馆内，从容地捧一本有关人物的传记资料或是在网上便捷地浏览，无须费时费力地来纪念馆。

主题式布置以丰厚的历史素材为依托，围绕数个主题进行史料组织、提炼，使展览陈列脉络清晰，可大大提高展览的可读性和教育功能。主题式布展，可根据主题选择史料、素材，能有效地改变以往按伟人生平序列的布展结构而形成的史料罗列、难以取舍的局限。这样的陈列布展方式，重点突出，层次清晰，一般参观者在有限的参

观时间内，能通过实物、图片、文字、影音等，了解人物的主要事迹，以最有效的方式接受信息。

　　周恩来总理伟大的革命生涯积累的极为丰富的历史资料，不是有限的纪念馆展览空间能够完整地展览、向参观者介绍的；参观者的时间精力局限，也不可能对伟人生平每一项史料进行了解，他们更重要的是通过参观，学习伟人的精神品格。新版周恩来纪念馆，为此设置了文韬武略、卓著功勋、爱国爱民、勤政廉政等四个鲜明主题，展示了周恩来总理的光辉一生。

三　陈列形式采用高科技手段和鲜明生动形象的陈列语言，能有效提高展览教育感染力

　　综观以往名人纪念馆的陈列，不外乎文字、图片加一些实物的简单组合，多为平面静态的陈列。这种陈列在当今社会信息获取渠道如此便捷多样化的形势下，有效性之差可想而知。因此，现阶段设计制作名人纪念馆的陈列，必须适当运用一些新的展示手法，如场景、幻影成像、电子书、自动讲解等。此次，"风范园"的陈列布展，我们就采用了实物、照片、模型，创作画与多媒体等现代技术相结合的方式，给观众产生强烈的视觉听觉冲击力。

　　建设先进文化必须对优秀文化加以传承和发展。周恩来总理是全体党员干部和全国人民的楷模。绍兴是周总理的故乡。周恩来纪念馆这次利用创建省级廉政文化教育基地的契机，进行全面改版，在了解国情、掌握宣传教育动态的基础上，及时捕捉新时期观众的参观需求，弘扬时代主旋律，以周总理勤政廉政为主题，建成"风范垂青史"专题陈列，打响了廉政文化教育基地的品牌，成为绍兴旅游的新亮点。以上得到的这些启示，是我们工作探索中的体会。但愿能为其他同行单位的工作有所启发。

论名人故居、纪念馆宣传工作的创新问题

郑　智　（鲁迅博物馆）

赵笑洁　（郭沫若纪念馆）

随着全球性现代化进程的加速，现代意义的名人故居、纪念馆的宣传功能已经发生很大的变化。把时代精神赋予到名人故居、纪念馆的宣传工作中，使名人故居、纪念馆在新形势下不断焕发出新的活力，是值得我们深入探讨的问题。近年来，北京对外开放的六家20世纪文化名人的故居、纪念馆在社会教育创新方面做了有益的尝试，取得了较大的社会反响，其中一些思路是发人深省的。

一　名人故居、纪念馆的宣传要以科学发展观为指导，坚持以人为本

以人为本的服务精神和服务理念，即是社会主义科学发展观的本质和核心，也是名人故居、纪念馆赖以生存和发展的根本。名人故居、纪念馆所倡导的以人为本，就是要把观众的教育需求作为工作的重中之重。也就是说，在社会教育方面要不断满足观众精神和物质文化的需求，为构建和谐社会以及提高国民的思想道德素质和科学文化素质，丰富人们的文化生活和促进身心健康作出贡献。总而言之，在当下，名人故居、纪念馆的社教工作要符合社会主义的科学发展观，主动融入社会，调动各方的积极性，为人的全面发展，特别是青少年的发展提供"养分"。

新时期名人故居、纪念馆的宣传关键是要融入时代精神与社会蕴涵，激活并汲取名人的先进元素，使名人故居、纪念馆旺盛的活力与强大的魅力得以充分发挥，从而产生卓著的社会效益，担当起社会赋予名人故居、纪念馆传承民族先进文化的使命和责任。正如胡锦涛同志所指出的："中华文化历来包含鼓励创新的丰富内涵，强调推陈出新、革故鼎新，强调'天行健，君子以自强不息'。建设创新型国家，必须大力发扬中华文化的优良传统，大力增强全民族的自强自尊精神，大力增强全社会的创造活力。"这就是说，中华民族传统文化在本质上就是创新的文化、变革的文化、进取的文化。

当今在新的时代和社会需求中，名人故居、纪念馆像一条纽带联系着公众，让人们感受着名人的思想、文化以及人格魅力。这种人文遗迹给予世人的亲和力，可以说，是民族素质的标志性体现。世界最早的名人故居遗迹——公元前478年建立起来的孔子故居庙堂，对人类的思想教育所起的作用就是名人故居、纪念馆宣传、教育的一个

物证。

在社会教育方面，名人故居、纪念馆有独特的优势。以北京为例，北京是世界著名的历史文化名城，到2005年底，注册的118座博物馆中名人故居、纪念馆大约占到了10%以上。其中，对外开放的20世纪文化名人的故居、纪念馆有"20世纪伟大女性"之誉的宋庆龄、"民族魂"之称的鲁迅，文化巨匠郭沫若、"伟大的革命文学家"茅盾、"人民艺术家"老舍、京剧大师梅兰芳等世纪名人的故居、纪念馆。这些名人的一生都与中华民族的命运息息相关，他们是民族精神、民族文化的优秀代表。可以说，他们的故居、纪念馆是民族文化遗存的重要载体，有着深厚的历史文化内涵和鲜明的民族特色，既是一代名人留给世人的遗迹，又是具有深刻文化内涵的城市历史坐标。自2000年以来，上述六家名人故居、纪念馆在名人故居的社会宣传和公众教育方面做了大量工作，坚持以发展为主题，优势互补，整合资源，以举办系列文化活动为手段，不断开拓宣传空间，在社会宣传上初步形成了一种新型的"合作伙伴"关系。

可以说，名人故居、纪念馆是中华民族五千年历史演进与社会发展的一个重要组成部分，它始终伴随着民族精神的拓进与文化创新的旋律，用自身实践为推进社会的发展做出了不懈的努力。当今我们要弘扬名人的丰功伟绩，传承民族先进文化，关键就在于自主创新，开拓名人文化的界域和纬度，激扬名人文化的活力与张力，最大限度地挖掘名人故居的文化潜力，展示名人故居文化的魅力，使之成为驱动国家发展的巨大动力。

二　充分利用名人的文化资源，推动文化创意的发展

名人故居、纪念馆保存和收集了大量人文的珍贵文物，这都是我们民族的精神财富和文化遗产，它们记载着社会发展的历史，承载着民族厚重的记忆，是当今及以后研究、宣传先进文化的基础。没有这些人文的资料，研究与宣传民族文化就成为无源之水，无本之木。在国务院《关于加强文化遗产保护的通知》中就指出，"保持民族文化的传承，是联结民族情感纽带、增进民族团结和维护国家统一及社会稳定的重要文化基础，也是维护世界文化多样化和创造性、促进人类共同发展的前提"。

这些20世纪的历史名人，往往是站在时代潮流的前沿具有开创性的弄潮儿。鲁迅作品的思想深度、历史容量和战斗激情，在唤起人民觉醒、增强中华民族的凝聚力、提高中华民族的自信心等方面发挥了巨大作用，其深远影响是近代以来中国其他作家所无法比拟的；郭沫若融学者和社会活动家于一身，一生笔耕不辍，著译等身，为中国文化做出了杰出的贡献；茅盾是中国现代文学泰斗；老舍的作品大多来自民间大众，极具民族特色。他以温暖的、平和的、极富同情感的心，以及用笑的作品来启迪人们的心灵；梅兰芳是中国的"国粹"京剧"梅派"艺术创始人、舞台表演艺术大师。这些历史名人虽处不同领域，业绩、思想、风格、情怀各有不同，但他们不仅仅是一个个体的人，而是代表了一个时代的先进思想、先进文化和民族风范，他们追求是中华的崛起和繁荣。

当人们走进名人故居、纪念馆时，就会感受到名人的思想、文化以及人格的魅力，受到心灵的启迪。这种利用故居、纪念馆的宣传、教育作用，以及故居、纪念馆给予世人的亲和力，是其他教育机构难以替代的。人类的全面发展是物质和精神协调统一的发展，也是不断创新的过程。一个人的文化素质除了思想道德素质、人文素质以外，审美情趣、文化品位也是其主要标志。在全民素质教育方面，名人故居、纪念馆依据社会的需求，充分利用自身的文物资源，在宣传上不断创新，有着得天独厚的优势。如北京的鲁迅博物馆曾经举办过一个专题展览"鲁迅的读书生活"。具有"民族魂"之称的鲁迅其人格魅力的形成，从读书内容一个侧面就可以看到。宋庆龄的审美观，从其故居的一件旗袍、一块手帕中也可以体会到，这种审美教育会随着时代的发展赋予新的内涵。郭沫若故居庭院里的银杏树、老舍故居的"丹柿小院"看似静止，实际上包含着许许多多的故事，其中的审美取向、文化品位在今天看来还是很有新意的，这就是能够称得上是"世纪名人"、"历史名人"、"中华名人"等杰出人物的魅力所在。

当今，中国社会主义的实践和发展正处在全面和深层次变革时期，这种社会转型及变革需要借助相应的思想文化的推进和整合。在思想文化领域相互撞击的多种异质文化中，大力发展和弘扬民族先进文化，传承民族名人先进文化，是"三个代表"重要思想所强调的。因为经济的全球化，带动着西方的"文化霸权"，正袭击着我们的一切。社会出现的"洋"追求、对传统不感兴趣的现象，应该说，就是一种传统信仰的"危机"。外来文化的渗透确实给一些青年带来了眼前的快乐，但是，我们必须清醒认识的问题是：西方的强势文化，在以各种方式渗透其"霸权"，并同化我们的民族文化，这是我们必须引起重视的问题。

北京的六家名人纪念馆自发联手，以一个联合体的模式，创新名人故居的宣传，其缘起就是面对外来文化的竞争，感觉自己肩负责任和使命的重大。

名人是浓缩的历史，是时代精神的集中体现。所以，了解一个国家、一个民族最为快捷和深入的方式是从名人入手。而刚刚过去的 20 世纪，是中国历经沧桑，发生翻天覆地巨大变革的一个世纪。由于名人的存在，使得现代中国的历史更加丰富多彩。因为在他们身上凝聚了中华民族的智慧结晶。他们勤劳善良、坚韧不拔、聪明睿智的共性，与突现的鲜明的个性，在自己的领域造就了一个又一个的辉煌，给人类留下了无穷的精神财富。这无穷的财富，可以说，为六家名人故居的合作宣传留下了极大的空间。

其次，名人生前的联系、交往也为名人故居的合作提供了很好的条件。如宋庆龄与郭沫若曾并肩出席世界和平大会，为世界和平运动做出了杰出的贡献；鲁迅故居门口镶嵌的"鲁迅故居"四个字，是当年毛泽东提议由郭沫若手书的，鲁迅博物馆的建立，也有郭沫若1945年倡议的功劳；老舍与郭沫若常常与"人艺"的演员们一起研究戏剧艺术；郭沫若曾经为梅兰芳写下了"俄国人民只知道中国有二人，一为孔夫子，二为梅博士也。"名人生前在工作上是伙伴，在生活中是挚友，这样的例子举不胜举。名人之间的友谊，为名人故居馆际之间的交往、合作做出了表率。

另外，从所处位置讲，北京对外开放的名人故居、纪念馆又大都集中在北京的东、西二城，无论从内容资源还是旅游线路上讲，都有很大的合作空间。

当然，最重要的是六家名人故居、纪念馆有合作创新的愿望。通过联合，名人馆际间增进了友谊、了解，从而产生了相互支持，相互信赖的强烈合作感，这其间所产生的"合力"是巨大的。因为有效的合作，使名人故居对社会文化的影响力和渗透力得到了很大程度的体现，因此也得到了北京市委宣传部和北京市文物局的大力支持与社会各界的认可。

三　致力于创新型的名人故居、纪念馆的宣传

在我国文化建设中，作为担负着传承民族先进文化重任的名人故居、纪念馆，以文物典藏为基础，以科学研究为两翼，以科普教育为中心，利用自身文化优势，在加强未成年人"树人"、"立人"的教育中，开展了许多创新型的教育活动。

如 2001 年是中国共产党建党 80 周年、鲁迅诞辰 120 周年，结合时事我们举办了"光辉的历程"、"五四青年节演讲会"、"鲁迅知识"竞赛、"学鲁迅、做真人"征文等大型活动，这些活动将国家时事与名人文化宣传相结合，让名人与时代同行，各项教育活动收到良好的实效。2002 年社会实施《公民道德建设实施纲要》，配合宣传，北京六家名人故居纪念馆联合，推出了独具特色的"六个一"活动：即"一条旅游线——名人故居游"、"一套流动展览——世纪名人万里行"、"一本普及读物——世纪名人"、"一个摄影展——我眼中的名人故居"、"一台朗诵会——名家名篇朗诵会"、"一组名篇讲座——名家名篇语文教学"。为深化活动的开展，还与华天集团联手开展了"世纪名人走进'老字号'"活动。这些活动以名人故居为依托，以名人事迹为主线，配合公民道德建设实施，对提高公民文明道德意识，起到极大的作用。

2005 年是世界反法西斯战争暨中国人民抗日战争胜利 60 周年，为激发民众的民族责任感和使命感，深化名人爱国精神的宣传，我们以"知历史、爱国家——不忘国耻"为主线，继续合作推出了"传承先进文化、追寻世纪名人暨纪念中国人民抗日战争胜利 60 周年——文化名人进校园"展览；同时联合北京市作家协会、鲁迅中学、中国人民抗日战争纪念馆等单位，举办了一场由教师、学生、社区居民、博物馆讲解员和特邀艺术家参与的、以综述历史为主要内容的文艺活动，对学生进行爱国主义教育；还为各界人士举办了一场"纪念世界人民反法西斯战争暨中国人民抗日战争胜利 60 年——中华魂"音乐朗诵会；并在新浪网上推出了"中华魂——抗战知识问答"活动。

2006 年结合国际博物馆日的主题"博物馆与青少年"，配合国务院关于"中国文化遗产日"的宣传，以"共有的文明"为主线，推出了"共有的文明——名人与文化遗产"展览；举办了"共有的文明——纪念 5·18 国际博物馆日文艺晚会"；还特别举行了"共有的文明——清华大学高校青年论坛"。论坛不仅请专家围绕着社会主义的荣辱观以及名人为整理、保护文化所做工作进行演讲。还围绕"我眼中的中华名人"、"我和博物馆的故事"、"对博物馆的认识与期待"、"博物馆应当如何走近青少年"等话题进行了讨论，这种走进校园的大型活动，主题鲜明，贴近生活，拉近了名人与青

少年的距离。

　　文化遗产的保护与收藏，是为了传承与利用。名人故居作为文化底蕴浓厚的历史遗存的载体，作为中华民族智慧与文明结晶的聚集地，可以说，是民族情感认同与沟通的桥梁。传承弘扬民族文化，解惑中华名人文化的先进元素，满足当下社会政治需求和公民成长需求，提升社会大众的品味，是历史赋予名人故居的责无旁贷的重任。

　　失去记忆的民族是可悲的民族，名人故居、纪念馆承载着我们民族的历史记忆，我们应该用先进的政治思想和教育理念激活我们民族伴随着名人的那一段段光荣与苦难并存的记忆，使历史名人焕发现代的青春，为我国社会主义文化建设点亮民族精神的火光，为民族的发展注入信念的力量。

浅谈展品在流动展览中的安全性问题

邱伟坛

（福建省冰心文学馆）

名人故居是名人生前生活居住过的地方。名人风范、德行情操曾影响过一代或几代人。后人为了纪念他们，更为了解学习其在"历史长河中积淀下的人文精神"，便将其具有象征意义的生前居所辟出，内置与其人有关的物事供人们缅怀、观瞻。如此留存下去，它便成了历史演进过程中的思古之去处，并将其文化与精神吸收融合完善丰富后传承沿袭。名人故居大多担负着解读地方历史文化和人文精神的使命，参观名人故居可以满足观众对历史、对文化的探求，同时它也能作为乡土教育的基地，学校组织学生到名人故居进行一堂生动的人文课，既直观又有趣味。

然而，由于名人故居的受众群比较稳定，如果不是位于旅游区，它长年面对的观众就是本地区的居民。因此，一个新的基本陈列推出后，在一个时期内，可能会受到社会的重视，吸引观众的目光。但是，新鲜一时过后或许就是长久的沉寂，甚至是门可罗雀，工作人员面对冷清的展厅，其工作热情、激情也将出现变化；久而久之，就成为领导工作报告中的一句话，成为有名有姓但被社会文化生活淡漠的角落。依靠一个几年不变化的基本陈列，它很难将其特有的社会功能发挥出来；只有不断地推出有时代气息、有质量、有品味的临时性流动展览，勇敢地走出去，才能充分调动自身的各种积极因素，不仅能让不熟悉我们的观众接受我们，更能扩大自身的影响力，不仅使得名人故居的社会功能被唤醒了，而且露出新的充满生机的气象。

因各地办展条件不尽相同，所以，做好临时性流动展览中的展品的安全工作尤其重要。

一　办展前的考察与承办方的沟通工作

展前考察是保证文物安全及展览成功的第一步。与合作方草签办展协议后，我馆都要派出考察小组前往展览举办地进行考察，主要包括合作方资质、场地状况、展具情况等内容，而其中对安保工作的考察主要包括：

（一）对合作方资质的考察

主要是考察对方是否具有举办展览的实力，其可信度如何。如果对方是市级以上兄弟单位，则一般具备展览所需的条件。但如果是有企业参与的商业性展览，考察时则要严格细致,符合条件方能认可;并且,要确定对方必须是从事与文化有关的合法业务的法人单位。不确定这些条件,以后可能会发生不必要的麻烦,还会直接影响展出效果,甚至展品的安全得不到保证。

(二) 对场地安全状况的考察

按照中华人民共和国公安部制定的关于文物系统博物馆风险等级和安全防护级别的规定,符合一级风险的陈列室,必须安装防盗、防火探测器等必要设施。如果,展品级别较高,就必须认真考察:展室有无安防、消防报警设备,展室的建筑结构和门窗牢固程度以及展柜的安全状况,消防设施器材的配备和保卫力量情况,场地周边环境以及社会治安情况。

(三) 根据展品的级别,还应请当地公安部门参与

根据展品的级别和举办地的情况,还应该建议合作方把当地的文物主管部门和公安机关请到一起,向他们通报举办展览的相关情况,以得到他们的重视和支持,以加强保卫力量,保证在展出期间展品的安全。

(四) 确定展品运输方式及路线

在考察中,还要确定展品的运输采取什么方式,是铁路、公路,还是水运、航运;铁路运输要考虑是否是终点、中途停车时间多少,卸车时间是否够用,尤其是公路运输就更要详细了,要了解用什么运输工具、什么人押运,火车站、公路治安状况以及路况等等。文物运输方式和路线的确定,是能否把展品安全顺利运抵目的地的可靠保证,所以,不可忽视这项工作。

二　展品的提取与包装

不同质地的藏品是需要不同的保管设备和条件的,如果将各类藏品混杂在一起存放,不仅对其寿命会造成严重的影响,更不便于管理工作的开展。库房文物管理应做到起码的安全收藏、档案齐全、提取便捷、整洁有序。如藏品的出库就必须有一套完善的手续。根据所提取藏品的级别,还应该提前做好相应的准备工作,事先提请监督到场。而在提取之后,怎样妥善地搬运就成了一个问题。如小件文物怎么运?大件文物如何搬?因此,要加强这方面的操作性研究,及时总结工作中的经验和教训。

在提取之后,对每件展品的包装及装运工作,则又是一个重要的安保环节。展品包装质量如何,直接关系到运输的安全。因此,这项工作既需要有认真负责的精神和严谨的工作程序,同时也要有娴熟的包装技术和丰富的包装经验,才能保证文物在运输当中不出问题。虽然一般情况下,每件藏品都有自己的囊匣,但有的比较娇气、容易损坏,还需要特别加以固定。在装箱时,要遵循先大后小,上轻下重的原则,即较重及不怕压的文物放在最下面,易损怕压的文物放置在上面,以防止在运输过程中损

坏。做好展品包装，是运输前最重要的工作，如包装不好，在运输过程中会增加损坏的几率。

三　利用合理的展览设计，也可在一定程度上保障展品的安全

展览的设计工作在流动的临时性展览中有着重要的作用。设计的时候应该通悉如何利用场地和空间来巧妙地展示展品的多角度信息。并且，还应该合理的利用场地和展品的关系，在突出展品信息的同时，保障展品的展放安全性。如大件展品的巧妙安置，如果空间和地方有限则需要设计时的理念指导，尽量使其摆放的位置更加合理到位和美观，并安放准确，不容易倾斜以至倒塌。如有展品的叠放问题，还应该遵循展品先大后小，上轻下重的原则。设计并非我们简单理解的物品布置问题，它需要调动工作人员的全部智慧和才华，将视觉和空间有机地在现场结合在一起，方能创造出理想的展示环境和艺术效果，并最大限度地保障展品的展放安全。

四　展品的运输安全是展品安全中的关键环节

展品的运输是贯穿整个展览的重要环节之一，每次展览都包括展品出馆和回馆两次运输。从展品出库一直到举办地，押运人员一步也不能离开文物。如果是航空和铁路运输，一般情况下，要在飞机（火车）出发前 3~4 个小时把展品运抵站点办理托运手续。在展品箱的装卸过程中要提醒装卸工人轻抬轻放，注意安全。尤其是铁路运输的时候，往行李车上搬运展品箱时就更应注意，因为要装的托运物品很多，时间又紧，要求装车人员最好不在箱子上压放东西，实在要放也尽量放些轻的物品，以防压坏展品箱。展品到达展览地站点后，根据事先的安排，由承办方派武警或保卫人员接站，将展品押运到展地。上述程序相互衔接，保证了展品在运输途中的安全。

与航空和铁路运输相比，公路运输安全系数就小多了。但有时受条件的限制，只好采取公路长途运输。公路长途运输中值得注意的问题有根据路况控制车速，派好押运人员，交通工具必须处于良好状态，驾驶员技术熟练，遇有紧急情况果断处理。总之，要把公路运输的困难和危险程度考虑得详细些，以避免发生意外。

五　展品的布展安全同样是不容忽视的环节

临时性流动展览中的现场布展安全问题不容忽视。一方面，展品运抵举办地后，紧张的布展工作开始了。为确保展品安全，只要打开展品箱，整项布展工作就不能停下来。无论干到什么时候，都要把所有展品全部展放出来，点交给对方，布展小组人员才能放心回去休息。在整个布展过程中，布展小组的每位成员都要以高度严谨的工作态度，既把文物摆放得安全牢靠又注重取得好的效果，他们经常需要反复调整，直到满意为止。另一方面，由于临时展览筹展时间都比较紧促，展览现场人员比较杂乱，

有时施工与布展要同时进行，给展品安全保护工作带来一定的困难，所以巡展组人员的安全责任非常重大，需要在分工协作的基础上搞好布展期间的安保工作。保卫人员除了做好警戒工作外，还要帮助其他同志布展，一起抬一些较大较重的文物；展品点交结束后，需要与合作方商讨展览开幕后的安保问题。所以，展览过程中，保卫人员的责任更为重大。

六　布展人员的及时到位，及时地检查，及时地发现问题的隐患

一个展览的有序实施，最为重要的是参与布展的有关人员一定要及时到位，各负其责。尤其在展品尚未进入展室时，布展人员应积极做好各项准备工作，一旦展品运来就要及时核查文物运输过程中有无损坏的现象，如果发现问题就要马上提出，并做好记录，分清责任一方，才能展放出来，同时校对展品的中英文说明牌。需要展柜的，应该在展柜上锁后即进行拍照和录像存档，以便日后展品使用（提取摄影和临时借用或复制）后恢复其原有状态。

我们的展品不是放到展室就万事大吉了，在开放期间，库物管理人员，展览设计人员，展览传播人员都要经常有意识地到展室进行展品的检查，及时发现在展出过程中的各种问题。如纸质品的卷翘，变色；金属质地品的退色；陶制品的开裂等等。若发现一切隐患都应立即采取有效的处理手段，确保展品在展室的安全。

进入新世纪，改革开放的力度愈来愈大，国内外的文物交流活动日益增多，尤其是在 2001 年加入 WTO 以后，文化产业的发展有了全新的起点，各种禁锢都将会打破。流动性的临时展览的安全性问题，是我们以往研究工作中的弱项。而针对名人故居举办这样的流动展览中的安全性问题，也是关注很少，因此，随着流动性临时展览的日益增多，涉及展览的安全性问题也会日益增多，这就需要我们不断地总结经验，不断地学习，才能使我们的名人故居最充分地发挥出应有的社会功能和最大的效益。

浅析李富春故居建筑、展示和内容设计的艺术性

李佩兰

（李富春故居纪念馆）

纪念性博物馆建立的目的与作用在于保存极为珍贵的历史的、革命的遗址、遗物；通过纪念性建筑及其内部的原状陈列或者伟大人物的活动事迹形象地、真实地向广大人民群众进行革命传统教育和爱国主义、社会主义教育。纪念性博物馆展览具有的直观性、教育性的鲜明特征，要求馆舍的造型、陈列的展示在设计上要独具匠心。通过把真实、鲜明、生动的艺术形象"给人看"，吸引观众，达到给人以思想启迪、艺术享受之目的。

因各馆都有着各自特有的环境，特有的陈列语汇——实物、资料，用以表达各自特定的主题思想。因此，在馆舍建造、陈列布展上要按照一定的审美要求，遵循一定的艺术法则去再创造。每一个馆的建筑、展示、内容的设计既可作为单个的艺术体而存在，又共同构成一种新的综合艺术，以更好地表达主题，展示特色。

本文拟从我馆建筑设计、展示设计、内容设计三方面探讨设计者们在艺术上的追求与表现。

一　建筑设计上——体现传统风格与时代潮流的和谐统一

革命纪念馆是依托杰出人物的遗址、纪念建筑而建立的纪念设施。它要求馆舍的外形朴素庄严，并与周围环境相协调。对旧址建筑主要是保持原貌，突出其时代特征与当时的生活气息。在一定意义上，纪念建筑本身也是一座陈列品，应反映当地的文化和建筑的水平，即地方风貌、时代特征。

李富春故居纪念馆是以旧址为依托，陈列展室作辅助，反映李富春一生中的光辉业绩和高尚品质而建成的革命纪念馆。根据该建筑的性质、功能，也就确定了纪念馆的整体建筑风格应以朴素、庄严、幽静为主格调，并与周围环境相协调。

（一）故居的复原建筑

复原李富春故居必须严格遵循"整旧如旧，反映时代风貌"的原则。故居旧址坐落在长沙市较繁华的商业区域，是市区内唯一的革命名人故居。故居始建于清朝末年，

临街坐东朝西，青砖青瓦，三层砖木结构，底层经营，楼层住人，前店后坊，为江南商业民居风格的建筑。故居所在的三兴街全长不足300米，街宽不过4米，临街的几乎家家都为经营门面，形成了一定的格局，且一直保持至今。

建筑设计师按照修复故居的原则，以及他所熟悉的历史环境，再现了这一具有浓厚的民族风格和地方特征的建筑。"底层经营、前店后坊"：在一楼复原了"李福星扇店"铺面，旧式店铺铺板，双合插门，黑底红字大招牌；"楼层住人"：设计有旧式走楼，木栏槛，木间壁，木地板，木板门，小格窗；小青瓦人字出檐屋顶，青灰砖墙体，白灰勾缝。直通两进式房屋，以天井前后相连；楼层用木板扶梯，上下相通，突出表现了这一建筑的时代特色、民族风格和生活气息。这种传统的建筑风格，为长沙老城区所特有。1938年"长沙大火"后，老百姓还多以这种格局重建家园，恢复生产生活。近年，在老城区拆迁改造时，此地一些老屋基仍完整地保存于地下，其砖质、砖色、清水墙砌体工艺都胜于当今。这种风格和格局为当地人所熟悉、喜爱，故倍感亲切，真实可信。

（二）陈列展室的建筑

与故居配套而兴建的陈列展室则为全封闭大开间现代式展厅：全白的墙体、异型窗户、不锈钢旋式楼梯、黑白花岗石地面、封闭式楼顶平台、悬空式露天阳台。这一建筑具有简洁、明快、宽敞、舒适的特点，完全融入了现代人的生活气息。目前，三兴街附近正以日新月异的速度进行旧城改造，昔日低矮、潮湿、拥挤的居民住宅已为鳞次栉比的高层商住楼所替代。展厅的建筑符合时代的潮流，显示出本地的文化发展和建筑的时代和地方特征。

（三）传统风格与时代潮流的和谐统一

故居极富历史感的民族风格的建筑与陈列展厅具有时代精神的现代风格的建筑，既各具独立的风格，又有机地糅和在一起。设计师在注重内部构造的前提下，对其外观和环境进行了着力处理，使其更加协调，更加美观，富有特色。他运用美术家的勾勒手法，将故居外墙的檐边、展厅和附属建筑的平台护墙、纪念馆整体围墙一概用土红色、白色相间勾边；护墙、围墙的墙头均用小青瓦作盖，使人感到这是别具一格的统一整体。同时，在使用色调上也大体趋于一致。故居的外墙体为青灰间白的清水墙，而展厅外墙则全着白色，给人一种素雅庄严之感，同时也与周围灰白为主体的高层建筑相一致。

建筑设计师用艺术家的匠心将故居纪念馆这一具有民族风格、地方特色和时代特征的建筑群体非常和谐地统一于一个大的环境之中，为向着现代化国际城市迈进的长沙增添了一处独具风格的人文景观。

二　展示方法与风格上——达到质朴素雅与气派豪华的有机融合

陈列的艺术设计是实现陈列主题与艺术形象完美结合的重要手段，要求设计者对所要陈列的内容进行再创作的过程，并运用陈列设施，把陈列品组合成可感触到的艺术形象，以准确、鲜明、生动地体现内容，表达陈列主题。

任何事物都是矛盾的统一体。变化是绝对的，统一是相对的，要统一中求变化，变化中求统一，才能处理好整体与局部的辩证关系。在李富春故居纪念馆中，存在复原陈列和辅助陈列两大不同类型的陈列，体现不同的陈列内容，以共同表达"纪念李富春"的主题。陈列设计师从实际出发，根据展示的基本原则，作出了相应的艺术设计。

（一）复原陈列采用原状陈列法和淳朴风格

这一陈列以质朴素雅、完全自然状态为手法，恢复文物在特定环境中的状态，造就一种具有地方特色的淳朴风格。

原状复原陈列的淳朴风格是由于该陈列在遗址主要部分布展，以突出表现对象的特定环境和时代气氛，说明特定的陈列主题。其目的是使参观者头脑中再现当时的情景，使观众如身临其境，增强观众对陈列所展示的历史人物其生活和活动的理解，并受到深刻的教育。

历史唯物主义认为，人物生活的特定环境对其生长、发展有着必然的影响。李富春故居位于三兴街人口集中、交通便利、较繁华的商业区，临街经营正是这一区域居民最常见、最基本的生存方式。李富春诞生于清末的一户教书先生家中，祖父经营扇店，有着较好的家庭教育和生活环境。在复原陈列中，我们着重陈列了李富春的房间、其父母的居室以及"李富星扇店"铺面。通过陈列铺面展示人物生活的特定环境和时代特征；陈列父母的居室以展示人物所处的家庭环境和教养，从而暗示人物后来的发展轨迹：成为无产阶级革命家、社会主义经济建设事业的奠基人。

在复原陈列中，将从农村征集到的原物和同时代风格相似的代用品全部展出，并制作了部分复制品。这些文物有的古香古色，有的粗糙笨重。包括：雕花镶玻璃对靴柜棂棚床、雕花镶玻璃双门双层对子柜、九屉大书案、三角挂衣架、进口瓷片铺面的梳妆台、李富春父母的照片、谭延闿为李富春父亲题写的寿联、李富春祖父经营的扇店柜台、货架等。在旧址陈列中，完全利用自然采光，不着人工雕琢痕迹。采用这种质朴的白描手法，塑造出一个富有历史感的环境让观众置于其中。通过这一"时间通道"，使观众产生一种"人物正在生活"的真实感受，从而进一步达到理解人物的活动、受到深刻教育的目的。

（二）辅助陈列采用组合陈列法和豪华风格

该陈列综合馆藏展品和辅助陈列品选用大量的照片、资料，按照主题的要求把它们有系统、有联系地组合在一起，并采用先进的设备和材料、精美的装饰工艺，造成一种沉着、热烈的氛围，表现其豪华的气派，显示出鲜明的时代精神。

展柜的造型：采用了全封闭玻璃大连壁橱。根据展厅的高度和有效使用的展线为宽度，以厚重的黑色花岗石做框壁，不锈钢弧形边镶内框，制成全封闭型玻璃橱。这一简洁、明快、坚实的结构适应于系统性较强的展览，给人一种整体感、稳定感，并以黑色花岗石象征经济是国民经济的基础，是社会发展的条件，暗示李富春在中国社会中的作用，尤其突出他在经济工作方面的贡献。

灯光的运用：壁橱内装饰了多角彩色强光射灯 80 多盏，显得光彩夺目，高贵华丽，增强了展出文物的珍贵感，体现了蒸蒸日上、追求进步的时代水平。同时，可使展橱内色彩明丽，重点突出，光线集中，展出效果好。在观众活动区则用一般日光灯照明，光线柔和明朗，与玻璃橱的彩色射灯形成较强反差，有利于观众视线的集中，并产生一种舒适的美感，更增强了吸引力。

色彩的选择：展橱内墙面采用橘红色呢绒作衬底，对多为黑白照片、文字资料的展品加以了衬托。橘红的展墙与橘黄的灯光构成一种热烈祥和的气氛，一扫纪念故人的沉郁氛围，仿佛年轻帅气的李富春和忠诚质朴的副总理仍然活在我们中间。这样有效地调动了观众的参观情绪。

这种封闭式玻璃展橱不仅具有审美价值，而且还有重要的实用价值。它有利于展品的陈列、保管和保护，重点珍贵文物用低平展台烘托，并用有机玻璃护罩防潮防尘。

设计师把两类不同的展示方式置于一个大的环境中加以表现，并将朴素与豪华、粗犷与精致、恬静与热烈多种格调有机地融于一体。同时，又能在布局结构上虚实相间，疏朗有致，整散结合，给观众留有较多的想象空间和无尽的回味。这使人们感受到故居是历史的凝聚，展厅是现代的追求。

三　内容取材上——力求灿烂人生与美好人性的完整体现

本馆的基本陈列应反映李富春一生中的光辉业绩和崇高品质，并对人民群众进行爱国主义和革命传统的教育。建立一个科学的完整的陈列体系是基本陈列至关重要的步骤。

科学完整的陈列体系的产生是在对历史内容深入掌握的基础上去粗取精、去繁就简的辩证思维过程。这一过程必须抓住关键，突出重点，粗线条地勾勒出历史的轮廓，不必工笔重彩地过细描绘。同时，要扬长避短，不适宜表现那些需要论证的历史问题。首先，文物工作者对历史人物进行了深入的研究，阅读了李富春的传记、有关史料和调访资料，对其有了较全面的认识。其次，对人物最本质的东西、个性特征也有深层次的把握。李富春是老一辈革命家、共和国的第一代领导人，与其他老一辈一样有着共同的革命经历和优秀品质。然而，在革命的进程中，由于各人所处的位置不同，发挥的作用不同，作出的贡献也有所侧重。同时，由于各人的个性特征、个人修养不同，其生活方式、对人的态度、生活情趣也各异。总之，灿烂的人生和美好的人性在人物身上都得到了集中的表现。

文物工作者在把握人物本质的基础上，突破了以往历史人物陈列的传记式（生平展）形式。为适应新的形势，适应广大观众精神文明的需要，根据我馆的实际、人物自身的特点，"纪念李富春"这一基本陈列采用了"概括一生、突出贡献"的纪念性的表现方式，解决了场地有限、人物独特性的陈展问题。

"大手笔"的表现手法是我馆陈列体系的重要特点，即将人物在革命进程中的主要经历、突出贡献较系统地表现；对人物的品质、情操、风范有特色地表现，回避历史上特殊时期不属于个人行为的事件和问题。这一手法是建立在尊重历史和科学精神基础上的艺术的表现。表达上比较畅达，思路清晰，重点突出，简明扼要，表现力强。在此基础上，拟出并确定陈列主题。

（一）投身于中国人民的解放事业

分题内容：1. 参加留法勤工俭学
　　　　　 2. 经受革命斗争的洗礼（北伐、长征）
　　　　　 3. 组织延安大生产运动
　　　　　 4. 一切为着战争的胜利（解放东北、建设东北）

（二）致力于社会主义经济建设

分题内容：1. 努力恢复国民经济
　　　　　 2. 组织实施一五计划
　　　　　 3. 贯彻国民经济调整方针

（三）生活、友谊、情操

分题内容：1. 革命伴侣（李、蔡夫妇共同投身革命事业）
　　　　　 2. 战友情谊（与生死与共的老一辈真挚情谊）
　　　　　 3. 忠厚长者（关怀烈士后代）
　　　　　 4. 人民公仆（深入基层、关心人民疾苦、关心干部）

这一陈列在效果上较准确、系统地反映了人物一生，但不面面俱到；突出了重点，显示了个性特色，且扬长避短。

"纪念李富春"这一基本陈列高度概括，重点突出，有大笔勾勒，也有工笔细描，达到了科学与艺术的结合：人物的一生如贯天长虹，灿烂如霞；美好的情操似满盘珠玉，亦光彩照人。这使人物形象更加完整、丰满、真实可信，更能感动人、教育人，收到了良好的效果。

总之，体现着我馆特点的整体建筑和基本陈列是为社会主义精神文明建设作出的一项重要的基础性工作。其风格的独特、主题的突出、内容的丰富、陈列的精美、形象的鲜明是设计师与文物工作者共同辛勤努力，为新世纪献出的一份厚礼。

突出地方特色　发挥名人优势
搞好我馆基本陈列

陈清义

（山东省聊城市傅斯年陈列馆）

　　傅斯年陈列馆成立于2004年8月，是依托市级重点文物保护单位——傅氏祠堂建立起来的名人纪念馆。开馆两年来，在中央、省、市等领导的关怀和台湾及社会各界专家学者的大力支持下，我馆以傅斯年先生生平为基本陈列，先后经过多次调整改造，陈列内容日益充实，陈列水平不断提高。

　　目前，我馆基本陈列展出面积约1000平方米，展线长近400米，展出照片600张，文物200件，图表60余份，还有模型、油画、雕塑及场景复原等辅助展品。除基本陈列外，还有傅氏祠堂、大小影壁、仁义牌坊、仁义胡同、碑廊、百艺厅、迎宾堂、静心阁、傅斯年铜像等建筑以及中国科举制度展等辅助陈列。为配合党的中心工作，发挥爱国主义教育基地作用，我馆先后举办了十多个临时展览，均收到了良好的社会效益和经济效益。

一　突出地方馆的特点不断完善陈列
指导思想和陈列内容的框架结构

　　聊城是国家级历史文化名城，是傅斯年先生出生和少年生活的地方。傅斯年（1896~1950年），字孟真，我国近代著名的史学家、教育家和社会活动家。曾先后担任国民政府中央研究院历史语言研究所所长、研究院总干事、国民参政会参政员、国防参议会参议员、北京大学代校长、台湾大学校长等职。傅斯年先生是中国近代史上颇具影响的人物，是聊城的一位名人。因此，陈列的内容应重点突出傅斯年先生不平凡的一生。由于傅斯年在中国近代史上具有特殊地位，这又决定了陈列馆不是一般性的革命纪念馆、博物馆、陈列馆。所以，傅斯年陈列馆的陈列工作向来受到各级领导同志和主管部门的重视，从陈列总指导思想到具体内容的框架结构，都是在上级主管部门的指导下制定的。我馆基本陈列的指导思想是：坚持辩证唯物主义和历史唯物主义的原则，实事求是地展现历史事件和历史人物，为社会主义精神文明建设服务。

　　我馆陈列内容的框架结构，采用历史的逻辑性和专题性相结合的表现手法，把傅斯年先生轰轰烈烈的一生分八个部分展出：（一）显赫家族，窘迫童年；（二）弃旧图新，初露锋芒；（三）留学英德，学海泛舟；（四）史语研究，开创先河；（五）书生报国，赤子之心；（六）抨击时弊，坦荡刚直；（七）致力教育，一代宗师；（八）影响深远，深切怀念。在调整时，为突出重点，强化主题，在原陈列框架基本不变的前提下，只是对局部内容进行了调整，增强了展出效果。

二 突出主线，把握好陈列内容中的几个关系

在几次的改陈过程中，我们始终坚持一种原则，那就是尊重历史，实事求是。傅斯年在 1949 年跟从国民政府从大陆去了台湾，虽然在政治立场上他对于中共曾发表过过激言论，但这些仍不能磨灭他在史学和教育上对国家的贡献。因此，我们在布展过程中，比较巧妙地避免了这些人们比较敏感的问题，受到台湾政治界、学术界及大陆各阶层人士的高度评价。

三 搞好文物组合，充分发挥文物的感染力

一般说来，一个博物馆、纪念馆的地位在于馆藏文物的多少和文物价值的大小。同样，一个好的陈列也在于它展出文物的质和量。因此，陈列展出时不仅要对文物进行精选，而且要进行精心的组合，切忌自然堆砌，力求达到文物的真实性、科学性和艺术性的统一，以增强文物的感染力。

我馆现展出的 200 多件文物，就是从数千件文物中精选出来的。在文物展出形式上，一改过去的单展柜为壁龛式和活动式。展墙设计成一个通长的历史丰碑，基座采用仿古工艺，达到古今结合效果，象征傅斯年先生生活的年代处在具有非常明显特色的民国时期。在文物组合上，选择有代表性、典型性的文物进行艺术加工，则能收到比文物本身更深刻的意境效果。

四 适当运用旧址复原和模拟景观等辅助陈列
手段，增强陈列的观赏性和艺术性

旧址复原、模拟景观、布景箱、雕塑、绘画、模型等辅助展品，是提高陈列的观赏性和艺术性的重要手段。在陈列中，选择有代表性和典型性的历史事件和历史人物，通过场景复原的形式来表现，比用历史照片或实物更能收到好的陈列效果。

在延安和谈部分，为突出表现毛泽东、周恩来、傅斯年在延安期间愉快的交往，我们设计了一组模拟景观——延安窑洞。人物用硅胶制作，形象逼真，惟妙惟肖。并配以书架、桌椅、卧室、笔墨纸砚等表现了毛泽东、周恩来、傅斯年生前亲密的情谊。

五　运用声光电等现代化科技手段，丰富陈列
内容，增强陈列效果，体现时代特点

现代化的陈列，必须用现代化的科学手段才能体现时代特点。随着时代的前进，在陈列中尽可能运用声光电等现代化科技手段，以丰富陈列内容，增强陈列效果。我馆在这次改陈中充分运用了闭路电视、大型投影等高科技手段。使声、光、电在该陈列中得以淋漓尽致的应用，取得了意想不到的效果。

总之，多年来，我们在陈列工作中取得了一定的成绩，但同一些兄弟馆相比，还有很大的差距，特别是在陈列研究和专业人才培养等方面要下大工夫，只有这样，才能为繁荣我国博物馆、陈列馆事业作出更大贡献，使傅斯年陈列馆发挥更大的效益。

浅谈名人故居（纪念馆）的教育服务与创新

陈国勇

（福建省冰心文学馆）

　　中共中央总书记胡锦涛同志在全国第八次文代会第七次作代会上的重要讲话中指出："一部人类社会发展史，是人类生命繁衍、财富创造的物质文明发展史，更是人类文化积累、文明传承的精神文明发展史。人类社会每一次跃进，人类文明每一次升华，无不镌刻着文化进步的烙印。文化的力量深深熔铸在民族的生命力、凝聚力、创造力之中。"名人故居（纪念馆）就是人类社会发展史上文化积累、文明传承的重要载体之一。因为这些名人是社会历史发展的进程中政治、文化、历史、科学、军事、经济等不同领域的杰出代表或领军人物。因此，我们可以这样说，每一位名人都是一部思想与精神的大书，彰显着被纪念人物的思想、人格和精神；每一座名人故居都有一段精彩的历史，镌刻着重要事件、人物见证与历史的智慧。无数的名人故居、众多的人物纪念馆犹如一颗颗灿烂的明珠，是中华文化宝库中的瑰宝。名人故居（纪念馆）蕴藏着丰富的历史文化内涵，在传播与弘扬先进文化中具有重要的地位和作用。

　　名人故居和人物类纪念馆是博物馆事业的组成部分，它的保护与发展日益受到社会各界的关注。20世纪70、80年代以来，随着社会文化价值观的改变，传统的博物馆观念也在不断地修正和充实。现代博物馆的发展更加重视教育服务与创新，重视物与人的互动关系，注重"以人为本，服务社会"的责任和义务。下面，笔者就名人故居（纪念馆）的教育服务与创新问题，结合我馆9年来的建设和发展进程，谈几点粗浅的认识。

一　不断充实馆藏物品是发挥教育服务功能的基本条件

　　实物性是名人故居（纪念馆）的主要特征。收集、保存文物典籍，展示史料和研究遗产是名人故居（纪念馆）的基本职能，也是开展社会教育服务的基础条件。名人故居（纪念馆）藏品的数量和质量直接影响到其业务水平和社会效益。所以，不但要积累一定数量的藏品，还需要不断补充和丰富藏品，才能保证其影响力和满足观众的要求。建馆9年来，我们十分重视藏品的收集工作，在冰心家人和各级政府以及社会各界朋友的大力支持下，馆藏物品不断丰富。特别是2004年初，冰心家人把大量珍贵的文物捐献给我馆，使我馆在同类纪念馆中的实力得到大幅提升。目前，馆藏各种书籍达到八千余册，其中有目前十分罕见的冰心作品版本；物品也从原来的不足百件增加到五百多件，其中有不少珍贵的手稿、字画。2005 年 9 月，固定陈列重新布展后，大批文物首次展出，在社会上产生了巨大影响，大大提升了我馆的影响力和市场吸引力。许多观众在参观后说，这里展览内容生动丰富，实物展品众多，很吸引人、很教育人。原国家领导人彭珮云来我馆参观后指出，要充分发挥冰心这一资源，让更多的孩子来接受教育。原中共中央党校常务副校长郑必坚在参观后更是强调，冰心是爱国主义教育不可多得的资源，要充分发挥其教育青少年的重要作用。

二　以青少年为主要对象是教育服务永恒的主体

博物馆作为社会文化教育事业的重要组成部分，在配合学校教育方面有着义不容辞的责任。因此，对青少年进行爱国主义教育和革命传统教育，帮助他们不断提高社会主义觉悟和道德品质素养是名人故居（纪念馆）的崇高任务。冰心是我国著名的文学家、坚定的爱国主义者。她爱祖国、爱人民、爱孩子、爱自然的爱心精神是独特的爱国主义教育资源。冰心的人品和文品影响了一代又一代的读者。这些年来，在以冰心的大爱精神开展社会教育服务时，我们的定位是：中小学生是主要对象，是教育服务的主体；文学爱好者和旅游观光是开发对象。为此，对主要对象的中小学生采取了与学校共建的形式。我们在当地教育主管部门的牵头下与馆所在地的长乐师范、长乐一中、长乐华侨中学、长乐金峰横岭小学、长乐航城中学、长乐民生职业学校等结成社会主义精神文明共建单位，开展以爱国主义教育为主要内容的各种共建活动，定期组织学生前来参观。2001 年，在长乐航城中学组建"小小讲解员"队伍，后又成立了"讲解员兴趣小组"。经过培训，由小小讲解员用他们特有的孩子的语言为前来参观的学生们讲解。这些小小讲解员，不仅在思想上受到了爱国主义精神教育，同时还在语言表达、组织能力等方面得到了锻炼。校方对于这一举措大为赞赏，认为这不仅对学生进行思想道德教育，还是对学生进行素质教育的很好方式。小小讲解员通过学习不但自己得到熏陶、教育，还带动影响身边的同学。2003 年，我们与长乐所有的中小学校制定了共建计划，还与福州市屏东中学、福州市十一中、福州市师范二附小、福州市群众路小学、福州市金山小学、福州市乌山小学、福州市十九中等中小学校签订了共建协议。9 年多来，共接纳中小学生近 20 万人次，使我馆成为中小学生的第二课堂。

三　只有创新活动载体才能充分发挥教育服务功能

名人故居（纪念馆）在本地域内的影响力与它在本地域内的活动密切相关。经常性地开展活动是名人故居（纪念馆）的生命力所在。它不仅能增强其活力，还可以提高其知名度和美誉度。这些年来，我们根据青少年的生活实际，努力开拓教育活动的思路，举办了一系列贴近未成年群体的活动，使中小学生与我们互动起来。1998 年，我们与中共福州市委宣传部联合举办了"福州市中小学生冰心诗文朗诵比赛"，有 1000 多名学生参与了这项活动。1999 年，在冰心诞辰 100 周年时，我们承办了由省文联、省教育厅和省广电局主办的全省中小学生冰心诗文朗诵比赛。这是福建首次举办的全省性的中小学生朗诵名人作品的比赛，旨在让青少年通过读冰心的作品，走进冰心多彩的文学世界，感受冰心爱祖国、爱故乡、爱孩子、爱自然的爱心精神，从而激发他们爱国爱乡的情感，提高他们的文学修养、普通话朗诵等综合素质。这次大赛得到了全省各地市教委和全省广大中小学师生的热烈响应。据不完全统计，有500多所的中小学校、近万名学生参与这项活动。在预赛期间，书店里有关冰心的书籍还出现了脱销的现象。2002年起，我们举办了"冰心杯"全国中小学生作文大赛，每届都有来自全国各省市的千名中小学生参加比赛。作文大赛以冰心的"爱心"思想为主题，激发了中小学生对于冰心博大而深沉的爱心精神的学习。2004年暑期，我馆与长乐附小举办了"踏寻冰心'爱'的足迹"夏令营，不仅使广大小学生走近冰心，感受冰心"大爱"的精神熏陶，提升他们的文学素养，还引领孩子们拓宽视野，接受爱国主义教育。长乐附小还聘请我馆的领导、讲解员为校外辅导员，成立了"红领巾讲解员"队伍；我馆向附小赠送冰心书籍、影音资料，在附小成立"冰心作品专柜"。2003年，我馆成立了青少年文学院，聘请高水平的老师，开展针对中小学生的作文辅导。由于我们秉承了冰心"真、善、美"的写作风范，为孩子们营造快乐轻松的写作环境，孩子们在这里读冰心作品，写自己喜欢的文章，深受孩子和家长的欢迎。目前已开办了12期，有3500多人次的中小学生参加辅导，成为当地作文辅导的一个品牌。2003年8月，我馆青少年文学院举办城市—农村"爱心手拉手"少年儿童才艺联欢，50多位来自省城福州和长乐镇乡的孩子通过参观展览、现场作画、同台表演等形式，既互相观摩、交流技艺，又增强了孩子爱祖国、爱社会的激情，深受家长和孩子的欢迎，许多家长希望今后多开展此类有利孩子身心健康的活动。

四 只有改进和丰富展出方式才能不断扩大教育服务的外延

　　要更好地发挥博物馆的教育功能，必须主动创造有利条件，加大投入，不断地改进和完善陈列内容、手段。高水平的陈列展览是名人故居（纪念馆）最直接、最有效地发挥教育作用的一环。2005年，我馆在省政府、福州市和长乐市政府的大力支持下，筹集140万元资金，对固定陈列进行重新布展，并对物品保护和安防系统进行了改造。改造后的固定陈列让人耳目一新，丰富的物品、翔实的史料、生动的展示手段，让观众流连忘返。特别是复原的冰心先生在北京中央民族学院的生活场景，营造一种"斯人已去音容犹在"的氛围，让观众有如临其境的感觉，从而产生对冰心的敬仰之情。

　　几年来，我们在固定展览的基础上，还制作了一套可以移动的《永远的爱心——冰心生平与创作展览》，在省内外举办流动展览。1999年，为纪念冰心诞辰100周年，这套流动展在北京中国现代文学馆新馆展出，参观人数逾万人，反响热烈。2001～2004年期间，我们分别又在福建的厦门、南平、泉州、晋江、石狮等地举办该展览，累计参观人数近2万人次，其中80%是中小学生。许多同学是第一次了解冰心的一生，深深被展览所感动，争相在留言簿上留言。东明小学五年级的雅虹同学写道：冰心奶奶您是爱的象征，您爱海、故乡、大自然，您永远留在我们心中！邱玲玲同学写道：冰心奶奶，您开启了我心灵的窗户，打开了我知识的大门。鹏山工贸服装学校的同学写道：冰心奶奶您像一只永远不灭的蜡烛，永远照亮我们。愿您的一生光辉永照世人。实践证明，举办流动展览具有针对性强、机动灵活、方便群众的优点，而且花钱少，是扩大教育服务功能和社会效益的有效办法。

五　只有主动加入旅游经济才能拓展教育服务的新领域

名人故居（纪念馆）属于人文旅游资源，是旅游观光的重要景点。近年来，随着旅游业的发展，人们对历史遗物越来越感兴趣，名人故居（纪念馆）与旅游的关系更加密切。假日经济的兴起也迫使我们必须转变服务观念，改善服务条件和环境，摆正与观众之间的位置，变被动服务为主动服务，变单一服务为多方位服务。2004 年，我馆率先在省内向社会各界免费开放。此后参观人数比以往成倍增加，极大地扩大了我馆的影响。虽然社会效益好了，但也给我们带来了工作量增加、安全卫生支出增大的问题。对这一新的情况，我们认为，名人故居（纪念馆）应该坚持把社会效益摆在首位，工作量增加可以通过科学地统筹安排工作时间加以解决，经费不足可以通过开发各种纪念品，吸引社会赞助、财政补助等多渠道来筹集，不能因为这些问题而影响开展社会教育工作。

近些年来，欧美国家博物馆提出了一个新的理念：享受博物馆。不仅是参观，要把博物馆办成可以让人驻足的地方。这就需要转变服务观念，尽可能地提供较好的服务设施。要让观众步入我馆后，感觉不仅是接受教育的场所，而且还有优美的环境、热情全面的服务，并能获得美感、欣赏艺术和高雅文化的陶冶，使他们乘兴而来，尽兴而归，不虚此行，让不同年龄、不同知识层次、不同爱好的参观者都能有一种美的享受。这种新的理念还要求我们要经营好纪念品。参观纪念品的制作尽量要精美，努力满足各种旅游者的不同需要，做到品种多样，价格合理，有本馆特色。特别是那些珍贵藏品的复制品、仿制品、图片和音像制品往往最受旅游观众的欢迎。因为这些纪念品可以使他们长时间地保留参观这个名人故居（纪念馆）的最深刻的美好回忆。目前，我们正围绕国家 4A 旅游景点标准，更新办馆观念，进一步改进软硬件设施，为旅游观光和文化休闲服务创造良好的内外部条件。

六　只有加强学术研究和横向联系才能提高教育服务水平

学术研究是名人故居（纪念馆）教育功能的基础性工作。只有不断地推出有理论深度和指导作用的学术成果才能增强自身的发展后劲。近年来，我们十分重视冰心文学的学术研究，建立了客座研究队伍，先后于 1999 年和 2003 年召开了两届的冰心文学国际研讨会，先后共有 100 多位国内外专家学者与会，出版了约 120 万字的冰心研究论文集。同时，我们还充分利用馆藏史料，著书立说。近年来，编写反映冰心和馆建设和发展内容的图书、画册和影视作品有近 20 部。其中八集电视传记片《冰心》荣获中宣部"五个一"工程奖。2001 年，我馆建立了冰心网站，成为人们进一步认识冰心和福建省冰心文学馆的窗口，同时在互联网上增加了一个教育和研究的平台。

　　目前，我馆还比较年轻。但在 9 年的发展过程中，我们领悟到，名人故居（纪念馆）要做好、做强、做大，馆际的交流和联合是一个有效的途径。这些年，我们在积极地进行尝试。建馆以来，我们多次组团赴北京、上海、浙江、四川、湖南、陕西、东北等众多名人故居（纪念馆）参观，学习兄弟馆的经验，改进我们的社会教育服务工作。我们还十分重视开展馆与馆的合作。在冰心诞辰 100 周年时，我们与中国现代文学馆合作在北京举办纪念活动；在建馆 5 周年时，我们邀请国内部分名人馆举办"管理与发展"论坛；2004 年，我馆积极参加绍兴鲁迅纪念馆发起的名人故居联谊会，今年还参与绍兴鲁迅纪念馆举办的文学大师联展；这次筹办的"中国博物馆名人故居专业委员会年会暨名人故居保护与发展论坛"，其目的就是为了学习经验，开拓视野，加强合作，提高水平。因此，笔者觉得经常性地开展名人故居（纪念馆）的发展研讨，适时地举办联展活动，是新形势下传播与弘扬中华传统文化的一种创新。它不仅可以给当地的群众带来文化的新享受，还可以促进馆际之间的互相学习，共同提高。

　　以上是笔者对名人故居（纪念馆）发展的一些认识，其中片面的观点甚至不当之处敬请各位专家和同行批评指正。

　　最后，期待这次论坛和馆际之间的交流能为名人故居（纪念馆）的保护与发展，提供新思路和新经验。

名人故居

——爱国主义教育的必修课

陈　萍

（福建福州林觉民故居、冰心故居）

中华民族是一个创造五千多年灿烂文明的伟大民族。追溯漫漫的历史长河，我国的每一个民族、每一个时代、每一个地区无不积淀着丰厚的历史遗迹、遗物和文化宝藏。这些丰富多彩的文化遗产凝聚着我们祖先的辛勤劳动和卓越智慧，是一笔巨大的无法估算的物质和精神财富。正因为有了这些积淀丰厚的遗迹、遗物和文化宝藏，历史文化名城才应运而生。而名人又是构成历史文化名城的重要因素。因为名城必然是培育名人的沃土，而名人又必然是为名城带来荣誉，故名人为名城添色，名城使名人增辉，两者互为因果。而名城保存下来的众多文化名人遗迹，尤其是故居，则是最具有魅力的直观实证。名城——名人——故居三者链接，彰显了历史文化名城的魅力与活力。因此，重视对历史文化名人故居的保护工作不仅体现作为历史文化名城的深刻内涵，同时也是开展爱国爱乡教育的生动课堂。一个城市的历史文明必将因名人故居而变得更加厚重。重视历史名人的遗迹是中华民族的优良传统。名人故居是城市文化传统载体之一，也是城市文化品位的要素之一，更是城市的名片。一个城市拥有多少名人故居，如何保护利用好这些名人故居，都反映出一个城市的文化内涵。因此，保护好这些名人故居的原貌，使之不因时间流逝而毁弃，不仅是能让后人感受到我们文明长河的久远，更重要的是能形成一种文明教育氛围，让仰慕文化教育的人们产生对历史文化名城的敬仰。而广大群众和青少年则通过对名人故居的参观、陈列、观摩名人留下的历史文物和故居的场景复原，领略到我国悠久的历史和博大精深的文化，学习这些时代伟人的崇高品质，增强爱国主义感情，提高民族自尊心和自信心。当前，在全国上下加强对未成年人思想道德教育和爱国主义教育的新形势下，名人故居是践行这一目标的重要载体之一，其潜在的教育价值、文化价值的内涵是进行爱国主义教育的立体形象的教科书。

一　从教育题材上看，名人故居注重原真性的教育

名人故居是名人文化的载体，而名人文化又是历史的一部分。保护名人故居是对历史的尊重，有利于文化的积淀，有利于提升一个城市甚至一个国家的文化内涵。根

据《中华人民共和国文物保护法》，文物修缮严格依照"修旧如旧"的原则，但"旧"不是破烂不堪，而是"不改变历史原貌"进行修复。因此，名人故居是集建筑、人文和文物价值于一身，是名城的重要组成部分。它是名城历史的亮丽之点，是城市文化的深厚之处，是城市文脉的光彩之笔。保护好名人故居必须保留故居的本来面目，原真性地展示故居的原貌，使人参观故居时能看到"名人精神"，如见故人般亲切。

国家文物局《关于贯彻落实全国加强和改进未成年人思想道德建设工作会议精神的意见》明确指出："各级各类博物馆要充分发挥自身特有的社会教育功能，密切与学校、社区及共青团、少先队组织的联系，面向社会、深入学校、走进社区，为未成年人开展教育活动创造条件。结合学校教育的特点和实际，利用文物藏品和场馆优势，组织开展丰富多彩、适合青少年身心健康成长的教育活动，使博物馆真正成为未成年人的'第二课堂'。"名人故居就是进行爱国主义教育的最好题材、最佳场所。如榕城大地上保存下来的名人故居有船政大臣、两江总督沈保桢的故居，近代启蒙思想家、提出"物竞天择、适者生存"的严复的故居，"憾别爱妻，血洒黄花岗"写下感人肺腑《与妻书》的林觉民的故居，"苟利国家生死以，岂因祸福避驱之"的林则徐的故居，还有著名新闻学家邓拓的故居，"身残志不残"的科普作家高士其的故居等，这些故居都是福州进行爱国主义教育的重要资源和一部部热情洋溢的"立体教科书"。我们把林觉民故居、邓拓故居内的卧室和书房全部恢复原状；更把高士其故居内的物品（如钢笔、放大镜、手表、电视、衣橱、办公桌以及轮椅等遗物）全部予以复原摆设，使人们步入故居参观时，能从中领略到故居主人的风采，特别是能让广大青少年受到深刻的教育和启迪。

对名人故居进行原真性的修复陈列在全国其他地方也有很多成功范例。如韶山毛泽东故居基本上保持了当年的原貌，外观为普遍的江南农舍，陈列着床、书桌、衣柜、方桌、板凳、碗柜、石磨、水车等毛泽东曾留下过印迹的物品。周围绿树成荫，荷塘青山相映成色。这样对名人故居的真实再观营造出一种"斯人已去音容犹在"的氛围，让游客身临其境，不知不觉进入深度体验中，从而达到还原历史的目的。因此，名人故居留下了前贤奋斗的踪影，具有深厚的底蕴和永恒的魅力，是民族文化的精华、民族精神的结晶，是最值得珍惜的建筑。

二　从教育氛围上看，名人故居是敬仰式的感召

名人是人民中的佼佼者。他们对自己的国家和人民，甚至对全人类都作出重大的贡献，是中华民族的骄傲，应当受到人民的尊敬。充分发挥名人故居的教育功能，让更多的人走近名人、了解名人、学习名人，观瞻凭吊、喧其德行，扬其事迹，传其嘉言，意义重大。众所周知，前往名人故居的参观者大多是怀着对故居主人的仰慕和崇拜之心情而去。因此，营造故居的"零距离"参观氛围，让参观者置身其中犹如徜徉在故居主人的生活中，触景生情、如见故人，使故居真正成为可以触摸历史、挖掘历史、还原历史的场所氛围之地。如设计者在保证以邓小平故居为核心的前提下，以名

人故居为主打品牌，通过丰富的景观景点和多样化的产品设计，将名人故居与周围环境相联系，使自然与人文有机融合在一起。故居配套开发建设了"邓小平故居陈列室"、"邓小平铜像广场"、"改革开放纪念园"、"求是"园碑林、邓家茶馆、团练局旧址、农家乐园等项目，弥补了单一名人文化产品的单调和乏味。这样不仅活化名人故居，更活化名人生活的真实环境。再如原美国总统尼克松故居围绕其生平活动，对其81年的人生生涯进行了全面的展示：小时候喜欢音乐，会弹钢琴、吹萨克斯管；学生时代曾先后获得惠特尔学院和杜克大学两个学士学位；后来当过律师、海军少校及当选为国会众议员和参议员；最到后当选美国总统。尼克松博物馆突出了其恢复中美建交的重大历史功绩的主题，无论是图片、照片、塑像还是文件，都反映了他是第一位踏上新中国的美国总统。一方面，对于尼克松在中美建交上所起的重要作用是参观者最熟悉的；另一方面，这也得到美国民众的一致认可。突出推动中美关系的主题更有利于吸引参观者的兴趣，更容易吸引来美的中国旅游者的参观。此外，展厅里还陈列着中国领导人送给尼克松的许多珍贵礼物，如陶瓷、刺绣，尤其特别的是一书柜线装版的《二十四史》。橱窗里还摆着一副乒乓球拍和一个乒乓球，球拍上画着一只衔着橄榄枝的和平鸽，上面写着"和平时代"。这向参观者传达了尼克松对于恢复中美建交所起的重要作用的强烈的信息，凸现了其最荣耀的政治生涯，给颇有争议的总统戴上了一个耀眼的光环。因此，加强对名人故居文化内涵的挖掘，注重气氛的营造，通过对整体环境的精心布置、对细节的设计、对名人生平的真实再现，让游客在轻松愉快的过程中受到教育和启发，得到精神的升华，不仅对名人生平有充分的了解，还能对名人的思想有深刻的认识，甚至还能通过名人透视名人所处的时代和文化，达到名人故居文化内涵挖掘环境氛围营造的最高境界。

三　从教育效果来看，名人故居是鞭策性的激励

见贤思齐是中华民族的优良传统之一。一代代名人的杰出事迹、奋斗精神、高尚气节激励着后人充实知识、提升道德、陶冶情操、完善人格、超越前贤。这正是中华民族生生不息、不断发展的动力。福州是一座拥有2200多年建城史的历史文化名城，走出过难以计数的名人。他们为中国历史的进程谱写了可歌可泣的宏伟篇章，成为这座古城的精神财富。一代代青少年都能从众多的名人中了解到他们的光辉业绩，接受历史长河积淀下来的人文精神的熏陶。因此，到名人故居去求知，可以弥补在学校课堂里、课本中学不到的知识内容。学校教授式、灌输式的教育形式单调乏味，而到名人故居参观则带有浓厚的休闲味道，且主要通过观赏、讲解、交流等较为轻松活泼的形式来达到教育效果。这对于青少年扩大知识领域、满足审美享受、培养生活情趣、陶冶身心健康、提高思想道德素质都具有十分重要的作用。名人故居成为学生第二课堂、人们终生学习的文化圣地。如高士其故居针对不同层次的对象进行不同侧重点和深度的讲解教育：对中小学生侧重讲高士其刻苦好学、探索求知的故事，使他们从中受到教育和启发；对大学生突出讲解高士其的爱国思想和"身残志不残"的坚韧意志，

以及他如何在全身瘫痪的情况下坚持创作、创造人生奇迹；对一般观众，主要讲解宣传高士其作为中华民族英雄、科普作家的光辉业绩，让他们在参观中了解其闪光的人生，从而弘扬名人精神、宣传福州历史，使观众来馆有亲切感，在馆有文明感，离馆有留恋感。福州市一位学生在"我爱三坊七巷"征文比赛中写到："以人为镜，可以明得失；以史为镜，可以知兴亡。我爱三坊七巷，它是一部洋溢着爱国主义的立体教科书。"广大青少年参观名人故居后，亲眼目睹名人生活、学习、工作过的地方，从中受到生动而深刻的教育和启迪，进而更好更自觉地知我福州、爱我福州、建我福州。唯有如此，才能无愧于先人，无愧于来者。而全国各地利用名人故居进行爱国主义教育的例子比比皆是。如杭州部分学校在"探访西湖名人故居、追寻杭州人文精神"主题活动中，组织部分学生参观了章太炎故居、于谦故居、盖叫天故居、都锦生故居等，了解这些对杭州具有重要影响的历史人物的生平事迹和爱国情操，并结合社会主义荣辱观教育，让青少年在浓厚的人文环境中追寻先贤的脚步，感受他们高尚的品德教育，从而接受了一次有意义的爱国主义教育。而江苏技术师范学院教育学院在开展"关爱未成年人，呵护阳光心灵"的系列活动中，组织外来务工子弟参观徐霞客故居，目的是为了更好地让他们度过一个欢快而又有意义的暑假。他们一走进故居，便认真聆听讲解员介绍徐霞客生平事迹、欣赏名家墨迹、感受深厚的文化底蕴。参观结束后，其中一位孩子说："这是我过的最有意义的一个暑假，通过参观，我认识到每一个人的成功是与从小立志、不为挫折、执著追求分不开的。我会好好学习文化知识的。"朴素的语言感人肺腑。通过这次活动，"流动花朵"们感受到了社会的温暖。而在国外，双休日家长带孩子到名人故居边参观边与孩子交流、沟通被视为一种城市时尚。因此，不管是哪位名人，不论其出生尊卑、生平如何，都在客观上为推动历史的发展作出了较大的贡献。这对后代的教育、鞭策和激励将产生巨大的推动力。

综上所述，笔者深有感触：每一位名人都是一部深邃的大书，每一个名人故居都有一段奇妙的故事。名人，在自己有限的生命中，创造了惊世骇俗的辉煌和永恒。名人故居忠诚地记录了主人在上述过程中的欢笑和痛苦。走进名人故居，仿佛又见到昨日的他们。他们的音容笑貌和落地有声的言谈举止令我们深切地感受到曾经辉煌过的名人们的理想、信念、胸怀、情操、精神之伟大、之神圣、之永恒。

名人故居在历史文化名城中扮演着重要的角色，是一座城市历史文化名片，是爱国主义教育的必修课。

艾青纪念馆爱国主义教育基地为未成年人教育服务的探索

胡金杭

（艾青纪念馆）

艾青纪念馆是金华市政府为纪念金华籍诗人艾青这位诗坛大师而建造的。1998 年 10 月开馆之后，我馆始终以"学习艾青、宣传艾青、弘扬艾青"，努力把艾青纪念馆建成为进行爱国主义教育的重要阵地为目标。经过全体工作人员的不懈努力，我馆于 2000 年 5 月被金华市委、市政府授予"金华市爱国主义教育基地"，被共青团金华市委、金华市关心下一代工作委员会授予"金华市青少年德育教育基地"等荣誉称号。关心未成年人的成长、加强对未成年人的培养教育是全党全社会的历史责任，也是爱国主义教育基地的职责所在。从授牌的那一天起，我们得到的不仅是一项荣誉，更是一种责任，即如何更好地为未成年人思想道德建设服务？我们的思路是统一全馆的思想认识，齐心协力，围绕新时期《党中央关于进一步加强和改进未成年人思想道德建设的若干意见》，开展爱国主义教育各类活动。我们每年举办活动 30 余次，内容涉及时事、科普、书画等等，平均年接待观众达 6 万人次。我们的工作得到了上级的认可。2001 年 9 月，我馆在中共浙江省委宣传部组织的"继续革命传统、再创世纪伟业"纪念建党 80 周年宣传教育活动中荣获组织奖。几年来，我们还获得了文化部公共设施管理先进单位、金华市少年儿童工作先进单位、金华市文明单位等多项荣誉。我们的具体做法有以下几个方面：

第一，立足本馆现有资源开展爱国主义教育。利用我馆的多功能厅、报告厅举办讲座，充分发挥本地老一辈革命家的资源优势，开展针对青少年的爱国主义教育。通过一系列有组织、有目的的讲座，加强对未成年人的思想道德教育。如 2003 年 3 月 5 日在毛泽东"向雷锋同志学习"题词发表 40 周年之际，我馆组织了以"雷锋精神永放光芒"为主题的雷锋纪念系列活动图片展，邀请雷锋生前接兵参谋戴明章先生、雷锋生前的班长余仁昌先生现场演讲，结合时代宣传雷锋精神，对我市青少年进行理想道德教育，社会影响极大。该活动在 2003 年被评为"金华市十大文化焦点"。

第二，主动配合上级的有关精神，在重要纪念日、节假日开展主题教育活动。如为了贯彻实施国防教育，配合做好浙江省 2004 年"科技（科普）活动周"的主题宣传，我馆为青少年提供了一次别具一格的"航天知识国防教育展"爱国主义教育活动。又如 2004 年，为庆祝"神舟五号"胜利返回，我馆特邀安徽省安庆市科学技术馆举行了为期两天的航空航天科普展览。该活动受到我市青少年的热烈响应，两天时间接待了近万名学生。为深入贯彻落实党的十六大精神，进一步培育中华民族精神，弘扬革命先烈和爱国志士的高尚精神和浩然正气，2004 年 4～5 月，我馆举办了"血染的丰碑——上饶集中营革命斗争事迹爱国主义教育全国巡回展"（金华展）大型爱国主义教育展览活动。各大、中、小学校把参加此次展览活动作为接受爱国主义教育的好机会，积极响应，组织师生及时前来参观。2004 年的 8 月 22 日是邓小平同志诞辰 100 周年的纪念日，为缅怀邓小平同志的丰功伟绩，作为金华市纪念邓小平同志诞辰 100 周年系列活动之一"百年小平大型图片展"在我馆举行。展览由市委、市政府主办，艾青纪念馆协办。据统计，我市约有万余人参观展览。2005 年是中国人民抗日战争暨世界反法西斯战争胜利 60 周年，为配合形势，我馆引进了"抗战民族魂"书画展、"纪念抗日战争胜利 60 周年大型图片展"等等一系列的展览，不仅使青少年充分认识了中国共产党在抗日战争中所建立的伟大历史功勋，更使每一位参观者都受了一次很好的爱国主义教育。

第三，围绕"学习艾青、宣传艾青、弘扬艾青"开展各种形式的德育教育活动，传承诗人艾青的优秀品质和高尚人格，更好地提高青少年的思想道德素质。这也是我们办馆的宗旨。我馆拓宽思路，多渠道、多形式地开展宣传和纪念艾青活动。2000 年，我馆举办了"纪念艾青诞辰 90 周年"金华中小学生诗歌朗诵会；2001 年，元旦与电视台合办了中外诗歌电视朗诵会；2003 年，编印了《艾青纪念馆馆藏书画珍品集》，多角度、全方位宣传艾青。2005 年，我馆承办了"艾青杯"金华市中小学生诗歌大奖赛。这是我市规模和影响最大的一次诗歌比赛，全市 9 县（市）区的 177 所学校参加了此次活动，参赛诗作 4.8 万余首。通过评选，有 346 篇诗作获比赛一、二、三等奖、优秀奖和特别奖，并由远方出版社出版了《艾青眷恋的土地上——"艾青杯"金华市中小学生诗歌大奖赛获奖作品集》一书，进一步提高了我馆的社会知名度。2006 年艾青逝世 10 周年之际，我馆在纪念活动的两个月内制作了艾青生平事迹展板到市区大、中、小学校巡回展出，并邀请专家学者举行座谈会、开办讲座等。

第四，积极响应党中央关于创建学习型社会的号召，把爱国主义教育延伸到社区、学校，借建设文化大市、文化强市和建设社会主义新农村的东风，拓宽馆外未成年人爱国主义教育服务。为了让我市青少年更进一步"知我金华、爱我金华、赞我金华"，我馆正在制作宣传"婺州文化"的《婺文化》网页。这些有新意、有吸引力活动的开展丰富了我市爱国主义教育基地活动的内涵。

我馆成立至今，财政方面从未拨过专项活动经费，开展工作举步维艰。但在困难面前我们毫不气馁，领导班子团结协作、勇于创新，中层骨干兢兢业业、配合默契，全馆职工紧密团结、积极进取。这是我馆取得辉煌业绩的关键因素。我们认为，只有注重抓内部管理，重视培养一支勇于开拓创新、富有事业心和责任感的教育型的馆员队伍，才能适应社会发展的需要。这些年来，爱国主义教育基地活动的不断开展、全馆职工的共同努力，使得爱国主义教育基地能够真正发挥对未成年人教育的主阵地作用。2005 年，我馆先后发起了以"第二课堂探索"和"未成年人思想道德教育"为主题的二次论文征文活动。通过活动，不仅提高了全馆职工的思想意识，同时为今后爱国主义教育基地之间的交流打下了良好的基础。这两个命题的征文活动都取得了丰硕的成果，并均已结集成册由大众文艺出版社和远方出版社出版。

　　我馆作为爱国主义教育基地的主阵地之一和我市对外宣传的重要窗口，任重道远。相信在上级领导、社会各界的大力支持和全馆同志的共同努力下，我们一定能不断地更新服务观念，创新服务项目，丰富服务内容，充分发挥为未成年人服务的职能，为创建"浙中中西部中心城市"、"文化大市"做出应有的贡献。

浅谈革命纪念馆如何开展青少年素质教育

魏云兰

（中共代表团梅园新村纪念馆）

中共中央、国务院《关于进一步加强和改进未成年人思想道德建设的若干意见》强调指出，青少年学生是祖国的未来，民族的希望，他们各方面的素质如何将直接关系到社会主义事业的未来。中宣部部长刘云山在全国爱国主义教育示范基地工作会议上也强调指出，各类爱国主义教育基地要与时俱进、改进创新，更好地为弘扬培育民族精神服务，为推进未成年人思想道德建设服务。

南京是一座革命文化名城，具有丰厚的革命历史文化资源。各革命纪念馆应高度重视青少年的思想道德教育，使之不仅成为学校的教育行为，更应成为场馆的教育行为。革命纪念馆作为爱国主义和革命传统教育的重要阵地，在青少年思想道德教育方面有着得天独厚的优势，应根据青少年特点设计思想道德教育内容，切实提高素质教育的针对性、实效性，为青少年思想道德素质的提高、学会做人夯实基础。

一 认清教育紧迫性，突出教育重点，夯实做人基础

青少年时期是学生人生观、世界观、民族精神、人格形成的重要时期，年龄大致在十二三岁至十八九岁之间，处于少年后期和青年前期。由于营养和卫生条件的改善，身体发育提前，相对成熟，也由于条件的优越，备受呵护，心理上仍很稚嫩，对学校和家庭有很大的依赖性，正处在生理和心理的第二"断乳期"。他们喜欢思索但缺乏成熟的判断能力，思维敏锐而易偏激，特别是处在这个纷繁复杂的社会之中，更需要引导和帮助。

从国内情况来看，经历了20多年的改革开放、市场经济，我国的社会经济有了很大的发展，市场繁荣、物价稳定，人民生活水平明显提高。目前，我国已进入全面建设小康社会的新阶段。20多年来，人们的思想观念也有了很大的进步，从传统的、封闭的观念向现代的、开放的观念转变，然而也产生了许多新情况、新问题，如出现了经济成分的多样化、社会组织形式的多样化、利益主体的多样化、社会生活方式的多样化，一直到思想观念和意识形态的多样化。这些都是以前未曾有过的。享乐主义、拜金主义等个人主义价值观对整个社会以及中学生影响很大、冲击很大，导致不少青少年坠入违纪犯法的泥潭，有的甚至走上犯罪的道路。

　　我们应清醒地看到，青少年思想道德教育工作面临着严峻的考验。市场经济既有积极的因素，如激发人们的进取精神、竞争意识和创造能力，但也有消极因素和腐蚀作用，反映到人们的思想意识和人与人的关系上来，如容易诱发拜金主义、享乐主义和个人主义。

　　青少年时期，其心理生理发展具有不成熟、可塑性强的特点，他们在面对错综复杂的社会时，能否全面认识理性分析问题，不仅是部分人的问题而是一个社会问题。因此，思想道德教育工作既是社会主义精神文明建设的奠基工程，也是国民素质教育的重要内容。理想信仰、思想道德和文化科学素质不仅是当前社会文明程度的重要标志，而且关系到我国社会主义现代化建设战略目标能否实现，关系到 21 世纪中国的面貌。作为革命场馆，应当以战略的眼光认识思想道德教育工作的重要地位和作用，坚持公益性原则，支持学校思想道德教育工作，充分发挥爱国主义教育基地的育人功能，形成学校、家庭、社区"三位一体"的教育网络，齐抓共管、形成合力、缺一不可。近几年，大学毕业生到外资企业、中外合资企业工作被炒鱿鱼的不少，其中大部分不是业务能力不行，而是品德修养不够。这就提示我们，有一种思维定式一定得改了，以往的德育较多关注学生的认知或知识层面，较少关注学生的精神成长，忽略学生得到的主体发展。所以，应当转变观念，重视思想道德教育，树立新的德育观，强调以发展人为目的、以发展人为主体、以发展人为过程，帮助人对其一生发展进行策划，使之成为和谐、自由发展的人。

　　面对全球化、信息化和知识经济、网络时代的挑战，各国对人才的竞争日趋激烈、对人才的重视程度空前提高，而人才的德行培养与发展始终是联合国教科文组织和世界各国强调的首要问题。国际 21 世纪教育委员会提出了将学会求知、学会做事、学会共处、学会做人作为每一个人一生中的四大支柱。学会求知是基本要求；学会做事，以便能对自己所处的环境产生影响；学会共处，以便与他人一道参加人的所有活动并在这些活动中进行合作，是对人的社会学习能力的要求；学会做人则是前三种学习成果的主要表现形式。所以学会做人是 21 世纪思想道德教育的主要目标。可以这样理解，在支撑现代教育的四大支柱中，最基础、最坚实、最重要的是学会做人，而学会做人最基础、最坚实、最重要的是提高思想品德素质。

　　实施做人教育应围绕教育的四大支柱展开，以培养学生自信、坚强、创新、诚信、责任感、爱心、宽容、合作等优良品质为总目标，形成自尊自爱、诚实正直、宽以待人、积极进取的心理品质，增强社会责任感和社会实践能力，提高创新意识，弘扬民族精神，树立中国特色社会主义共同理想，使青少年逐步形成正确的世界观、人生观、价值观。

二　发挥资源优势，加强青少年公民道德教育工作的实效性

　　"道德教育是对受教育者有目的的施以道德影响的活动，包括提高道德认识，陶冶道德意志，确定道德信念，养成道德习惯等，是一定社会和阶级的道德意识转化成为

个人的道德品质的重要环节"。中国社会主义道德教育坚持爱国主义、集体主义、社会主义教育，树立建设有中国特色社会主义的共同理想和正确的世界观、人生观、价值观，引导青少年进行社会主义荣辱观教育。

国内对高中阶段学生进行思想道德教育主要是通过十八岁成人仪式来培养中学生的公民道德意识，以丰富多彩的教育活动作为思想道德教育工作的重要载体，努力培养中学生的社会责任感和奉献精神。如江苏南京的一所著名的重点中学——南京外国语学校，当年是在周总理的亲切关怀下创办的。近几年来，该校学生的十八岁成人宣誓仪式都选择在梅园新村纪念馆举行。学校作出这种选择，就是为了向敬爱的周总理承诺，要学习并继承他为中华之崛起而鞠躬尽瘁、死而后已的高尚品格。作为教育基地，梅园新村纪念馆不仅为学校提供思想道德教育活动场所，而且本着高度负责的态度，坚持效益优先，注重活动的教育性、实效性，切实提高教育功能。同学们身着整洁、统一的校服，排成整齐的方队，在周恩来铜像前，面对国旗，庄严的许下神圣的誓言。同学们表示，要树立远大志向，坚定理想信念，勤奋学习，提高自身素质，脚踏实地，拼搏奋进，自觉承担起宪法赋予公民的义务和责任。要以百倍的热情和努力，用青春和热血谱写祖国的壮丽和辉煌。十八岁将依法享受公民权利、承担公民义务，将和成年人一样担负起国家、社会和家庭所赋予的神圣而庄严的责任。通过成人仪式活动，能强化学生作为公民不能忘了公民应有的权利，更不能忘了公民应尽的义务和责任，培养他们要对国家、民族、社会、家庭怀有强烈的责任感，自觉遵纪守法、孝敬父母、关爱他人，努力提高学习与生活技能，服务社会，加强修养，完善自我，做一个让父母自豪、社会满意的合格公民。

通过开展十八岁成人仪式教育活动，在缅怀革命先辈的丰功伟绩的同时加深了对"成人"含义的理解，培养了中学生的公民意识以及对国家和民族所负有的责任感、使命感。

为深入学习贯彻《公民道德实施纲要》，让青少年充分认识加强公民道德建设的必要性和重要性，2001 年 11 月，由梅园新村纪念馆组织南京市外国语学校高三学生在纪念馆汉白玉浮雕前举行了一场别开生面的"学习《公民道德建设实施纲要》主题班会"。在班会上，学生们聆听了见义勇为英雄周光裕的光辉事迹，受到了一场深刻的思想道德教育。学生们就"如何进行公民道德规范，如何加强道德意识，如何规范自己的日常行为，使自己成为有理想、有道德、有文化、有纪律的社会主义公民"等主题，同与会专家学者进行了交流和座谈，还在悠扬的琴声中朗诵了歌颂周恩来的诗歌，讲述了周恩来动人的小故事，宣讲了《纲要》中的内容。在座谈中，同学们踊跃发言，积极畅谈自己的认识和体会，聘请的专家学者也一一作了深入浅出的解答，班会气氛非常热烈，教育形式生动活泼，既培养了中学生讲道德的公民意识，又营造了良好的学教氛围，有效地发挥了革命纪念馆开展思想道德教育活动的实效性。

革命纪念馆宣教工作者应牢固树立思想道德教育全员化思想，协调配合，共同努力；各个场馆要根据本基地的特点，把思想道德教育的内容巧妙渗透到教育活动中去。要更新德育观念，树立大德育观，开阔视野，摒弃封闭式德育，主动适应当代社会全球化、多元化、信息化的要求，实现学校为核心，学校、社会、家庭共同参与的良好德育互动。惟其如此，爱国主义教育基地才能有效地配合学校道德教育，才能把"爱国守法、明礼诚信、团结友善、勤俭自强、敬业奉献"的基本道德规范转化为中学生的内在道德需要，才能使中学生牢固树立建设有中国特色社会主义的共同理想和正确的世界观、人生观、价值观，才能培养出一代又一代有理想、有道德、有文化、有纪律的社会主义公民。

三　改进陈列方式，创新展示手段，吸引青少年走进革命纪念馆

梅园新村纪念馆主要是以纪念革命史上重大事件的场馆，依托相关革命文物、纪念建筑、革命遗址而建立的纪念性博物馆，是反映中国革命的历史进程和革命者斗争业绩，宣传无产阶级的世界观和方法论，弘扬革命的理想、道德和革命精神的重要场所。随着改革开放和现代化建设的不断深入，随着高新科技的迅猛发展，广大青少年的知识背景、心理状态、思维方式和接受信息的渠道发生了很大的变化，接受教育的方式空前多样化。革命纪念馆作为传统教育的场所，在陈列方式上，就必须从简单陈旧的"史料图片＋文字说明"的形式中突破出来，在维护原址原貌的前提下，增加一些具有教育性、启迪性、参与性的展品和设施，运用适合青少年参观心理和感兴趣的现代展示手段，如动感场景、三维动态以及多媒体技术，配合极具现代感的声、光、画、电等展示手段，形象、生动地再现重要历史事件和重大战役，从而使爱国主义教育内容同新颖的表现形式有效结合起来，让每一个参观革命纪念馆的中学生心灵受到震撼的同时，身心受到愉悦，切实发挥纪念馆存史育人的功能。据统计，全国共有300余座革命博物馆、纪念馆，近几年许多场馆不断对原有的陈列进行改建，努力使其陈列形式不断创新，具有较强的现代化气息。笔者通过对部分革命场馆的调研学习，总结它们新颖现代化陈列手段主要有以下几种：

（一）利用计算机技术，通过电脑制作三维动画、投影成像，在特定的空间再现历史或斗争情景，其效果真实、形象、直观

如梅园新村纪念馆多媒体"南京和谈"，以中共代表团办公原址为特定背景，再现当时化装成黄包车夫、鞋匠、算命先生、卖报的国民党流动特务跟踪盯梢中共代表团活动情况。为了增强直观形象的效果，人物对话采用了南京地方方言，场景复原了40年代梅园新村街道的原貌，真实再现了当时中共代表团所处的险恶环境，突出反映以周恩来同志为首的中共代表团，在南京与国民党政府进行针锋相对谈判斗争的革命业绩。采用这种手段表现陈列的还有韶山毛泽东同志纪念馆，在展示中共一大和遵义会议时，就采用场景复制和多媒体视频有机的结合，浑然一体，逼真地再现了当时的情景，仿佛让人置身于当年会议的现场。

又如上海龙华革命烈士纪念馆"永不消失的电波"等也是采取这样的手段，满足

了中学生感性认识的需求。

（二）利用高科技仿真技术，制作大型复原场景和逼真的人物蜡像、景物，把历史凝固在瞬间

如梅园新村纪念馆的仿真人物蜡像"难忘的记者招待会"，将17座形象生动、惟妙惟肖、形态各异的仿真蜡像摆放在当年召开记者招待会的地点——梅园新村17号南楼大饭厅里，让中学生走进这里，就走进了那段不同寻常的历史之中，重温国共南京谈判期间周恩来在南京举行的最后一次告别性的中外记者招待会的情景，给中学生留下了深刻的印象。

以上这些新颖的陈列表现手法具有理念新、形式新、材料新、手段新的特点，突出了内容的亮点，拓展和深化了主题，适应了青少年现代审美意识，具有较强的感染力、吸引力和观赏性，打破了革命纪念馆历史说教的沉寂，受到师生的欢迎，使革命纪念馆的教育功能在学校的思想道德教育中发挥越来越重要的作用。

四　以周恩来精神与风范为灵魂，引领革命纪念馆与学校道德教育全面跃升

革命纪念馆作为社会文化教育机构，被人们誉为中学生的"第二课堂"，是进行爱国主义和革命传统教育的基地。针对中学生对自己的未来充满憧憬的特点，我们充分挖掘革命纪念馆的德育资源，利用重大节日、纪念日和共青团活动，开展各种主题思想道德教育活动。

梅园新村纪念馆是全国爱国主义教育基地，这里到处洋溢着伟人的精神气息。作为周恩来等老一辈无产阶级革命家曾经生活和战斗过的地方，近几年我馆利用和挖掘"周恩来精神、邓颖超精神"面向中学生开展了各种教育活动。如梅园中学——南京市首创"周恩来班"的一所学校，10多年来，"学习伟人精神、走伟人成长之路、做像伟人那样的人"早已成为该校师生的座右铭。每年的3月5日，在周恩来同志诞辰纪念日，学校都会要求各班围绕"向周总理那样学习与生活"、"为中华之崛起而读书"等主题开展生动的主题班会。有的开展故事比赛、演讲讨论，有的开展诗歌朗诵、经验交流等，还邀请梅园新村纪念馆领导、老红军、周恩来的亲属和身边的工作人员来校宣讲周恩来精神，这样的教育活动鲜活、生动，对师生都起到了很好的教育作用。

如为纪念建党80周年，梅园新村纪念馆抓住时机，及时举办了"我眼中的新世纪——南京市中小学生书画评展"活动和"南京市中小学生纪念建党80周年诗歌朗诵比赛"。为了参加比赛，小选手们饱含激情，自己创作了讴歌伟大党、伟大祖国的诗歌佳作，并通过富于表现力的朗诵，表达了对党、对祖国的真挚情感。有机结合了爱国主题，运用生动形象的表现方式，进行了有针对性、有实效的思想道德教育。

新世纪摆在我们面前的第一个挑战，既不是新技术革命，也不是经济发展，而是青少年一代的素质教育问题。一个情感贫乏，缺少责任感的人是不会真正关心他人，

无法与他人真诚合作的，也是无法适应社会的。可以说学会负责已成为进入 21 世纪的通行证。责任感是指个人对自己和他人、对家庭和集体、对国家和社会所承担义务，以及与之相应的自学态度，以精神需求和人生价值的体现为主要对象的一种自我感受、情境评价、移性共鸣和内在体验。中学生责任感是在参与集体和社会活动中，在人际交往的基础上，在主、客观多种因素的共同作用下逐步形成与发展起来的。因此，培养中学生的责任感是一项由学校、家庭和社会三方面共同参与的、从责任认知、责任情感和责任行为等诸多方面齐抓共管育人系统工程。作为革命纪念馆，是弘扬民族精神、传播先进文化的重要场所，是让学生净化心灵、感悟成长的地方。梅园新村纪念馆以周恩来的精神和伟人风范为主题，面向中学生开展的具有红色基地特色的教育活动，营造了良好的成长氛围，为青少年关爱他人和社会责任感的培养教育摸索了富有时代特色的新路子。

如由梅园新村纪念馆组织的"快乐课堂——南京文博之夏"夏令营活动于 2004 年 7 月正式开展，营员分别由南京市各中学的学生代表及其家长组成，其中 130 名困难学生和家长组成的"爱心组"免费参加了此次活动。同学们一行乘车来到了常州恐龙园，在纪念馆工作人员带领下，穿越了飞来石大门，绕过"群龙奔腾"的大草坪，参观了中华恐龙馆。恐龙化石展厅令同学们流连驻足；影视特效表演则让同学们亲历撼人历程；"亚洲第一激光表演"更把同学们带到五彩缤纷的水幕世界；"横空出世"立体动感电影让同学们穿越时空来到恐龙山探险；最惊险刺激的"穿越侏罗纪"让家长们都变色。在活动过程中，同学们真正走进了大自然，感受到"快乐的课堂"所带来的丰富体验，同时，由承办方梅园新村纪念馆邀请的 130 名"爱心班"学生及家长免费参与夏令营的举动，让这次活动体现出浓浓的关爱主题，让他们上了一堂特殊而又难忘的课程，不仅开阔了眼界，拉近了学生与家长的心理距离，而且在参与集体活动的过程中，培养了中学生人际交往能力和关爱他人的社会责任感。正如一位同学所说的：这一天，我们虽然很累，可每个人心里都是美滋滋的，大家在玩中收获，在喜悦中成长。

如由梅园新村纪念馆组织发起的"红色之旅"夏令营，得到了南京市各中学的响应。2003 年 7 月，来自南京市各校学生代表 100 余人兴致勃勃地走进了"红色之旅"，在为期两天的活动中，营员们饶有兴趣地参观了南京梅园新村纪念馆、上海中共"一大"会址纪念馆、上海"周公馆"旧址、上海鲁迅纪念馆、上海龙华烈士纪念馆和上海科技馆。通过这次参观、交流、联谊活动，大家了解了中国共产党创建史和为中国革命事业抛头颅、洒热血的志士仁人悲壮事迹，深切缅怀了周恩来等老一辈革命家的革命历程和丰功伟绩，使同学们的心灵受到了强烈的震撼。同时又开阔了眼界，丰富了科技知识，发扬了团队精神，学会了关心、友爱，增进了友谊、促进了交流，切实培养了中学生的社会责任感，引领基地学校的德育教育全面跃升。

另外，还可以在学校的教学中，找准渗透点和结合点，以革命场馆为德育教育的"第二课堂"，有机自然地进行周恩来精神风范教育。如在语文教学课上，选讲《十里长街送总理》一文。可以说，这篇课文每一字、每一句都表达了周总理为国为民鞠躬尽瘁的品格，为了让中学生真切体会"人民总理人民爱"的思想感情，在当年周恩来生活和战斗过的梅园新村30号便是学生最好的校外课堂。站在周总理的办公室门前，仔细聆听讲解员介绍国共谈判期间周恩来深夜办公的情景，每天不足4小时的睡眠，克勤克俭的生活作风等等，尤其是在观看专题教育片《周恩来传》时，人们十里长街送总理的悲怆场面一下揪住了每一个学生的心，使他们的思想情操、意志、性格受到感染、熏陶，真正将周恩来的精神风范教育渗透到学校的课文教学中，达到"润物细无声"的境地。这种把校内的教学与校外的基地教育有机结合，成为对青少年进行思想道德教育的有效途径。

五　实行"三联单"制度，进一步彰显自身公益性

近年来，南京市委、市政府高度重视革命纪念馆建设，努力把基地建设成为青少年思想道德教育的大课堂。1996年以来，南京市教育局在市级主要革命纪念馆实行"三联单"制度，对青少年集体参观革命纪念馆给予费用减免。"三联单"分别由学校、革命纪念馆和教育主管部门保管。学校凭"三联单"组织学生集体免费参观雨花台烈士陵园、侵华日军南京大屠杀遇难同胞纪念馆、中共代表团梅园新村纪念馆、孙中山纪念馆等5家场馆；2004年4月又把静海寺《南京条约》史料陈列馆列入"三联单"对中学生免费开放，由此产生了良好的社会效益。现在，全市每年参观革命纪念馆的学生都超过百万人次，免费开放以来有900万中小学生集体组织参观革命纪念馆，纪念馆的教育功能得到了充分发挥。

为了进一步拓展革命纪念馆宣教的覆盖面，每年各革命纪念馆在南京市教育局的牵头安排下，自行制作反映本场馆展览展示内容、主题鲜明、图文并茂的宣传展板，并携带一些幻灯片、VCD等宣传资料，组成各支讲解小分队，深入到偏远的郊县中学，让那些不方便来城区参观的农村学生同样能免费受到思想道德教育，受到师生们的一致好评。如梅园新村纪念馆自2001年组织讲解小分队以来，按照市教育局的统一安排，多年坚持"送展下乡"，分别为江宁区、江浦县、六合区、溧水县、高淳县等偏远学校的30000多名师生，以形象生动的故事形式宣讲国共南京谈判史、馆藏革命文物以及中共代表团办公旧址等内容。为了增强教育效果，讲解员们在宣讲的过程中穿插提问，赠送软面抄、水笔、绘图橡皮以及铅笔等学习用品，激发了他们的兴趣，拉近了讲解员与同学之间的距离，产生互动，活跃了现场气氛，达到了预期目标，同时体现了革命纪念馆关心农村的孩子，让他们快乐健康地成长。正如学校负责人在宣教反馈表中所言：讲解员准确生动的语言很吸引学生，这种图文并茂、提问互动的形式很受学生欢迎，对学生的教育很深刻，效果很好。为了切实解决农村学校的实际困难，梅园新村纪念馆联手其托管的南京税收文化教育基地，主动发送宣传单，为参观的学校提供车辆，免费接送农村的学生前来各个场馆参观，使大批没有机会出远门的学生高兴的来到南京、来到革命纪念馆、来到税收文化教育基地，心情愉快地接受教育、参观互动、开阔眼界。南京税收文化教育基地是全国第一家融税收文化熏陶、税法普

及、爱国主义教育等多项宣传功能于一体的综合性展馆，我们对中学生参观采取"四个一"的教育方式，即"参观一个税收文化展览，读一本税收辅助读物，看一张税收教育光盘，写一篇税收教育作文"，并通过"税收文化有奖征文"、组织"税收文化夏令营"、举办"税收征文获奖作品演讲比赛"等一系列教育活动，提高同学们共同参与的积极性，更直观地感受税收文化的博大精深。同学们朴实自然地演讲了税收征文的获奖作品，展现出中学生眼中的税收事业与民族精神，表达了当代中学生对国家税收的敬意和对税收文化的感受，还有的同学讲述了自己与逃税、漏税作斗争的故事，生动形象、引人入胜，达到良好的教育效果。从 2004 年 4 月组织实施以来，共免费组织接送偏远郊区的学生 30000 余人，南京市区的学生 100000 余人，在接待高峰时，一个月接待学生团体就能达到 8000 余人，有效地拓宽了教育覆盖面。

　　思想道德教育是一个永恒的课题，随着历史条件的变化和社会不断进步，思想道德教育的形式和内容也各不相同，要求我们不断创新。各类革命纪念馆作为弘扬和培育民族精神的重要基地，肩负着青少年思想道德教育的重大使命，为了让广大青年学生更好的感悟、继承、弘扬伟大的民族精神，我们应当进一步增强责任感、紧迫感，努力探索新形势下进行思想道德教育的有效途径，与时俱进、开拓创新，抓住青少年思想道德建设机遇，抓住发展红色文化产业机遇，抓住重大纪念活动机遇，不断开创革命纪念馆宣教工作新局面。

浅谈名人故居对青少年的教育意义

陈明渊

（福建省冰心文学馆）

美国人文学者刘易斯·芒福德曾经说过："城市是靠记忆而存在的。"

文化名人已成为一座城市对外宣传的名片，而像璀璨的珍珠散落在街头巷尾的名人故居已是城市一首凝固的诗。对于文化名人来说，故居总是充满温情和无限眷恋的地方，那是他艺术和生命的根。而对于瞻仰名人故居的人来说，走进这样的一个地方，通过一系列沉淀着文化元素的物化对象，可以从中感受到孕育名人成长的故居，是如何对名人的成长起到潜移默化的心理、性格、观念等方面影响的。尤其对于青少年来说，这样的一种文化氛围是震撼人心的，有着极其重要的教育意义。

首先，名人故居突出了名人的内在精神，这对于青少年的德育教育有着十分积极的影响。以福州为例，福州素有"海滨邹鲁"之称，历史上著名人物灿若群星。有汉闽越王无诸；晋代太守严高；五代闽王王审知；宋代著有《乐书》二百卷的音乐家陈旸，爱国词人张元幹；明代抗倭名将、音韵学家陈第，名臣叶向高、翁正春；清代著名学者梁章钜，严禁鸦片、抗击英国侵略的伟大爱国者林则徐，创办福州船政的左宗棠、沈葆桢，近代启蒙思想家严复，翻译家林纾，甲午海战烈士林永升，戊戌六君子之一林旭，辛亥革命志士林觉民等。现代文学家郑振铎、谢冰心，科学家高士其，当代杂文家邓拓、杰出数学家陈景润等人。名人们的故居大部分集中在三坊七巷，1991年，福州市以政府的名义挂牌保护了一批名人故居。如此，这些故居在福州上个世纪90年代初的大面积旧城改造中保存了下来，并成为了这座城市的最有重量的文化名片。此举在全国来说是最早的，也是创举。在名人故居上每走一步，就有可能触到名人的脉搏。人们参观名人故居，其实正是在学习一种名人精神。尤其对于广大青少年，让他们在实践活动中体验、感悟、认同并发扬名人精神，无疑有利于促进他们形成正确的世界观、人生观。

其次，名人故居是缅怀、追忆、学习名人的一种方式，也是探讨其生平业绩和心路历程的一个途径，虽与风景无关，却是历史的宝库，意义远远超出楼阁亭阁或草堂茅屋本身的意义，而承载着、涵盖着中华民族的光荣和传统。以福建省冰心文学馆为例。福建省冰心文学馆馆长王炳根曾经说过："福建省冰心文学馆有名人故居的理念。"就是这一句话，将名人故居与名人纪念馆串联了起来。可以说，名人故居给人的是视觉上和感官上的效果，而名人纪念馆则是一个丰富的名人资源，小到一张纸、一把笔、一幅相片，甚至一个小小的复制的"名人故居"都可以"装"进去。冰心先生在北京的故居就那么原模原样地"搬"进了展厅里面。窗明几许，老木门上有岁月淡淡的痕迹，一模一样的摆设，俭朴得让人心生感动。这样的两个小屋子（卧室和客厅），简简单单，干干净净，却是充满温馨和美好的。以至于冰心的小女儿吴青老师每每踏进那两间小屋，都忍不住泪流满面。仿佛还是昨天，可是昨天已经非常遥远。让人感动的不是屋子本身，而是冰心先生生前在这里发生的点点滴滴，所以让人睹物思人。这就是故居的精髓。因为涵盖了名人太多的珍贵回忆和感情，所以每走到一处，都可以感受到熟悉的味道，感受到心灵的震撼。这样的故居，传承着精神，传承着传统，传承着一代又一代人的希望。对于青少年来说，字面上的教育结合亲身的体验实践，才是真正的学习。冰心先生终身倡导的爱的精神，便是这样，如濛濛春雨一般地润物细无声。"好几代的孩子读她的诗文，懂得爱世界爱大海爱星星；听她的话，年轻人讲真话，写真话。（巴金）"而今，通过福建省冰心文学馆这个窗口，更多的孩子学会了怎么做人，做一个心中有爱的人，做一个为社会奉献赤诚的心的人！这，就是教育！智育与德育并存的教育！

　　最后，名人故居集建筑、人文和文物价值于一身，和古建筑、古街区一样，是城市的重要构成部分。名人故居留下了名人的雪泥鸿爪、前贤的奋斗踪影，具有深厚的底蕴和永恒的魅力，是最值得珍惜的建筑。通过对名人故居的保护、修复、"复制"，让更多的人走近名人、了解名人、学习名人，意义重大。名人故居给人最直观的印象就是她的外观。而名人故居基本上都是古老的建筑。古老的建筑是活着的历史标本，具有重要的历史意义。它的存在是特定历史时期的代表。如很多的名人故居，它的存在就是对历史人物的肯定。另外，古老的建筑具有重要的研究价值。很多建筑风格都体现在这些仅存的建筑上。因而，这些建筑是一件件珍奇的艺术品，不仅具有观赏价值，更为建筑师和艺术家提供了标本，用以研究人类艺术史和建筑史的发展历程。建筑上的雕刻、绘画，建筑风格，代表了那个时期的艺术潮流。这是我们人类宝贵的财富，是人类文明的骄傲。青少年是人类文明的传承者，这些别致而意义深远的建筑物是他们所能看到触摸到的历史沉淀，是他们最直观的美的感受。这些建筑传达了传统的美感，同时糅合了名人的精神，因而具有格外重要的教育意义。目前很多人在争论现代化发展与保留古老建筑之间是否有冲突。名人故居的建筑作为古老建筑的重要的组成部分，固然也面临着这样的争议，但是，故居的建筑与精神是同在的，越多的青少年感悟到故居建筑的宝贵，在城市化进程中，他们就会坚持一座名人故居要比现代化的办公大楼有价值的多。这样的教育对于保护传统文化保护传统建筑而言，意义是十分明显的。

　　总而言之，名人故居人文意义的厚重性与独特性，使得宝贵的传统美德和传统文化艺术能够一代代地传承下去，她们的价值是永恒的，将长久地留存在人的心灵世界，成为人的精神家园、心灵家园。

浅谈名人故居（纪念馆）的
青少年教育活动设计

熊　婷

（福建省冰心文学馆）

从清末著名实业家、教育家张謇创办的第一个博物馆——南通博物苑到今天，我国已有各类博物馆2300多个。百年来的沧海桑田，中国终于成就了博物馆事业，"它们是普及教育、启迪民智的知识体系中重要一环，也是一个城市、一个地区乃至国家民族的文化符号"①。

社会教育是博物馆的核心意义所在，名人纪念馆与名人故居是博物馆大军中重要的一员。悠悠上下五千年，孕育了源远流长的中华文化，而每个时代在政治、经济、文化、军事、科技等诸多领域里都有杰出的代表人物。为了彰显这些人物的思想精华与人格精髓，为了见证那段历史的厚重与精彩，灿若繁星的名人纪念馆和名人故居诞生了。它的教育对象应该是社会大众，但根据有关统计数据表明，有50%以上的观众是中小学生，因此青少年是名人馆受众的主体，是名人馆教育的主要对象。青少年朋友走进名人馆，能增长历史文化知识，拓宽眼界，胸怀祖国，树立远大理想；青少年朋友走近名人馆，更能走进名人的世界，感受他们的成长过程，学习他们的为人处世，感受榜样的无穷力量。

一　青少年参观名人馆的现状

我国目前有名人纪念馆（故居）四百多处，在长乐就有福建省冰心文学馆、长乐博物馆、郑和航海馆等，但前来参观和学习的青少年的情况如何呢？

日前，笔者在长乐市十余所中小学的年龄在9~15周岁之间的学生中展开了抽样调查，共发出问卷155份，收回有效问卷137份。调查结果显示，目前长乐市各乡镇的学生课业负担依然较重；有相当数量的学生参观了本市的名人馆，并且这些馆所给他们留下了较深的印象；大部分学生都希望再来参观。

尽管已经实施素质教育多年，但是学生们的课业负担仍然较为繁重。在问及"你是如何度过周末"时，排在头两名的是"在家做作业"和"参加各种培训班"，分别

---

① 魏运亨、张乐、冯国《盛装华彩下的孤单：中国博物馆现状调查》，新华网，2005年5月18日。

占到 72.3% 和 63.5%，而"去博物馆（含网上博物馆）或图书馆"则排在"看电视电影或上网娱乐"之后，仅占 21.9%，位列倒数第二。这说明课内外的纸上功课占据了学生的大部分课余时间，同时也表明家长的关注重心仍然是以成绩为主，而不是以培养孩子多方面兴趣和提高综合素质为导向。调查还显示，73% 的学生在过去的一年里曾参观过各类博物馆，而有 50% 的学生参观过名人馆，但是这仅限于长乐本市，另外一半的学生并未参观过市外的各种名人馆，说明学生们的活动范围和学习视野还比较窄，这仍然与家长的关注程度有较大的关系。因为在学生的参观活动中，由家长带领或陪同的占 48.2%，学校组织的占 40.9%。问卷还表明，大多数学生（69.3%）都希望再来参观名人纪念馆或故居，分别有 85.4% 和 81% 的学生认为名人馆所的周围环境优美，展示内容丰富多彩。有 24.1% 的学生在问及是否希望再来参观时表示"无所谓"或者"不想来"，这可能与名人馆所内的讲解过程吸引力不足和观众互动活动欠缺有关。调查中有 30.7% 的学生反映名人馆所内的讲解过程较一般或者没有讲解，另有35.8% 的学生反映观众可参加的互动活动较为平淡或者没有这样的活动。笔者认为，这个比例实际上可能更大，从近几年冰心馆的参观统计数据来看，春秋两季的游客较多，冬夏季较冷清，其中学校有组织的学生参观比较集中，家长带着孩子或者学生自行前来参观的较分散。有时候一天之内成百上千的学生前来参观，而有时候一连几天甚至数周都冷冷清清。这一方面造成了展馆呈季节性的超负荷运转或闲置，另一方面来参观的学生往往是一天或半天内安排了好几个地方，走马观花般全部看毕，很难保证参观效果。

二　改进教育活动设计的方式

生活在经济飞速发展时期的青少年对新奇异和娱乐性的事物较为感兴趣。这对于以历史人物和事件见长的名人馆来说，如何让陈列展示更具生命力吸引力，如何采用其他更多的方式来辅助固定展示，改进教育活动方式，提出了更高的要求。笔者认为，需要在硬件和软件两方面做出努力。

首先是馆所的主体建筑和整体环境是否美观宜人或具有特殊历史文化氛围，有先声夺人之势。而经历了岁月洗礼的主体建筑通常是需要维持并保护原来的风貌即可。那么登堂入室后，馆所内的主体陈列便是展示的核心了，藏品内容的富贫，藏品质量的高下以及布展手法的不同，都会影响到展览的成效。而展示厅内的色彩、灯光、空间、路径等对于青少年而言，也更具有引导和感染的作用。现代博物馆观众心理的研究揭示：完备的服务设施是吸引观众（特别是中小学生）走进博物馆并且愿意接受博物馆信息教育的重要因素[1]。因此，馆所内是否配备了多媒体触摸屏、投影仪、模型操作等等能够调动青少年多种感官和自主参观兴趣的设备和仪器也显得十分重要。可以想见，当原先只是从课堂与书本里获取的平面印象的历史人物和事件都鲜活起来，仿

---

① 李建萍《博物馆青少年教育活动设计之我见》，《古今农业》2002 年第 3 期。

佛能与观众交流沟通，这样的参观与学习效果该是怎样的令人欣喜。因而，如何能让青少年观众参与到展示活动中来，真正理解展览，便对馆所的指导人员提出了更高的要求。

通常，我们称博物馆内为观众引导和解说的人员为讲解员，这其实仅仅是基本要求。尤其对于青少年观众来说，更需要的是博物馆教师，他们在熟悉掌握了基本的解说内容后，能发挥自身的主观能动性，不断挖掘人物内涵和历史事件的纵横关系，将其深入浅出的以轻松活泼的方式展示给青少年朋友。展示的方式可以多种多样，不同年龄段的青少年，有相应的展示重点和方式；可以每月设计不同的主题，提供有奖问答；不定期制作专题小展，更新展示内容，尤其是与学生课文中的名人故事和作品相照应，更全面细致的展示相关内容；在新展展出前，先向公众预告信息和活动安排，也可以设置悬念，以引起公众注意。

除了固定的展览外，名人馆还可以开展多元化的活动来不断强化教育功能。一是注重与相关文化机构的联系，定期不定期开展活动。如做流动展，将名人生平事迹带到市外、省外甚至国外，扩大其教育功能和社会影响，同时也可提高馆所的知名度；又如与本地区学校确立共建合作关系，交流彼此需求，邀请老师和家长共同设计教育活动方案等；还可以充分发挥馆藏资源，开设学生图书馆或阅览室，举办读书会，讨论读书心得等。二是充分利用场馆资源，开办有关的培训或讲座，启发青少年的心智，提高综合素质。名人馆有得天独厚的名人金字招牌，通常也有宽裕的场所。利用这两大优势，一方面可以邀请名师来讲学传道，一方面又可吸引青少年和家长前来听讲学习，共同参加活动。福建省冰心文学馆便开办有青少年文学院和英语培训中心，吸引了本市各个乡镇的学生前来学习，在家长和学生中口碑相传。三是建设网上名人馆。地球村时代的到来，使得世界尽览于互联网，青少年朋友们可以足不出户就走访遍世界各地的名人纪念馆和故居。这就有赖于网上名人馆的建设需要达到足够深度和广度，能够给访问的学生留下深刻印象，有机会他们便会希望一睹名人馆的实貌。如有大型的展示或最新活动也都可以通过互联网向公众发布，征询建议和收纳反馈。

总之，教育活动的设计成功与否应该由目标受众，即青少年朋友来评判。馆内的工作人员可通过观察、访谈、问卷和网上征询等方式来多方面了解。正如中国农业博物馆研究部的李建萍所言，"博物馆的生命力并非来自富丽堂皇的宫殿式建筑和珍贵的收藏品本身，而是来自如何去开创展示的方式，发挥教育的职能。"同样，对于青少年来说，名人纪念馆和故居的生命力也并非来自其美轮美奂的建筑外观和珍藏实物，而是来自充满创意和责任感的设计活动，这样才能将其教育的意义和效果发挥到最佳。

让青少年走近名人故居

曹自求　方　芳

（陈云故居暨青浦革命历史纪念馆）

中共中央总书记胡锦涛在庆祝中国共产党成立 85 周年暨总结保持共产党员先进性教育动员大会上的讲话中指出：85 年来，中国革命、建设、改革事业取得的一切成就，是一代一代中国共产党人团结带领全国各族人民共同奋斗的结果。我们怀着崇高的敬意，深切缅怀为中国人民和中华民族建立了丰功伟绩的毛泽东、周恩来、刘少奇、朱德、邓小平、陈云等已故的老一辈革命家，深切缅怀英勇牺牲的无数共产党人和革命先烈。党和国家历来重视名人故居的保护、开发和利用，特别是第一代中央领导集体毛泽东、刘少奇、周恩来、朱德、邓小平、陈云故居的宣传和研究。因为，伟人、名人是民族文化的创造者和发展者，是人类民族的灵魂，他们深受世人爱戴与敬仰。而伟人故居、名人故居是伟人、名人文化的传承地。它标志着一个民族文化的精华，代表着一个民族的精神，是一个由现实通向历史的窗口，在这里，历史会重演，传统会衔接，杰出人物的丰功伟绩、人格风范会呈现，它不仅使人追思缅怀、温故知新、催人奋进，更在发扬党的优良传统、提高全民素质，特别在帮助青少年树立正确的世界观、人生观、价值观、荣辱观，确立远大理想、培养道德情操等方面，起着不可低估的榜样作用。作为爱国主义教育示范基地的名人故居、义不容辞地担负起社会教育的重任，让更多的青少年走近名人故居，亲近名人故居，是名人故居教育工作者应尽的职责和义务。

一　丰富陈展内容——提高吸引力

由江泽民同志题写馆名的陈云故居暨青浦革命历史纪念馆，是经中央批准建立的系统展示陈云生平业绩的纪念设施，于 2000 年 6 月 6 日正式建成并对外开放。纪念馆由铜像广场、主馆、故居、长春园、碑廊等组成。它以丰富的陈展内容、先进的展示手段，展现了陈云在七十余年革命生涯中所建立的历史功勋，反映了陈云伟大光辉的一生。它以优质的服务、生动的讲解赢得了社会各阶层的赞誉，成为青少年接受爱国主义教育、党史国史教育、革命传统教育的基地。先后被命名为全国爱国主义教育示范基地、全国红色旅游重点景区，上海市青少年教育基地。

青少年参观名人故居主要就是为了观看展览、感受历史、接受教育，陈列展览的内容是否精彩、陈列形式是否生动和贴近青少年，直接影响青少年的参观兴趣。如果我们的陈展内容贫乏，常年不变，与青少年求新、求知、求异、求乐心理特征背离，势必影响名人故居对青少年的吸引力、感染力。

为了让青少年走近名人故居、亲近名人故居，陈云故居暨青浦革命历史纪念馆开馆六年来，随着文物史料不断丰富，研究成果的不断积累，先后对陈云生平业绩展进行了三次充实调整，丰富了陈云故居的陈设，开设了"陈云与评弹"、"永恒的怀念"专题展览以及"陈云文物展示室"、"陈云手迹碑廊"，做到年年有变化、有新意，只有这样，才能使青少年有耳目一新的感觉，才能最大限度地吸引青少年。

陈云生平业绩展三次充实调整，新增照片44张，文物史料11件，文摘18块，图表、灯箱4处、场景3处。在陈云带着40度高烧的病体，顶着北风呼啸、大雪纷飞零下40度的严寒，半夜乘坐简陋的交通工具——马爬犁，从临江赶赴七道江拍板"四保临江"战役的场景前；在新设立的陈云在江西蹲点期间学习马列、毛主席著作的复原场景前，通过讲解员故事情节的讲述，通过直观、立体的陈展手段吸引了一批又一批的青少年，他们有一种身临其境的感受，感悟到革命胜利的艰难和陈云一生的伟大。

馆区内，新增大型石刻1座，陈云乘坐过的红旗轿车1辆，移植了陈云在杭州云栖亲手种植的香樟树1棵，达到了青少年在参观的过程中教育与观赏有效统一。

故居是陈云少年时代学习、生活和接触社会的场所。青少年来故居参观，主要是了解名人是如何生活、工作、学习的，感受名人故居所处的环境，了解他们的爱好、习惯乃至思想，从中受到启迪和教益。没有故居原貌的历史气氛，就失去了故居本身的纪念意义，宣传教育效果也就无法谈起。为了更直观地反映陈云成长那个时代生活实景，在故居里我们新增照片4帧，实物21件，特别是风箱、针线扁、襁衣等等陈展品，件件展品凸现了解放前贫苦家庭的生活情景。少年陈云在艰难困苦的条件下，从小树立远大的志向；在缺衣少食的困境中，从小发愤图强、刻苦学习，广大青少年在参观的过程中情感得到融合，灵魂得到洗礼。

实物是名人故居陈列的主要展品，坚持以物为中心，以物为重点，才能吸引青少年走近名人故居、亲近名人故居，才能守住名人故居教育阵地，才能承担起历史赋予名人故居教育青少年的职能。在学习践行胡锦涛总书记提出的社会主义荣辱观活动中，陈云故居暨青浦革命历史纪念馆为加强青少年思想道德建设，继承中华民族的传统美德，教育青少年如何做人、如何做事的基本道理，开辟了"陈云文物展示室"，整个展览以小见大，从不同侧面再现陈云当年工作、学习、生活的片断。青少年从陈云给老师的回信中感受陈云在友情、亲情、恩情面前体现得那样的真诚、无私与完美；从陈云1995年4月10日上午的最后一张党费收据单，领悟陈云对党的无限忠诚；从伴随陈云半个多世纪的破旧皮箱中，继承陈云永保艰苦奋斗的优良传统。件件展品通过简短易懂的内涵揭示，让青少年在参观过程中灵魂得到净化，思想得到升华，达到以物见情，见思想、见效果的目的。

"永恒的怀念"专题展览，通过悼念、纪念两大版块，充分说明一代伟人陈云虽然离开了我们，但是他的业绩、精神、思想、品德是永恒的，青少年对伟人光辉业绩、思想品德、人格风范的学习和继承是无止境的。

　　基本陈列如果停留在原来的基调上一成不变，是无法长期吸引青少年，也不可能在纪念馆长期发展中站稳脚跟。只有根据研究的成果，不断更新文物史料的挖掘，并在更新陈列过程中做到理念新、形式新、手段新，具有较高的艺术性、思想性，才能满足青少年的心理需求。丰富陈展内容，提高名人故居对青少年的吸引力，才能使青少年走近名人故居，亲近名人故居。正如上海市海运学院学生在观众留言中写道："这是我第五次来参观陈云故居，每次参观都觉得有新的内容、新的变化，都有不同的收获。经过一次次的思想教育，使我明确了自己的人生目标，更坚定了我尽快加入中国共产党的决心，发扬老一辈革命家的优良传统，为国家的繁荣富强、为人民的幸福生活勤奋学习，无私奉献。"

二　主动送展上门——深化教育力

　　青少年是党和国家的希望，是中华民族的未来。加强和改进青少年思想道德建设，是党中央作出的一项重大决策，名人故居在加强和改进青少年思想道德建设中，具有不可替代的特殊作用。从分布的现状来看，全国名人故居大多在乡村、集镇，远离繁华的城市。陈云故居暨青浦革命历史纪念馆位于上海市青浦区练塘镇，距上海市区60余公里，上海许多区县青少年虽有参观陈云故居的愿望，但要花费大量的时间与精力。陈云故居暨青浦革命历史纪念馆针对地理位置偏僻，交通相对不便等现状，运用自身的教育资源，采用主动送展上门的有效形式，拓展教育功能，进一步扩大教育的覆盖面和影响力，让更多的青少年走近名人故居、亲近名人故居。开馆以来，陈云故居暨青浦革命历史纪念馆先后把陈云生平业绩展以及"沿着先辈的足迹"、"陈云在上海"、"雷锋事迹"等专题展览送往青浦、嘉定、上海市区，送往湖南、江西、吉林、广东、黑龙江等陈云生前战斗过的地方，在机关、部队、学校、社区、农村巡回展出。据不完整统计，观看各类展览的观众达51.5万人次，其中受益最大的是青少年。部队、学校、社区结合巡展开展写心得、谈体会，征文演讲、诗歌朗诵，了解陈云、了解家乡等系列活动。部队战士在座谈会上动情地说："我们是年轻战士，过去对青浦的革命历史、英雄人物、共产党人了解的甚少，看了这些展览，我们觉得青浦确实是人杰地灵、英雄辈出，青浦的革命史是中国革命史的一个缩影，在青浦的先烈身上集中体现了共产党人的先进性，集中体现了时代的精神，他们是'三个代表'的实践者，模范者。他们的奋斗轨迹生动地说明：只有把远大理想和人生追求融入党和人民的事业，把自己的命运和祖国的命运紧密相连，生命才有意义，人生才有价值。"

　　"光辉永存——陈云生平业绩展"在刘少奇同志纪念馆展出，得到了中共长沙市委、中共上海市委宣传部、刘少奇同志纪念馆以及陈云家属的高度重视，满足了广大青少年了解陈云、学习陈云的渴望。陈云夫人于若木在贺电中指出："陈云生平业绩展在刘少奇同志纪念馆展出，是发展先进文化的需要，是进一步发挥爱国主义教育基地作用的需要，是进一步宣扬伟人革命传统的需要，是让广大青少年接受党史、国史教育的需要。"于老还希望伟人纪念馆（故居）在社会主义"三个文明"建设中发挥更大的作用，并祝愿陈云纪念馆和刘少奇纪念馆的合作与交流能成为伟人纪念馆互动的成功典范。

随着高科技的迅猛发展，广大青少年的知识背景、心理状态、思维方式和接受信息的渠道发生了很大的变化，这些变化都给名人故居工作提出了新的要求。发挥互联网的传播优势，开办网上故居，形成网上的爱国主义教育平台也是让青少年走近名人故居，亲近名人故居的主要途径之一。从 2002 年起，陈云故居暨青浦革命历史纪念馆依靠自己的力量建立了网站，挂靠在上海文博信息网上，并与上海市爱国主义教育基地网站链接，青少年可不受时间、地域限制，饶有兴趣地在网上点击陈云故居的概况、陈云生平业绩、纪念馆的发展以及陈云警句格言，并在网上发表自己的观后感想、心得体会。网上故居贴近实际、贴近生活、贴近了青少年，拓宽了对青少年的教育面，深化了对青少年的教育力。

主动送展上门、建立网上故居不仅是名人故居传统展示方式的一个重要补充，而且已经成为青少年学习革命传统、陶冶道德情操的重要校外课堂。特别是网上故居，青少年更加青睐。他们可以利用一切可以利用的时间进行点击浏览，满足一切需要满足的知识吸收消化，以至使名人故居所涉及的内容作为他们实施自我学习、自我提高以及丰富业余文化生活的重要补充部分。

三　参与社会实践——增强震撼力

为学习贯彻中共中央国务院《关于进一步加强和改进未成年人思想道德建设的若干意见》，真正把"实践育人、服务育人、文化育人"落到实处，增强教育基地的感染力和教育功能，提供学生社会实践的舞台，陈云故居暨青浦革命历史纪念馆开馆以来先后为部队、大中学校培养志愿者讲解员 185 名。在双方的重视下，志愿者队伍思想建设、组织建设、制度建设、评价体系进一步完善，成效进一步显露，练塘二中志愿者讲解员的建设管理成果被评为全国中学生"创新杯"优秀奖。志愿者讲解员约计为观众讲解服务 999 场次，接待观众 61845 人次。他们周到的服务、翔实的讲解得到社会各界人士的支持和好评。许多志愿者讲解员取得了思想品德、社会实践、学习收获的多方面丰收，被评为校、区、市的三好学生。志愿者讲解员利用双休日、节假日来馆宣讲陈云伟绩，既缓解了我馆外出巡展、学习和参观旺季工作时人员不足的矛盾，又为青少年人提供了接触社会、接受爱国主义教育、宣传爱国主义思想的场所。他们在社会实践的过程中、在为观众讲解服务的过程中被陈云丰功伟绩、思想精髓、崇高风范所震撼。为了给观众提供一流的服务、一流的讲解，他们不满足单一的讲稿，利用课余时间翻阅大量的陈云书籍和史料，在实践中边学习、边提高、边总结，以自己动情的讲解震撼被服务的观众。暑假期间，我们还组织了志愿者讲解员夏令营活动，参观了张闻天故居，与中共"一大会址"纪念馆志愿者讲解员进行交流，使教育基地、名人故居在青少年成长过程中产生深远影响，留下深刻烙印。上海工商信息学校志愿者讲解员高雯、顾昱在体会文章中谈到："在陈云故居当志愿者讲解员，不但锻炼了我们的口才，也磨炼了我们的意志，更给予我们一个锻炼自我、创新自我的机会。在讲解的过程，既教育了别人，也教育了自己，使我们深切地感受到伟大的无产阶级革命家——陈云的气魄胆略和高超的政治谋略，以及他在革命、建设、改革各个历史时期为中民族的独立和解放、为国家的繁荣和富强、为人民谋利益所做出的卓越贡献，也激励我们在今后的人生征途上奋发向前，引导更多的人去敬佩和歌颂这位伟人。"

根据青少年的生理、心理和接受能力特点，作为名人故居，努力创新载体，通过实践教育、体验教育、养成教育等新型教育方式，丰富青少年的思想道德教育的形式和手段，把教育内容的针对性、教育形式的灵活性和教育过程的感情性有机结合起来，让青少年在社会实践活动中受教育，增强震撼力。

四　形式多样活动——增加感染力

让青少年走近名人故居、亲近名人故居，最好的教育方式是寓教于乐，将知识性与趣味性紧密地结合起来，从而吸引青少年，达到教育青少年的目的。陈云故居暨青浦革命历史纪念馆根据青少年的身心特征在序厅内设置了电脑触摸屏，向青少年介绍馆内的建馆历史、主要功能、陈展内容、参观游览等信息，设置了高清晰度的 VCD 影视，可以让青少年观看纪念馆的概况与各展厅主要陈展内容。四台多媒体内存百余条陈云生平业绩有奖问答互动题，让青少年在参观之余兴致勃勃地测试自己了解掌握陈云伟大光辉一生概况。第三展厅内《陈云文选》三卷的两旁安置了两部电脑触摸屏，可以按各人所需搜寻陈云有关修养、党建、经济、工作方法等方面的格言，为广大青少年学习、应用陈云的丰富思想提供有用的素材。

开馆以来，陈云故居为充分发挥全国爱国主义教育示范基地的功能，拓宽教育的覆盖面、扩大社会影响、增强基地活力，先后有 49 家单位（其中教育系统 20 家）与我馆建立不同类型共建共育教育基地，共建工作以优势互补、资源共享、达到双赢为目的，遵循"共建、共学、共育、共益、共提高"的原则，双方从实际出发组织形式多样的教育活动，利用媒体对伟人、名人业绩广泛宣传；利用伟人、名人诞辰日、纪念日，举行生平业绩知识竞赛、故事演讲、绘画比赛、赠书读书征文活动；利用班会、队会、团会，观看录像、制作网页、小品表演、评弹演唱、诗歌朗诵；利用节假日寻访足迹、红色之旅；利用基地资源，举行入队、入团、入党、成年人仪式。这些生动活泼、丰富多彩、特色鲜明的主题教育活动，把知识性、科学性、趣味性融为一体，让青少年在参与互动的过程中受到启迪，得到提高。尤其在中国共产党建党八十周年之际，我馆与中共上海市委党史研究室、上海教育报刊总社联合举办"没有共产党，就没有新中国，中学生纪念建党八十周年党史知识竞赛"。通过专业报刊对陈云故居暨青浦革命历史纪念馆进行全面介绍，对陈云一生伟绩用故事形式，让学生来馆实地考察，作广泛宣传，对党建知识进行简单、明了、系统的陈述，丰富了学生的活动内容，是学生了解党的历史、学习党的知识、关心党的建设的有效途径，也是一次对青少年进行革命传统教育，民族精神教育的极好机会。学生兴致浓、自觉参与，全市有 400

多所中学和江苏、浙江、黑龙江等省市的部分中学共 3.5 万多名中学生参加。

颜安小学是陈云同志的母校，至今保存着少年陈云曾就读过的教室、陈云与同学集资为校长矗立的纪念碑、百年元宝树、陈云题写校名的匾牌以及陈云故居暨青浦革命历史纪念馆，这些得天独厚的教育资源为学校开展素质教育活动提供了极好的场所。80 年代始，他们以陈云故居为民族精神教育基地，以陈云生平业绩为德育教育题材，以体验教育为基本途径，通过参观学习、社会考察、名人访谈、评弹演唱、主题班会等适合青少年心理特征、青少年愿意接受的多种多样活动，让青少年认识到陈云爷爷光辉伟大的一生，引导青少年怀念陈云爷爷、学习陈云爷爷、从小树立志向、培养真才实干。他们举办的"陈云爷爷在我们心中"活动，主题突出、形式多样、参与面广、成果明显，获上海市第二届德育创新活动方案一等奖。他们还在上海市百万青少年纪念陈云百年诞辰知识竞赛中荣获二等奖等奖项。

开展形式多样的教育纪念活动，激发青少年参观名人故居、亲近名人故居，宣其德行，扬其事迹，传其嘉行，走近名人、了解名人、学习名人，弘扬和培育以爱国主义为核心的伟大民族精神。

五 整合教育资源——形成向心力

青少年的成长与教育问题，有关国家的未来、民族的兴衰，全社会都要在青少年的教育上花大力气，下真功夫。《2004—2010 年全国旅游发展规划纲要》中指出：在今后的 5 年内，我国将在全国范围内重点建设 12 大红色旅游区、30 条精品线路、100 多个经典景区，国家已对教育资源进行了重点建设和有机整合，无疑对名人故居的发展带来了极好的发展机遇，对青少年走近名人故居、亲近名人故居开辟了绿色通道。但是，如何实施这一纲要，让名人故居在青少年中形成亲和力、向心力，还有待于名人故居全体工作者创新思维、创新手段、创新方法，各地区还要从自身的现状出发思考、探索与实践。以上海为例，可组合孙中山故居——毛泽东故居——宋庆龄故居——陈云故居——张闻天故居等伟人故居游，可组合鲁迅故居——陶行知纪念馆——刘长胜故居——蔡元培故居——黄炎培故居等名人故居游，通过优化组合，青少年不仅从一个伟人、名人中吸取丰厚的精神营养，而且从伟人、名人群体中了解他们的伟大之处。通过优化组合，工会、团中央、妇联、街道社区、大中小学可以结合形势教育、主题教育有针对性地选择，起到功倍事半的作用。

伟人、名人故居记录了中华民族和中国共产党人不畏艰险、前赴后继的光辉历程，它是革命先辈为了国家富强、人民的幸福而奋斗和牺牲的历史见证，是中华民族自强不息、英勇斗争的历史丰碑。作为伟人、名人故居人类灵魂的工程师，要不断勇于开拓、与时俱进，用发展的眼光、求实的精神，把伟人、名人故居真正办成对人民群众特别是青少年进行爱国主义和革命传统教育的基地。

心灵的圣地　快乐的课堂

侯　涤

（瞿秋白纪念馆）

未成年人是祖国的未来、民族的希望，是中国特色社会主义事业的接班人。加强未成年人思想道德建设，事关国家前途命运。要实施好这项战略任务，需要采取有效形式，利用各种教育资源。发挥纪念馆的功能和作用，就是一个重要的方面。

瞿秋白纪念馆是全国重点文物保护单位的人物类纪念馆，也是全国目前唯一全面收藏、陈列、展示瞿秋白同志业绩，研究瞿秋白思想，弘扬瞿秋白精神的专业纪念馆和故居。它位于常州市中心地段，与瞿秋白母校一墙之隔，周围有中小学近十所。利用好自身的资源和有利的因素，遵从"弘扬传统、激励后人、服务社会"的宗旨，更好地坚持"贴近实际、贴近生活、贴近未成年人"的原则，使瞿秋白纪念馆真正成为一个爱国主义教育基地。

一　保持丰富内容，增加新颖形式

纪念馆讲述的是一段历史，瞿秋白纪念馆是利用瞿秋白同志一生的文物史料向广大观众讲述一个革命家和中国革命的一段历史。对于生长在和平时期的青少年，特别是当今在改革开放、经济发展的经济建设时期的青少年，如果用单一的说教方式，会使他们对一些历史人物和历史事件感到遥远、陌生，特别是对中国革命史和革命人物的思想发展和精神境界很难理解。要打破这种单一性和局限性，必须在知识内容上进行了拓展，坚持因人而异，区别对待，增强教育效果。我们对学校进行了走访，开展"我想了解的瞿秋白的问答"，从而清楚未成年人的所缺、所需。我们为中小学生、大学生准备了三套有针对性的讲解词。对小学生，我们侧重讲述秋白是如何爱自己的母亲，孝敬长辈；如何关心同伴，与人相处；如何勤奋好学，刻苦读书；如何明辨是非，爱憎分明。对中学生，我们侧重讲述一个"没有学历"的"天才人物"瞿秋白；一个写作高速、高效和勤奋的瞿秋白；一个有出众谈吐和辩才的瞿秋白，一个有卓越领导才干的瞿秋白等。对大学生，我们侧重讲述瞿秋白与鲁迅、冯雪峰等文化友人的真挚友情；与毛泽东、张太雷等革命领袖的交往过程；与王剑虹、杨之华的情感世界等。一个个生动有趣的故事、一段段感人肺腑的事例吸引了孩子们，他们在走近秋白、了解秋白，走近历史、了解历史，感受和传承中华民族优秀的传统美德，养成自强不息的意志和开拓创新的精神。

二　利用资源配合教学活动，指导学生开展实践活动

瞿秋白不仅仅是革命家，而且是伟大的文艺理论家，他与鲁迅、茅盾、冯雪峰等左翼作家有着很深的交往。中学课本中鲁迅作品的教学一直是学校教学的一个难点，为了让同学们能在学习鲁迅作品中走近鲁迅、了解鲁迅，我馆从兄弟馆"上海鲁迅纪念馆"引进了"鲁迅生平展"和"中学鲁迅作品辅导展"，配合学校的课程进行教学。我们主动与常州市教委语文教研室联系，受到了老师们的欢迎。通过参观，学生对鲁迅的生平了解了；对鲁迅作品创作的时代背景熟悉了；对鲁迅的作品以及鲁迅和瞿秋白的友谊更理解了。通过这次展览也使学校在走向社会、改革教学模式上作了新的尝试，收到很好的效果。

2006年，瞿秋白纪念馆制作了精美的"鲁迅与瞿秋白"专题展览，办起了讲解培训班，给中学生们上鲁迅与现代中国文学课，手把手的教学生学习讲解艺术。与学校一起成立了江苏省常州中学瞿秋白团支部的学生宣讲团，在五一期间和之后的两个月时间内，让学生走向全市各大社区，义务宣传、讲解秋白、鲁迅光辉事迹。"秋白英魂万家铭·鲁迅傲骨天下敬"民族精神宣讲活动受到全市各社区欢迎。

通过活动，学生们说："我们不仅把秋白和鲁迅的事迹与精神宣传到常州社区的每一个角落、每一位居民；而且也使自己对现代文学史和中共党史有了更深的了解，更锻炼了我们走向社会的能力。这是在课堂上学不到的。"斜桥巷党总支俞仲华书记很高兴地欢迎宣讲团的到来，她说："在鲁迅先生诞辰125周年、逝世70周年之机举行这样的活动，对于社区文化建设是一次很好的促进，我们很期盼有这样的活动。"

三　发挥基地教育功能，使之成为第二课堂

瞿秋白是常州的财富和资源，利用这个资源，打造常州精神品牌也是我们努力的目的。

常州觅渡桥小学是瞿秋白同志的母校，内有瞿秋白同志少年时期的读书处。瞿秋白已成为觅渡桥小学的宝贵财富，也是觅小师生的骄傲和自豪。瞿秋白纪念馆抓住这一资源，与觅渡桥小学秋白艺校共同进行校本课程——《秋白研究》的开发，用生动的语言编写了20个瞿秋白的小故事，教育孩子们像秋白那样读书，像秋白那样做人，像秋白那样成才，像秋白那样报国。同时开展一系列走近秋白综合实践活动：组织纪念馆的研究宣传队伍走进学校定期举办专题讲座，不仅面向学生，而且面向年轻教师；纪念馆参加学校举办小记者招待会，并答小记者问；参加孩子们举行的"咏秋白"诗歌朗诵会；与孩子一起编写《英特纳雄奈尔》、《剪辫子》、《脱衣赠贫》、《英勇就义》等小话剧，辅导孩子自己做导演，自己来表演。在这些生动有趣的活动过程中，孩子们的综合实践能力得到了提高，特别是活动为孩子树立了正确的人生观、价值观，树立了远大的理想信念，对培养正确的学习态度起到了积极的作用。

纪念馆不仅走出去宣传革命先辈，也十分注重通过孩子们在馆内的实践活动来宣传秋白精神，宣传常州城市精神。在我们的帮助和组织下，觅渡桥小学"瞿秋白事迹小小讲解团"成立了，我们将纪念馆当作课堂，让孩子们在这里施展才能，锻炼才干。在我们的指导下，孩子们的讲解由生疏变得熟练，由僵硬变得自然。通过讲解，孩子们对秋白勤奋读书、不畏强权、视死如归的精神也有了更深的认识。每当讲解获得观众阵阵热烈的掌声时，他们都觉得为之付出的汗水非常值得，觉得能为秋白馆做事是最大的光荣，觉得离秋白爷爷更近了。现在每周五下午，都能见到秋白讲解团小小讲解员活跃的身影，庄严肃穆的纪念馆因为他们的到来而显得生机勃勃。

2004 年 6 月 12 日，中共中央政治局常委李长春同志到瞿秋白纪念馆参观，听了觅渡桥小学小小讲解员生动清晰地讲解，李长春十分满意，他说："让孩子来讲解，这是一个好办法，对孩子们本身就是很好地教育，思想上是教育，语言表达上是个锻炼，这是一个好办法。"

2005 年，中央新闻采访团因采访邓建军先进事迹顺道参观瞿秋白纪念馆，小小讲解员的出色表现，一下激发了新闻记者们的职业敏感，摄像机、照相机全部对准了孩子，参观瞿秋白纪念馆的内容中增加了一项对小小讲解员的采访。

十多年来，瞿秋白纪念馆为大、中、小学培养了一批又一批"小小讲解员"和"青年自愿者"，这些孩子们有的已走出校门，走向社会，但在瞿秋白纪念馆实践的一段日子却让他们引以自豪、难以忘却，经常回纪念馆看看。瞿秋白母校的学生钟琪已大学毕业了，回到家乡后，她来到瞿秋白纪念馆说："11 年前的种种讲解，我并不是很明白，但 11 年后，我可以无愧地说声，我懂了。我为自己曾是瞿秋白母校的一名学生而骄傲，我为自己曾是瞿秋白纪念馆的一名讲解员而光荣。"

四　弘扬秋白精神，开展"手拉手"活动

云南大理下关镇大井盘村完小，学校校舍破陋、教学条件十分艰苦。中国剪报社投资 50 万元，帮助该校改善其硬件设施。瞿秋白纪念馆得知这一消息，主动与瞿秋白母校领导商量，希望两校能结为手拉手学校，互相交流，帮助大理学校进行智力投资。纪念馆的倡议得到觅渡桥小学领导的积极支持。瞿秋白纪念馆馆长亲自到觅渡桥小学动员全校的同学捐出自己的零花钱，为贫困地区的孩子捐图书馆。

2006 年 4 月 8 日，在雄伟的苍山脚下，秀丽的洱海旁，大理中国剪报希望小学新校舍正式落成，在庆祝典礼上，瞿秋白纪念馆馆长和觅渡桥小学大队辅导员老师代表全体师生向希望小学赠送了同学们为其捐建"觅渡图书馆"的 10000 元人民币。瞿秋白纪念馆还将由瞿秋白母校同学讲述的 18 个瞿秋白故事，制成光碟送给希望小学的同学，并授予大理中国剪报希望小学五〈1〉班为第一届"秋白少先队中队"。这一活动受到了大理市市政府各级领导的高度评价。中国剪报社社长王荣泰对瞿秋白纪念馆馆长说："我们只是投资了一个教育硬件，而你们在进行教育的软件建设，这是育人最重要的。我代表学校感谢你，瞿秋白纪念馆不愧为优秀的爱国主义教育基地。"

　　事后，我们对两校的活动进行指导和跟踪报道，至今为止，两校孩子通信达 200多封，他们交流学习情况、家庭情况、想法、疑难和困惑。纪念馆和觅渡桥小学专门制定了"手拉手"活动的指导思想、任务目标、具体措施等方案。

　　为了使爱国主义教育基地能更好地服务于社会，能更深入、更富有成效地发挥其应有的作用。瞿秋白纪念馆先后与常州及相邻城市的大、中、小学校签订共建基地协议。不仅对共建单位实行免费开放，配合对方开展教育活动，同时，组织共建单位到秋白馆帮助开展工作，凡遇重大接待任务，共建单位主动到瞿秋白纪念馆做接待前的准备工作，整治环境、打扫卫生、修整绿化等工作，他们把纪念馆真正作为一个实践的基地。

　　瞿秋白纪念馆自 2004 年 5 月 1 日起，就落实对未成年人集体参观免费开放，至今已接待全市及周边城市中小学校学生 5 万余人次。

　　现在每逢"五四"、"七一"、"清明"等纪念性的日子，孩子们都会组织到瞿秋白纪念馆举行入团、入党仪式；每年开学，学校也会把新生带到瞿秋白纪念馆参观，作为学前教育的德育课程来进行；孩子们长大了，学校还会把退团、退队及成人宣誓等仪式放在瞿秋白纪念馆举行。瞿秋白纪念馆已成为学校的一座校外德育教育的课堂。

　　加强未成年人思想道德建设，是全社会都关注的问题。瞿秋白纪念馆克服了单位人员少，经费不足的困难，针对未成年人思想道德建设中的新情况、新问题，进行了一些大胆的探索和有益的尝试，创出了一套自己特色的宣传教育模式，使纪念馆由单一的爱国主义教育基地扩展成为青少年全面素质教育基地。在精神文明建设的道路上，成为一道令人瞩目的风景线。

保护为主 抢救第一 合理利用 加强管理
——浅谈名人故居的保护及促进旅游的发展

陈风雨

（福建省福州市邓拓故居）

中国作为世界文明古国，曾孕育了一代又一代名人，尤其在近现代涌现出一批又一批对中国历史进程产生重要影响的人物，给我们留下丰厚的历史文化积淀。当我们缅怀那些为国家昨天的辉煌做出巨大贡献的名人的同时，对他们的故居、遗迹、遗物都怀着无比崇敬与深切眷念之情。随着时光流逝，许多名人故居被尘封，被遗忘，而现存下来的就愈发显得珍贵。我们更应责无旁贷的将它保护起来，并有效地利用，发展旅游事业。旅游事业是我们国家的支柱产业之一，而且有着越来越大的发展优势。它不仅自身有很高的收入而且还可带动其他产业的发展，产生巨大的经济效益。这就体现了文物法提出的"保护为主、抢救第一、合理利用、加强管理"的方针。

如何将名人故居的保护与旅游发展做到相辅相成、相得益彰、相互促进、协调发展，而不互相矛盾？

一 保护为主

一个城市的各种各样的新式建筑固然重要，但一些旧建筑往往更能体现其历史文化品位。政府应该把这些名人故居好好做以清理，当作"宝贝"一样保护起来。文物部门应尽快对本地名人故居搞一个普查，进行相关工作。

在我国城乡面貌翻天覆地般的剧变中，很多不该发生的建设性破坏已经并正在摧毁一个城市、一个民族历经千百年积累镌刻的历史记忆，大量优秀的传统建筑、包括一些重要的文化名人故居危在旦夕。很多城市发展的决策者在思想上有一种错误的认识，他们把改善居民生活条件和保护文化遗迹的原则对立起来，看不到城市之间在和平竞赛中最后取胜的王牌往往是文化。结果造成老老实实为人民服务，认认真真破坏文物的现象比比皆是。

名人故居的保护是我们长期而艰巨的任务，绝非喊喊口号、走走形式而已。随着社会的发展，保护工作面临着城镇改造、重点项目建设的新形势、新问题。因此，文物开发与保护工作迫在眉睫。在以往的工作中，由于客观条件的限制，注意力大多集中在大型古代建筑和大型遗址方面，而对近现代文物关注不够，忽略了对名人故居、古街区、古民居的开发与保护，甚至还造成了不同程度的毁坏。每一位名人都是一部深邃的大书，每一座名人故居都是一段奇妙的故事。

名人在自己有限的生命中创造了惊世骇俗的辉煌和永恒。名人故居忠诚地记录了主人的上述过程。作为先人留下的文化遗产，它们具有的独特的人文价值是无可替代的，失去了也许就永远无法恢复。名人故居的保护要坚持解放思想、实事求是的原则。在一定历史时期产生过影响的人物的故居原则上都应挂牌。对历史上有争议的名人的故居，在慎重甄别后，有些也可以做标志性记录，立此存照，以警后世，这本身就是一种历史教育。因此，要严格按照《文物保护法》的规定进行文物保护单位的保护规划，在保护范围内将不得建设其他工程；在建设控制地带中不得建设危及资源点安全的设施，不得修建其形式、高度、体量、色调、风格与资源点不协调的建筑物和构筑物，使这些文物点周围的规划、建设和管理有了较为具体的依据。

保护名人故居其实并不仅仅是简单地保护一幢建筑，而是要保护这幢建筑所承载的文化，保护因名人而产生的经济、社会、文化效应。保护名人旧居就是传承名人文化。名人都是在他们的时代为地方、为祖国做过贡献的人，在历史上有过积极的作为。这些人的精神都是值得我们学习与发扬的。而且名人总是与当地的文化融合在一起的，与当地民族文化有着密切的联系，他们的存在与活动造成了特别的地域文化性格。因此，通过保护，名人故居就成为展示真实、鲜活并有生命力的文化的窗口。建立这么一个窗口是很有必要的，不然这些名人可能就会被人们淡忘在历史的记忆中。

二　抢救第一

古往今来，不知有多少名人为今人留下林林总总的名人故居。这些名人故居所蕴含的历史和文化内涵十分丰富，具有很高的历史文化价值和社会经济价值，为我们国家增添了众多亮丽的人文景观。如今这些历史名人都已逝去，他们曾经生于斯、长于斯的故居还安然无恙吗？

目前，我们城市一些名人故居有的因年久失修较为残旧，有的藏在深巷中不为人知，还有的被移作他用。因此类建筑多为砖木结构，且引燃物堆放较多，火灾隐患较为严重。眼下，名人故居有的抓紧修缮，在"修旧如旧"的原则上。恢复故居的本来面目，有的仍是寻常百姓的栖身之地，有的则随着城市建设的进程而湮灭。因此，如何开展抢救名人故居这一丰富的旅游资源的工作已成为急需解决的一个问题。

名人旧居是珍贵的文化遗产，也是一张很好的文化牌。就目前名人旧居的现状来看，无疑还有很大的开发空间。这不仅是值得有关部门思考，也是值得全社会关注的问题。诚然，在历史典籍中也能完整地获知许多名人的信息，但故居是先人留给我们的遗产，是不可割断的文脉，是无价之宝。故居的存在能给人以质的感受，它是名人精神的载体，具有直观、生动、形象、强化感性认识的特点。城市因为有了这些宝，才有了光辉的吸引力，有了自身的品位。同时，它更是不可再生的。随着岁月的流逝，它所留下的一器一物也便成了后世不可多得的文物。因此，保护名人故居就是保护城市文脉的亮点，保护城市的历史。在悠远的历史长河中，一个城市的真正魅力并不在浮华的建筑、光怪陆离的灯光霓虹、五光十色的风情，而在于有无深厚的文化内涵。没有文化底蕴就没有吸引力。能否保护好名人故居，发挥其教育功能，反映的是这座城市的整体文化氛围和公民素质。而保护好名人故居不仅仅是文物工作者的责任，更是一个城市的管理者、全体市民以至全社会共同的责任。名人故居恢复后可以作为旅游景点合理使用，形成规模化的旅游产业。

三　合理利用

如何将名人故居合理利用，成为旅游的一道风景线？

现在，人们外出旅游都注重精神食粮。固然，旅游首先要有文化，没有文化的旅游、没有文化的休闲是苍白的，是没有吸引力、竞争力的。要借助自身丰富的旅游资源着力提升自身旅游产品的内涵和品质，通过这些来吸引游客，甚至国际游客。因此，我们在以保护为主、抢救第一的基础上，要合理利用名人故居这一宝贵的文化旅游资源。没有旅游的城市缺乏人气，没有资源的旅游缺乏灵气，没有文化的资源缺乏底气。

最近看过一篇报道，写的是上海人将有望入住位于杭州市的蒋经国故居，一边欣赏西湖美景，一边享受"名人待遇"。笔者认为，这是一项不错的旅游开发项目。它可以吸引众多的游客前往，搞活旅游业的可持续发展。造访名人故居，人们还可以欣赏丰富的文化遗存，追思先人的精神风貌和辉煌业绩。文化旅游是知识经济时代的旅游热点。它是以一种或多种文化为主题，以地区深厚的文化底蕴为背景，以丰富的人文资源作为主要旅游产品而进行的一种特色旅游，必须在开发与利用全过程中给予高度重视。旅游资源保护工作的指导思想是坚持可持续发展战略与保护为本的原则，正确处理好资源利用与资源保护、经济效益与环境、社会效益的关系，做到依法保护、合理利用。

文化名人故居是宝贵的不可再生的历史文化资源。加强文化名人故居保护利用工作，对于保持城市个性特色、推动人文旅游发展具有十分重要的意义。挖掘名人故居的文化内涵，为人文景观注入文化的附加值，不断创新，开发一系列有文化内涵的旅游特色产品。

我们每个城市都有自己的旅游优势，这个优势就要成为自己的城市"名片"政府要重视对它的保护和开发利用，并将之开发形成有特色的旅游产品，实现保护与展示利用的良性循环。最近几年，又提出了红色旅游路线。这就需要国家在规划、资金和人才上给予积极引导和扶持。发展红色旅游要牢固树立保护的意识。红色旅游资源是稀缺资源，保护好了才能更好地利用。随着经济的发展，文化旅游正成为新的热点，各地争打"名人牌"，发挥名人效应，名人故居成为提升文化品位，展示人文风采的新平台。我们要充分利用名人的影响力，以整体保护、综合利用的新理念，拓展名人故居的利用空间，丰富展览陈列内容，通过以点带面，发挥整体效益，走出一条有效保护、合理利用名人故居的新路子。

近些年，随着我国旅游业的持续快速发展，广大群众对旅游产品和服务的需求越来越广泛，红色旅游受到普遍欢迎，逐渐发展成为影响较大的旅游活动。我们应对名人故居保护采取措施，加大投入，注重改进创新，强化服务意识，增强教育基地的吸引力与感染力，使红色旅游呈现出良好发展态势，促进旅游业的发展。

四　加强管理

名人故居的合理利用会促进旅游业的发展。反之，由于发展旅游业而破坏了旅游资源，这并不是我们大家所想要看到的。因此，我们要加强名人故居的管理。

政府应拟制名人故居保护条例，划定名人故居的保护面积和范围，由职能部门对其进行核查、挂牌；同时成立专门的管理机构，向社会收集与名人工作、生活有关的资料。对名人故居的开发要坚持量力而行，分批次开发，可考虑在故居内或附近建设陈列室，以图片文字、录音影像、现场表演等多种形式，使其与旅游相结合，变资源为产品。

我们一些名人故居展览的内容单调，缺乏思想性、知识性和观赏性；设计制作陈旧落后，难以适应社会的发展和观众日益增长的精神需求；一些展览陈列缺乏研究，解说词早已过时；一些讲解员的水平不高，缺乏时代性、趣味性。这也要求我们要改进讲解词，培训讲解员。这样才会吸引游客的注意力，让他们对名人有更深的了解。

中华文化源远流长，祖国大地名人辈出。历史名人乃时代民族精神之象征，名人故居以自身独特的文化意蕴成为传承中华文明的载体。党和政府重视精神文明的建设，对名人故居加大了保护的力度，再现其历史风貌，使历史名人的思想、精神和业绩得以形象地展现，使其成为人们追思先贤、寄情抒怀的重要场所。名人故居是旅游资源的闪光点。它不仅丰富了我们城市的内涵，还带动了旅游业的发展，具有很大的市场价值、文化价值和旅游价值。我们更应做好保护名人故居的工作，更好地合理利用它，以促进旅游业的发展。

从博弈论看文物参与旅游开发的可行性

黄元嵩

（福建省龙岩市闽西革命历史博物馆）

　　为了充分挖掘和利用革命历史文化资源，积极发展红色旅游，广泛开展爱国主义和革命传统教育，大力弘扬和培育伟大民族精神，不断增强民族凝聚力，推动革命老区经济社会协调发展，2004 年底，中央办公厅、国务院办公厅印发了《2004—2010 年全国红色旅游发展规划纲要》。不言而喻，发展红色旅游的载体，正是众多弥足珍贵的革命旧址（圣地）和革命文物。

　　然而，目前文物、旅游一直是较为敏感的问题：文物保护与经济建设特别是旅游开发的矛盾、文物的社会效益与经济效益的矛盾、文化保护的要求与市场经济体制之间不协调的矛盾依然存在。因此，围绕着发展红色旅游中的文物保护而引起的争论被广为关注：经营权与所有权缘何分离；文物资源的开发与文物保护有无冲突；文物与旅游、利益与责任、权利与义务，孰轻孰重，孰先孰后？这些问题正日益凸显，不容回避。一句话，红色旅游的方兴未艾把文物保护和旅游开发推到了博弈的舞台。

一　何谓博弈论

　　《中国大百科全书》说，博弈论（game theory）又称对策论，是数学的一个分支，用于分析竞争的形势，这种竞争的结果不仅依赖于一个行为主体的抉择及机会，而且依赖于其他参与者的抉择。由于竞争结果依赖于所有参与者的行为，每个局中人都企图预测其他参与者的可能抉择，以确定自己的最佳对策。因此，如何合理地进行这些相互依存的战略策划，就是博弈论的主体。

　　1944 年，数学家冯·诺依曼和经济学家莫根斯特恩发表他们的著作《对策论与经济行为》，标志着现代对策论（博弈论）的诞生。美国著名的数学天才约翰·纳什，由于与另两位数学家在非合作博弈的均衡分析理论做出了开创性贡献，对博弈论和经济学产生重大影响，获得 1994 年诺贝尔经济学奖。2005 年的诺贝尔经济学奖再度授予了博弈论学者。博弈有三种类型：即两败俱伤的负和博弈、一方独大的零和博弈和双赢的正和博弈。"负和博弈"和"零和博弈"是一种对抗性博弈，或者称之为不合作博弈；而"正和博弈"是一种非对抗性博弈，指博弈双方的利益都有所增加，或者至少是一方的利益增加，而另一方的利益不受损害，因而整体的利益有所增加，又称为合作性博弈。

二 文物与旅游的博弈模型分析

在文物资源参与旅游开发的过程中，涉及两个行为主体，一是文物资源的管理者，且称之为文物部门，另一是旅游开发的主体，且称之为旅游部门。双方的信息来源是均等的。双方的焦点在于文物资源该不该参与红色旅游开发，毕竟，文物工作有其自身的规律。

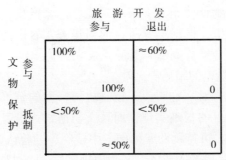

红色旅游"蛋糕"的博弈论模型

这样，在红色旅游"蛋糕"的博弈论模型中（如图），形成了一个信息均等的静态博弈的方程式：G = {P，A，S，I，U}，其中：

P——为局中人，博弈的参与者，也称为"博弈方"，是能够独立决策、独立承担责任的组织，以最终实现自身利益最大化为目标。这里指文物部门和旅游部门。

A——有可能的策略或行动，是局中人的所有可能的策略或行动的集合。这里包括文物部门的参与和抵制，旅游部门的参与和退出。

S——博弈的进程，也是博弈进行的次序。局中人同时行动的一次性决策的博弈，称为静态博弈；局中人行动有先后次序，称为动态博弈。这里，由于是中央政府的决策，双方只能同时行动，故而只能是静态博弈，体现出1个博弈模型。

I——博弈信息，能够影响最后博弈结局的所有局中人的情报。得益信息是博弈中的重要信息，如果博弈各方对各种局势下所有局中人的得益状况完全清楚，称之为完全信息博弈，反之为不完全信息博弈。这里，由于双方都是社会资源的管理者，信息来源均等，故为完全信息博弈。

U——局中人获得利益，也是博弈各方追求的最终目标。根据各方得益的不同情况，分为零和博弈和变和博弈。零和博弈中各方利益之间是完全对立的。变和博弈有可能存在合作关系，争取双赢的局面。在红色旅游"蛋糕"的博弈论模型中，有四个受益方式（见上图）。

G——博弈结果。这里的红色旅游"蛋糕"的博弈结果有四种：

结果一、文物部门和旅游部门都参与；

结果二、文物部门参与，旅游部门退出；

结果三、文物部门抵制，旅游部门参与；

结果四、文物部门和旅游都退出。

对于结果一，我们认为对文物部门来说，参与旅游开发带来的社会效益和经济效益都比"等、靠、要"的结局好，因此我们认为其受益度为100%。对旅游部门来说，参与的结果非常好，等于找到了旅游的新亮点，其受益度为100%。

对于结果二，我们认为对文物部门来说，依靠自身力量参与旅游开发，勉为其难，毕竟，旅游部门带来的资金注入、人气飙升是任何博物馆自身都无法实现的。但是，作为文化遗产的载体，文物博物馆总会吸引观众，总会产生一定的经济效益，但是又比不上旅游团队带来的效应，根据笔者所在的福建省龙岩市的诸多革命纪念馆的历年观众和收入数据统计，结合经验判断，其受益度大约为60%。对旅游部门来说，退出等于放弃，受益度0，是最差的结局。

对于结果三，我们认为对文物来说，抵制旅游开发的结果并不好，首先是社会效益——文物博物馆的根本目的很难实现，而且文物博物馆自身的造血功能跟不上，经济效益也难以发挥到极致，可持续发展犹如空中楼阁，经验认为，其受益度为<50%，但不会是0，因为作为文化遗产的载体，文物博物馆总会吸引观众，总会产生一定的经济效益。对旅游来说，需要付出事倍功半的代价，其受益度大约为50%。

对于结果四，我们认为对博弈双方来说，放弃红色旅游的大"蛋糕"，无异于故步自封，这个结果是最差的。当然，文物博物馆总会吸引观众，总会产生一定的经济效益，受益度为<50%，但不会是0。对于旅游而言，则什么也没得到，其受益度为0。

这样，在红色旅游这一大"蛋糕"的博弈论模型中，出现了一个完美的纳什均衡，就是双方都参与。所谓纳什均衡，又叫做"全局博弈均衡"，就是前文所说的1994年诺贝尔经济学奖得主约翰·纳什提出的"利益均衡是博弈局中人理智选择的结果"的非合作博弈的均衡分析理论。因为笔者参考的统计数据来源于福建省龙岩市诸多革命纪念馆，特别是闽西革命历史博物馆，属于全国十个红色旅游经典景区之一的湘赣闽红色旅游路线，其红色经典主题为"革命摇篮，领袖故里"，具有代表性，用博弈论模型模拟红色旅游市场，所以其博弈结果特别是双方的受益度基本接近最实际值。文物保护与旅游开发本身就是一个悖论，不管博弈各方是合作、竞争、抵制还是暂时让步，博弈论模型的求解目标就是使自身最终的利益最大化，从而迫使博弈双方采取"最好策略"为前提，最终达到一个力量和利益的均衡，也就是说谁也无法通过偏离均衡点而获得更多的利益。

事实胜于雄辩。红色旅游给老区奔小康提供了新的契机。2004年"七一"前后，有20架次旅游包机、58个团队近10万人赴井冈山开展社会实践，接受革命传统教育。井冈山把红色旅游与绿色旅游相结合，旅游产业对当地财政的贡献率超过35%。近年来，河北西柏坡通过接待参观旅游者，直接收入达800多万元，综合效益7500万元，吸纳就业3300多人。据测算，目前全国各地红色旅游景区每年旅游综合效益约为200亿元，并带动建筑、商贸、交通、电信、加工业和农业等关联产业发展，形成"一业兴而百业旺"的良好局面。

景区发展与旅游品牌的塑造

周伟丽

（浙江省绍兴鲁迅纪念馆）

随着旅游产业发展进入成熟阶段，旅游业的竞争不断升级，品牌日益成为旅游经济竞争力的重要构成因素。景区要想在激烈的旅游市场竞争中立于不败之地，必须深入研究和密切关注景区发展与旅游品牌塑造之间的关系，促进两者之间的良性互动，使品牌创新成为景区的不懈追求和自始至终的奋斗目标。

一　品牌化是景区发展的核心和灵魂

品牌是诚信的载体。品牌的确定实际上是概念的营销，旅游产品是一种具有无形性、不可转移性、不可储存性且生产与消费同步性的服务产品，这就决定了它更需要通过品牌形象来向消费者传达积极的、实实在在的感受。打造品牌是为了满足旅游者的需求，同时也是为了促进旅游企业（景区）的成功经营，不断扩大市场份额，赢得市场竞争力。

好的品牌定位是成功的一半。定位是指企业通过对自己产品或品牌的整理、挖掘、发现、创造，总结出一定的特色和树立一定的形象。以满足目标顾客的需要和应付竞争。旅游产品如同一般实物商品一样，必须有自己的品牌定位，目的就是要创造鲜明的个性，树立独特的形象。景区要通过探求顾客的心理，了解顾客的想法，将景区的旅游产品与顾客的需要有效地结合起来，以满足旅游消费多样化及消费者的个性化要求。所以，景区竞争的核心和灵魂就是品牌的竞争。

绍兴是首批历史文化名城。优秀的历史文化遗存，众多的名人故居（纪念馆），秀丽的江南水乡风情，这些都是前人为我们留下的优秀旅游资源，是绍兴旅游业得以生存和发展的物质基础和前提条件，但是潜在的旅游资源并不等于现实的旅游消费市场。这就需要我们不断地挖掘利用、整合开发，进一步凝练提升、重新赋予其内涵，亮出口号，打响品牌。近年，市委、市政府在深入调研的基础上，从绍兴旅游的历史现状和发展前景着眼，提出了"江南风情看绍兴、江南文化看绍兴、江南古城看绍兴"的口号，亮出了品牌，破解了绍兴旅游一直没有品牌的难题。在树立绍兴旅游的整体形象，扩大知名度，打响品牌，提高绍兴在旅游市场竞争力方面取得了实质性的进展。"三看品牌"的确定，对进一步明确绍兴旅游建设的目标定位和旅游发展，实施品牌战略，提升竞争力，有着十分重要的现实意义和长远的历史意义，使绍兴的旅游发展有了指导思想。围绕打造"三看"品牌,全市瞩目的鲁迅故里保护工程已建成开放。在景区建设中,它定位于恢复鲁迅笔下清末民初的绍兴风情,高起点规划、高品位建设、大资金投入,目前,鲁迅故里已拥有鲁迅故居、祖居、纪念馆、三味书屋、寿家台门、百草园、土谷祠、鲁迅笔下风情园等众多的文化旅游景点。在要素配套上,也是功能齐全,鲁迅笔下的咸亨酒店,传统的绍兴三味臭豆腐、都昌坊口旅游购物一条街,古色古香的老台门客栈和新成立的绍兴市游客中心,集吃、住、行、游、购、娱于一体,使游客真切感受到鲁迅笔下绍兴风情的浓浓古韵。开放以来,好评如潮,游客量连续创历史新高,成为绍兴最具核心竞争力的品牌景区和绍兴旅游"三看"品牌的新亮点。

二　提升文化品位是打造景区精品的重要内涵和必然要求

旅游景区的发展与文化品位的提升是相辅相成的,景区的发展要文化理念先行,提升文化品位要贯穿景区发展的始终。如今人们旅游都要挑个有文化的地方,通过感受不同的自然环境和人文环境,来体验不同的文化意识形态,设计旅游产品的最大目的就是让旅游正本清源回到原点,最终赢得客源市场。

能否将资源文化内涵集中揭示出来是决定景区发展成功与否的关键,有文化整理出来,揭示出来,就能形成景区的特色和魅力,就有广阔的市场前景。绍兴在中国文化史上占有得天独厚的重要位置,灿若星辰的名士伟人,别具特色的民俗风情,钟灵毓秀的山水风光,在海内外皆享有崇高的声誉,这些都是绍兴景区最宝贵的资源,是发展旅游的生命之本、活力之源。绍兴旅游景区要想在激烈的市场竞争中赢得优势,还必须在提升文化品位上下工夫,不断地挖掘整理、提升具有绍兴自身特色的文化内涵,领悟和吸纳其精髓,做到依据资源条件,把握文化脉络;搜集分析资料,寻找比较优势;确定核心主题,准确市场定位;营造文化氛围,全力打造特色品牌。近年来,根据这些要求,市文物局下属景区通过不断挖掘、提升、展现文化内涵,做活了文化资源系列的文章,使文化资源发挥了最大效益,增加了融知识性、趣味性、观赏性、参与性于一体而又极具文化个性的特色活动。如鲁迅故里的"三味早读"、"老台门迎客"、"绍俗婚礼",风情园内的传统工艺演示,绍兴传统戏剧表演;体现兰亭浓郁书法文化的兰亭雅集:"曲水流觞","十八缸习字"、"老邮筒"活动;再现宋代名园沈园陆唐爱情悲剧"钗头凤"的越剧折子戏;体现东湖乌篷船水文化特色的"坐乌篷、品黄酒、看社戏"、"水乡渔家鸬鹚捕鱼"活动;周恩来纪念馆的"红色之旅"和入党、入团、入队、成人宣誓仪式,名人故居的"坐三轮、游古城、访名居"等的传统品牌和今年成功推出的"会稽山桂花·美食·帐篷节",由于立意新颖、内涵丰富,在文化内涵的挖掘上可谓是各具优势而又独现个性,使老景区重新焕发出新的文化韵味,颇具市场吸引力而成为著名品牌,是以文化推动旅游发展的成功典范。

三　树立科学的发展观，打造精品陈列

品牌的形成最终来源于产品的品质，对于人文景观来说，它的产品就是陈列。陈列是景区实现社会功能的主要方式，是进行直观教育和传播信息的展品群体，陈列水平的高低直接关系到景区的形象品位。因此，景区的陈列必须要有科学的发展观和精品意识，不断探索，与时俱进，根据自身条件及特点，大胆改革，求实创新，深刻理解历史，把握时代的主旋律，贴近生活、贴近实际、贴近群众，满足广大观众高品位的文化需求。创作出直观、形象、生动、活泼的精品展，以精深的思想、精湛的艺术，精美的制作来打造精品陈列，使其主题鲜明，富有时代气息和强烈的感染力。在形式上讲究艺术性，科学性、先进性、观赏性和参与性，内容上保证精炼、准确、富有学术性。以绍兴鲁迅纪念馆陈列为例，随着时代的发展，科技的进步，形式上，原来简单陈旧的"图片＋文字"的陈列方式已不能满足观众的需求，失去了吸引力。内容上，随着对鲁迅研究的深入，以前未能解决的历史谜团现已得出定论，以前没有发掘的领域有的已成为热点。易地重建后的鲁迅纪念馆作为鲁迅故里重要组成部分，以"老房子，新空间"为建筑设计理念，体现了自然、传统、简约、协调的风格，使现代建筑与传统风貌达到了和谐完美的统一，成为鲁迅故里历史街区最有分量的建筑之一。其"鲁迅生平事迹陈列"与原陈列相比，内容上更多地体现了鲁迅作为普通人的一面，使之更具亲和力。在形式上，采用新型独特的艺术形式，将实物、图片、文献、影视资料有机组合在一起，通过声、光、电等高科技技术和投影成像，将情景与实物结合起来，在特定的空间再现历史，使之互为依存、互为衬托、相得益彰；其高分子仿真人像场景布置和动感多媒体展示屏，真实地再现了鲁迅当年的生活场景，效果真实、直观。使观众有"如见其人，如闻其声，如历其事"之感，产生强烈的感观冲击，整个展览既吸纳了各地纪念馆先进的展示手段，又体现了绍兴鲁迅纪念馆自身的特色和展览个性，有效地改变了过去老展厅基本陈列长期不变，内容形式陈旧单一的状况，破解了故居类纪念馆的陈列难题，给老馆吹来一股清新之风，为广大观众主动参与、阅读、研究和走近鲁迅及其作品，营造了良好的氛围，开放以来，深受游客喜爱，引来一片叫好声，观者踊跃，成为鲁迅故里有自然震撼力和深刻文化内涵的文化旅游经典产品。

四　创新营销思路是打响景区品牌的重要途径和有效手段

景区的发展离不开市场，而市场的开拓又需要营销策划，营销就是开拓市场，刺激消费，创造需求。要进一步加大市场营销力度，多研究市场促销的形式和问题，提升促销的档次，规模和力度，将一些好项目，好景点及时向市场推介，是打响景区品牌的重要途径和有效手段。

（一）依托城市的品牌优势，提升景区的知名度

旅游产品不同于有形产品，其生产过程是建设城市、美化环境、资源重现的过程。旅游业的发展与城市的发展历来都是密不可分的，特别是旅游业对城市品牌的形成起着举足轻重的作用，城市品牌可以推动城市社会经济的发展，产生强烈的市场认同感，凝聚力和吸引力，为城市带来显著的社会效益和经济效益。而城市品牌是由高度概括、凝练的反映城市价值的信息构成。物产资源、自然资源、人文资源、经济实力、建筑特色等等的不同组合形成了城市的差异化特征，也就是一个城市的特色，将这种特色进行包装就形成了城市的品牌。旅游产品营销是一个区域概念的营销，是城市功能系统和环境的销售，旅游促销的结果在于通过宣传促销活动来提高潜在游客对旅游目的地（旅游景区）的认知度，在引导需求的基础上最终创造出旅游需求。从这个意义上来说，景区的发展与城市的发展是紧密相连，相互渗透的，所以充分借助城市的品牌宣传优势，提升景区的知名度，促进两者之间的良性互动，就显得十分必要而迫切。

近年来，由于市委、市政府的重视，绍兴的城市环境、城市面貌正发生着日新月异的变化，知名度是越来越高。绍兴先后获得优秀旅游城市、全国卫生城市、国家园林城市、十大魅力城市等殊荣；花巨资整治后的环城河和新增的众多园林绿化公园，使绍兴环境更靓了，更美了；新恢复的仓桥直街、书圣故里、八字桥、西小路等历史街区更增加了古城历史文化的厚重感，使绍兴城市的品位和知名度有了极大的提高。所以，作为绍兴旅游景区，在营销策划中，除要最大限度地将景区最具特色、最有代表性的精华以更加突出的形象表现出来外，还必须将深层次的城市文化底蕴挖掘出来，进一步整合，做足做活景区品牌和城市名片这篇文章，将景区的宣传营销融入城市的品牌中去，通过其对外形象宣传、节会活动、商务贸易、招商引资、城市建设等政府和企业的系列活动中去扩大旅游景区的影响，提高绍兴旅游的核心竞争力。

（二）区域合作、品牌经营、优势互补

旅游产品的运作方式一般分为两种，一种是以旅行社为主体的"点线旅游"经营体系，一种是以旅游目的地散客服务中心为主体的"板块旅游"经营体系。随着中国旅游业的进一步发展，旅游市场日渐成熟，大旅游、大交通格局逐步形成，旅游及经营方式亦逐步由"点线旅游"向"板块旅游"转变，特别是黄金周期间散客已成景区的主导客源。所以，景区的品牌营销，区域合作显得尤为重要。景区要主动出击，以品牌取胜，通过多方联合，达到资源共享、客源共享、网络共享、优势互补的目的。一是通过景区间的联合，发挥旅游目的地散客服务中心的作用，精心设计一日游、二日游精品旅游线路，搞好旅游系列配套服务，以优惠的价格、优质的服务、优秀的线路吸引来景区的散客。以文物局下属景区为例，在着重发挥鲁迅故里旅游辐射作用的同时还需利用其他景区点多面广，分布散的优势和旅游资源差异性的特色，形成整体合力，全力推销联票，使游客多到绍兴景点走走看看。二是围绕"山水浙江，诗画江南"的浙江旅游品牌，加强省内各区域间的联合。以绍兴为中心，与周边县市联合推

出新产品、新线路，以规模出效益，提升绍兴旅游目的地的知名度和美誉度，发挥旅游优势。三是加强与省外区域间的联合。绍兴和江苏等地的旅游资源有相似之处：如江南水乡、历史文化、文物建筑，吴越文化、越王勾践、美女西施。伟人周恩来更是拉近了两地的距离。绍兴和安徽、福建、山东、广东等地资源也有相倚借之处，旅游交通也是相互倚重。上海是华东各省最主要的国际入境城市，省际交通网络也非常发达，其辐射范围很广，所以，我们要充分利用好各种优势，主动接轨大上海，融入长三角，在旅游上互为主要旅游客源地，互动宣传、营销、送客。四是注重目标市场的营销。绍兴旅游市场经过二十余年的发展打下了良好的基础，特别是近年来由于项目建设、宣传营销、内部管理力度的加大，知名度和美誉度在不断提高，旅游发展已初具规模，但还存有一定的发展空间。根据近年对鲁迅故里和名人故居客源市场调查、统计、分析，我们先要继续巩固江、浙、沪一级市场，然后以南京、上海、杭州、宁波、温州为旅游辐射中心，向外扩展安徽、广东、山东、福建等二级市场，在这些区发展代理商、和客源地旅行社直接对接或与网络营运商联合，实行网上预订景区，以共同利益为纽带，形成整体合力，突出品牌经营，实现低成本的扩张，获取双赢。发展长三角周边三级市场，根据不同区域，不同客源，不同季节，不断推出新产品，创新老产品，发挥其活力，使绍兴尽快跻身于上海旅游圈，融入长三角。

（三）以节会节事活动促销

旅游节会节事和会展活动扩大了举办地在国内外的知名度，进一步塑造了该地的旅游和经济品牌，多层面地展示了该地的旅游形象，多渠道地吸引了国内外游客，这是近年旅游产品的新亮点。绍兴近年来举办的鲁迅文化艺术节、七艺节、书法节、乌篷船风情节等，都获得了巨大的成功，就是一个先例。节会节事活动可以从三方面着手：一是景区自己策划承办的节会节事一定要有亮点，有特色，才能成为品牌，吸引眼球，成为热点。如今年鲁迅故里成功举办了"中学课本中鲁迅作品研讨会"和"中国名人故居联谊会成立暨名人故居保护与利用论坛"，在全国教育界、文物界都引起了广泛的关注，反响强烈，吸引了眼球。二是借助所在地政府和企业承办的节会节事活动，将自己的旅游产品融入其中，推广出去，扩大影响，提高景区的知名度。如配合七艺节文物局下属各景区都推出了相关的系列活动，对七艺节起到了推波助澜的作用，也各具特色，获得了成功。三是借助周边地市的节会节事活动推出产品，吸引主办地的客源。如杭州每年的西博会和将要举行的2006年杭州休博会、2008年北京奥运会、2010年的上海世博会，这些节会节事活动集"观光、会展、休闲"于三位一体，蕴含着无限的商机和巨大的客源市场，作为景区要早谋划、早准备、早宣传，主动融入，做好对接工作，打有准备之仗。

（四）强化媒体对品牌的宣传作用

新闻媒体对旅游景区具有非常重大的教育引导和宣传功能。媒体对旅游产品和旅游目的地的宣传由于其覆盖面广，直观形象、权威性强，影响力大等原因，效果显著。

它不但能满足公众的信息需求，而且容易吸引公众的注意力，帮助景区树立良好的形象。尤其在关键时刻，既代表公众关注景区的发展，又传递政府和企业的主流声音，推动社会信息沟通，发挥积极作用，所以是我们必须关注和沟通的对象。媒体作为信息的桥梁，其宣传、教育、说明、解释作用对提升景区的形象至关重要。因此，我们必须充分认识媒体宣传方面的积极作用，密切联系媒体，及时沟通信息，有效利用媒体对各类旅游活动进行立体式的宣传促销。

加强文物保护　发展闽西红色旅游

游京红

（福建省龙岩市古田会议纪念馆）

闽西，即福建省西部地区的简称。历史上，闽西的地理范畴是多变的，直至近代，闽西的地域包括汀州府所属八县（宁化、清流、归化、长汀、武平、连城、上杭、永定）和龙岩州所属一州两县（龙岩州、漳平、宁洋）。解放后，经过行政区划的调整，在闽西成立了福建省第七行政专区，下辖龙岩、长汀、连城、武平、永定、上杭、漳平七县，基本上是历史上汀州府和龙岩州的组合。专署驻地设在龙岩。原有的宁化、清流、归化三县并入三明专区，宁洋县并入龙岩、漳平。这一行政框架使龙岩成为闽西政治、经济、文化的中心，从行政区划上彻底打破了以汀江、九龙江流域为文化盆地相对独立的格局。

闽西红色旅游资源，根据龙岩市旅游局局长衷梅英女士在《神游闽西》一书中的概括，在闽西"红色朝圣之旅"的路线上，依序著名的有：闽西革命历史博物馆，新罗区毛泽东旧居（新邱厝）及其附属的一大批革命旧址，上杭古田会议会址及其纪念馆，主席洞，中共闽西"一大"旧址（蛟洋文昌阁），临江楼，"将军之乡"才溪，连城新泉整训旧址，望云草室，工农妇女夜校（张氏家庙），具有"红色小上海"之称的国家历史文化名城长汀（省苏维埃政府旧址、辛耕别墅、福音医院、云骧阁、红军长征出发地纪念园）等。事实上，这些只是闽西众多而且丰厚的红色旅游资源中的代表而已。

闽西丰厚的红色旅游资源来自于历史的机遇与馈赠。

早在"五四"运动前后，邓子恢、张鼎丞等一大批闽西籍进步知识分子奔走在风雨如晦的岁月，后来还建立了中共地方组织，掀起了工农暴动和土地革命的浪潮。1929 年 3 月～1930 年 6 月，一代伟人毛泽东、朱德等率领红四军三次入闽，播撒革命的星星之火。闽西成为中央苏区的重要组成部分和毛泽东建党建军思想的发祥地。国内革命战争时期，闽西人民团结奋斗，不怕牺牲，为新中国的建立作出了不可磨灭的历史贡献，谱写了"二十年红旗不倒"的壮丽诗篇，涌现出许多可歌可泣的英雄人物和杰出英才。历史为闽西留下了众多而丰厚的红色旅游资源。福建省省长卢展工同志曾经说过：在七大旅游品牌之外，福建还有一个特殊的响亮的全国独一无二的品牌，那就是古田会议会址。

红色旅游资源在中国各个老区都有。与其他老区相比，闽西老区的红色旅游资源有相同的一面，也有着独特的一面。著名的古田会议，以"建党建军的纲领性文献"

成为"中国革命的里程碑",故而,史家有"古田铸军魂"之说。历史和现实已经充分证明并将继续证明:闽西老区为中国的革命作出过重要的贡献,在古田召开的古田会议对我党我军的建设及其发展,有着重大而深远的影响;在新的历史时期,闽西的红色旅游资源将成为闽西乃至福建的一大品牌和优势,古田会议精神仍然是加强我党我军建设的坚强理论基石和强大思想武器。以古田会议会址为载体的古田会议精神,博大精深。1989年12月22日,时任中共中央总书记的江泽民同志亲临古田视察,并在古田会议纪念馆亲笔题词:"继承和发扬古田会议精神,加强党和军队的建设。"1999年6月22日,胡锦涛同志在视察古田会议纪念馆时也曾指出:"我们要继承和发扬古田会议精神,充分发挥思想政治工作这个优良传统和政治优势,确保党的政治任务的顺利完成。"

　　长期以来,在各级党委、政府和社会各界的关心支持下,对闽西红色旅游资源的研究宣传以及对红色旅游资源的保护和利用取得了卓有成效的成绩,为爱国主义教育和旅游事业的发展奠定了坚实的基础。为了适应红色旅游的发展需要,龙岩市专门成立了旅游产业发展委员会办公室。在旅游产业蓬勃发展、方兴未艾的今天,加强文物保护,发展红色旅游,成为事关闽西社会和经济发展非常重要的一环。

一　加强文物保护与发展闽西红色旅游的关系

　　文物是一个博物馆赖以依存和发展的基础,也是红色旅游赖以依存和发展的基础。古话说得好:"皮之不存,毛将焉附。"如果文物保护工作没有做好,文物被毁坏甚至灭失了,发展红色旅游也就失去了支撑,成为"无本之木,无源之水"。

　　文物保护与红色旅游资源的开发是一种辩证的互动关系。

　　在系统论中,"互",彼此,事物的不同个体;"动",事物发展的内在因素,是事物保持旺盛生命力的根源。互动,作为系统论中的一个术语,指的则是不同事物之间的相互影响、相互制约。闽西文物保护与红色旅游资源的开发具有积极的互动关系,只要应对、处理得当,闽西丰厚的红色旅游资源能够成为一道亮丽的旅游风景线,旅游业也能够促进闽西文物保护的可持续发展,实现"双赢"。

　　闽西文物对旅游业尤其是红色旅游的促进主要在于以"文物优势"带动"三产",具体地说,革命圣地和文物资源吸引游客,形成旅游热。旅游活动必须有吃、住、行、游、购、娱等六要素,其直接经济效益体现于游客在参观、学习活动中享受的餐饮、购物、通讯、纪念品和门票购买、有偿讲解和培训等,间接经济效益则体现在拉动其他产业上,如游客来参观,便拉动了旅游业、运输业;要吃饭,则拉动了餐饮业;购物又拉动了商业特别是零售业;此外,对通讯、保险等各个服务性行业均有推动。特别是在文物景点(革命旧址)旅游区域,由于文化——文物品牌这一"龙头"抬了起来,便拉动了方方面面的产业。

　　必须认识到,文物、旅游体制的改革一直是较为敏感的问题。在闽西老区,文物保护与经济建设尤其是旅游业的矛盾依然存在,文物的社会效益与经济效益的矛盾依然存在，文化保护的要求与市场经济体制之间不协调的矛盾依然存在。因此，围绕着文化品牌中的文物景点的保护与开发而引起的争论被广为关注。经营权与所有权缘何分离？文物资源的开发与文物保护有无冲突？文物与旅游、利益与责任、权利与义务，孰轻孰重？孰先孰后？这些问题，正日益凸显，不容回避。

对于文物资源，必须有这样的认识：

（一）文物资源只有管理权，没有经营权

作为文物旅游点，可以试行所有权（国家所有）与经营权分离，但它的经营权只能体现在"三产"上，如餐饮、旅游纪念品的研发、生产、销售等方面。围绕文物的服务性行业可以拉动经济，但门票不是经营的结果。把门票当作是经营，继而把产生门票的一系列对文物的调查、发掘、保护、研究、陈列、讲解等文物管理行为当做"经营"，把对这些纯属事业行为的管理视作"经营权"，进而将文物的所有权与管理权分离，偷换了文物管理权的概念，其结果必然会发生像水洗"三孔"事件那样，企业进驻文物景点经营，从而出现对文物保护不利甚至毁坏的现象。

（二）文物包括博物馆是属于教育性、服务性的社会公益事业，不是商业机构，文物保护也不是经济行为

文物工作由事业规律去指导，旅游工作由经济规律去指导，二者不能混淆。文物与旅游只能合作，不能合并，因为二者的性质截然不同：旅游业遵循的是经济规律，企业追求利润的最大化；文物则有它的特殊规律，文物事业服务于社会，而不是一种牟利的产业。

当前，国家文物工作的方针是"保护为主，抢救第一，合理利用，加强管理"。这十六字方针是一个有机的整体，环环相扣，缺一不可。只有先保护好文物资源，才能谈论利用、开发的可能性，而利用、开发也不是"竭泽而渔"，而是要合理利用，同时要加强管理。利用、开发所产生的一大部分经济效益必须返回于文物资源的保护与管理，这就是其中的辩证法。

在社会主义市场经济条件下，加强文物保护，发展红色旅游，要坚持用辩证统一的观点来处理社会效益和经济效益的关系。社会效益是经济效益实现的前提，经济效益是社会效益实现的保障。没有现实的经济效益，就没有长远的社会效益。

所谓加强文物保护，发展红色旅游要"始终把社会效益放在首位"，可以从三个方面加以理解：一是发展红色旅游必须遵守国家的法律法规，做到依法办事、依法纳税。政府有关部门应当转变职能，做到管办分离，对红色旅游的发展实施宏观调控和依法监管。二是必须遵循社会主义精神文明建设的特点和规律。作为先进文化建设的一项重要举措，文物保护的最终目的是满足人民群众日益增长的精神文化需求，促进人的全面发展，而不是提供一般的商品生产和服务。三是从长远来说，红色旅游的社会效益要超过其经济效益。红色旅游通过文物的社会教育功能是潜移默化的，决非一日之功，一时之事。时间一长，红色旅游所显现的社会价值难以估量。

文物部门作为文物管理的实施部门，当然要讲经济效益，但更重要的是社会效益。文物事业是社会公益事业，而不是企业，这是一个原则、底线问题，不容置疑。

由于闽西老区乃至全国的经济原因，文物事业的经费普遍不足，适当地收费是允许的也是必要的，但不是像企业一样以"盈利"为目的；创收（体现在"三产"上）是必须的，而且也能够拉动周边经济的发展。在经济效益与社会效益的问题上，必须坚持社会效益第一经济效益第二、社会效益和经济效益最佳结合的原则。

二　加强文物保护，发展闽西红色旅游遇到的问题与困难

应该说，近些年来，闽西的文物保护工作取得了显著的成绩，这一点，中央领导给予了充分的肯定。2004 年 5 月 18 日，中共中央政治局委员、中共中央宣传部部长刘云山在视察古田会议纪念馆时曾说："古田会议纪念馆比延安纪念馆管理得要好。"

但是，在看到成绩的同时，我们也应当清醒地认识到，就目前而言，在闽西老区的社会转型时期，红色旅游与文物品牌的历史地位还不是很相称，文物品牌的潜力还没有被充分挖掘出来，其品牌效益并没有被充分体现。与全国其他革命老区（江西吉安、赣州、萍乡，湖北黄冈，安徽六安，广西百色，贵州遵义，陕西延安，河北石家庄，山东临沂）相比，闽西老区文化品牌的宣传力度不够，投资规模和整体开发力度比较小，对旅游业的带动具有很大的潜力。

同样地，作为革命圣地，古田与井冈山、延安、西柏坡、遵义、百色等相比，宣传显得滞后，内容比较单一，基础设施比较薄弱，投资规模和整体开发力度比较小。

另外，闽西还存在着文物保护技术落后、文物保管场所不达标、文物保护经费困难、精通文物保护和红色旅游规划与开发的人才匮乏等问题。

以闽西红色旅游资源的代表——古田会议会址及其纪念馆的文物保护工作为例，我们可以发现，古田会议纪念馆在文物保护与红色旅游资源的开发上所遇到的问题和困难具有普遍性。

古田馆是福建省"一级达标纪念馆"，也是中共中央宣传部公布的首批全国百家爱国主义教育基地之一，是闽西文博单位的老大，同时也拥有闽西最为丰富的红色旅游资源。然而，在建馆之初，由于历史的经济的原因，与陈列馆相配套的文物库房未能及时地建成，致使 40 年来该馆 11500 多件文物一直存放在陈列馆内两个面积总计不到 100 平方米的小房间内，其中包括 2271 件珍贵文物。这不仅不符合福建省"一级达标纪念馆"的基本要求，不符合《博物馆文物风险等级》的有关规定，而且对这些不可再生的文物的存放具有潜在的危险，严重制约着古田会议纪念馆这一全国爱国主义教育基地的可持续发展。

根据 2002 年 10 月国家颁布的最新的《中华人民共和国文物保护法》，文物保护单位的管理经费根据相应的级别由相应的人民政府承担，即全国重点文物保护单位的经费预算由国家承担，省级文物保护单位由省人民政府负责，县级文物保护单位由县人民政府负责。事实上，由于经济发展的不平衡，县级人民政府的财政普遍困难，对县

级文物保护单位所需的保护经费爱莫能助，杯水车薪。

因此，在加强文物特别是革命旧址保护的同时，如何加快闽西老区丰厚的红色旅游资源如古田会议品牌利用，做大、做强、做活、做优闽西文物——红色旅游资源品牌，促进爱国主义教育再上新台阶，带动闽西老区乃至周边地区经济的发展，是一个重大的现实课题。

三　加强文物保护，发展闽西红色旅游的对策

（一）做好《中华人民共和国文物保护法》和闽西红色旅游的宣传攻略

在现代社会，要做好文物保护和红色旅游事业，就必须加大宣传力度，形成一个完整的宣传攻略。这也是现代文化事业的一大使命。宣传必须达到这样一种效果：让社会最终一说起闽西，就想起红色旅游；一说起红色旅游，就想起闽西的"先入为主、对号入座"的良好局面。

众所周知，广告是现代商品宣传的最直接最有效的手段。我们既然承认文物保护与红色旅游的对立统一，就必须重视广告、现代传媒手段（刊物、广播、电影、电视、互联网）的社会文化导向功能。

具体地说，宣传方面可以做以下一些工作：在福建省、至少是在闽西地区争取把每年 5 月 18 日的"世界博物馆日"定为文物保护和红色旅游宣传周；借鉴轰动一时的《红岩魂》展览成功经验，策划闽西红色旅游资源的代表——《古田会议》晋京展，后赴各地巡回展览，使闽西红色旅游在全国形成规模效应；拍摄《古田会议》电视连续剧；出版《古田之光》（领导人参观题词）大型宣传画册、纪实作品《古田会议》和一套闽西红色旅游丛书；编导《军魂颂》文艺晚会，作为经典节目，常年演出。

（二）科学整合文物资源，大力发展闽西红色旅游

目前，闽西红色旅游资源分散，投入大产出小，不能最大限度地带动旅游业的发展。如闽西每个县都有类似的革命博物馆，而各个馆大部分仅能维持基本运转，根本说不上做大、做活。对于这种现状，就必须科学整合文物资源，对一些职工比观众多的革命纪念馆实行关、停、并、转等方法，盘活这部分的文物资源。

基于闽西文物保护经费困难的现状，闽西的文物管理部门可以把省、县级革命旧址捆绑起来，向国家文物局申请为全国重点文物保护单位。

如古田会议纪念馆所辖的革命旧址中，除古田会议旧址外，还有省级文物保护单位中共闽西"一大"旧址——文昌阁、县级文物保护单位中共闽西特委机关旧址——树槐堂、毛泽东《星星之火可以燎原》写作旧址——协成店、红四军前委机关旧址——松荫堂、红四军司令部旧址——耕心堂、红军桥、红军哨所、红军医院等多处革命旧址。古田会议纪念馆把所辖的 5 处县级文物保护单位同 1 处省级文物保护单位、1 处国家级文物保护单位（即古田会议会址）捆绑为古田会议旧址群，向国家文物局

申请为全国重点文物保护单位；同时争取由政府出资把红四军司令部等旧址的产权收购为国有，并将各处旧址维修好，特别是将红军医院等已经倒塌或将成危房的旧址复原或维修；另外，在科学设计、合理规划的基础上，修建或扩大通往各旧址的道路，使这些旧址有机地串联在一起，由点成线，由线成面，形成规模效应；在这些旧址内增加一些辅助展览，或者添置一些观众参与的活动项目，增加红色之旅的内涵，既能满足观众要求，留住观众，又使爱国主义教育基地实现社会效益和经济效益的双丰收成为可能。

此外，要加强文物保护单位的基础设施建设，营造良好的旅游环境氛围。

所幸，龙岩市的有关领导已经重视到文物保护和红色旅游的问题。2003 年 5 月，龙岩市委、市政府站在老区经济发展全局的高度，跳出传统思维定式，谋划老区加快发展的创新之举，提出了成立古田生态文化经济开发区的重大决策，这一决策是市委在新世纪新阶段新形势下贯彻落实党的"十六大"精神和省委提出"闽西老区要率先走在全国革命老区前列"的要求的战略性决策，体现了解放思想、实事求是、与时俱进、开拓创新的时代精神，具有科学性、适时性、必要性和可行性。2004 年新年伊始，龙岩市委常委会一致通过了投资 880 万元用于古田会议会址及其纪念馆的文物保护（包括兴建一座文物库房）和旅游开发的重大决策。

它山之石，可以攻玉。远的来看，河北平山西柏坡是中共七届二中全会召开地，其地理位置、历史地位、管理方式等与古田有许多相似之处。西柏坡革命纪念馆一度归属平山县管辖，参观人数少，事业发展慢，社会影响小，1986 年，石家庄市接管西柏坡革命纪念馆，并放权纪念馆自由发展。从 1995 到 1999 年，河北省和石家庄市二级政府共投资 3000 多万元重点建设西柏坡革命纪念馆，并由一位省领导直接抓，使该馆发展极快，观众呈几何级数逐年上升，2001 年的观众超过 40 万人次，经济收入也呈飞跃式增长。近的来看，与闽西毗邻的江西瑞金也在轰轰烈烈地进行革命圣地的建设和利用，投巨资兴建中华苏维埃共和国纪念馆。沧海横流，方显英雄本色。在这样的历史机遇与挑战面前，加强文物保护，发展红色旅游的战略显得异常重要。

（三）重视红色旅游事业的发展

党的"十六大"报告明确指出："当今世界，文化与经济和政治相互交融，在综合国力竞争中的地位和作用越来越突出。文化的力量深深熔铸在民族的生命力、创造力和凝聚力之中。"文化的这种关系国家兴衰的战略地位无疑已经是上下的共识。

对闽西老区而言，依托文化——文物发展红色旅游业无疑是新经济时代一个潜力巨大的经济增长点，在闽西经济结构战略性调整过程中的地位不容忽视。

按照经典马克思主义理论，市场属于经济基础，而包含文物在内的精神文明则属于上层建筑。没有经济基础的上层建筑，只能是"无源之水"、"无本之木"。由于当前的文物保护管理体制，片面强调了文物的教化功能与社会效益，而忽视了其美的欣赏与教育所带来的经济效益，从而导致了文物这一"上层建筑"严重地脱离了"市场"这一"经济基础"，其结果是现有的红色旅游与其文物特别是革命旧址的品牌地位相去甚远。

随着物质生活水平的不断提高，人们对于文化生活的需要也越来越高，必须有多层次的文化艺术产品来满足群众多层次的需求。发展红色旅游正当其时。红色旅游作为经济行为，必须将利润作为检验其成败的基本标准。经济效益是实现社会效益的载体，社会效益是保证经济效益的根本。红色旅游业的发展只有通过赢利的手段，才能积蓄足够的力量，才能有更多的资金、更好的技术运用于文物保护。因此，加强文物保护与开发红色旅游资源，可以更好地协调两者的关系，从根本上实现二者之间的良性循环，最终达到"双赢"。

为此，一方面政府必须搭建一个相对宽松而稳定的投融资平台，更好地聚集社会资本，为加强文物保护作出政策支持，另一方面应当鼓励红色旅游立足市场，自谋发展，积极竞争，通过发挥市场的优胜劣汰的功能，真正实现其经济效益。

（四）加快文物与旅游复合型人才的培养

人才是事业成败的关键。红色旅游之舟驶向市场的海洋，离不开精通文物保护与旅游开发知识的人才。现实是文物保护与旅游开发属于不同的学科与业务范畴，相互之间缺乏沟通和对接，导致现有的文物保护人才从事红色旅游资源的开发勉为其难。政府应采取多种政策措施，加快这方面人才的培养，推进文物保护与旅游开发的有机结合。

（五）文物保护要为红色旅游"搭台"

经验证明，文物事业特别是文物保护的发展是随着经济的发展而发展的，两者密切相关。文物保护的发展依赖于经济的繁荣，经济发达的地区其文物保护的土壤亦充实，并且，随着其经济的流通文物事业也随之交融兴盛。但文物保护的发展并非完全与经济同步增长，其他因素也产生一定的影响。以文物保护——旅游资源来带动经济发展的例子古已有之，文物对于经济来说，并非是纯粹的附属物，而有其独立性。

故而，政府的文物管理部门和旅游部门应当有"政府引导、文物搭台、旅游唱戏"的文物与旅游联姻思路：以文物资源促旅游，以旅游助文物保护，让文物保护在保证社会效益的同时实现经济效益的最大化，并以此为先驱，推动闽西老区物质文明和精神文明的发展。

（六）建立文物保护与红色旅游的办公、协调结构

根据文物保护和发展红色旅游的需要，营造适合闽西老区发展需要的红色旅游孵化器，即建立集文物保护、红色旅游策划、旅游纪念品研发与营销、管理于一体的机构中心，充分发挥闽西老区丰厚的文物资源特别是红色旅游资源优势，积极培养新的经济增长点。

文化包括红色旅游资源也是生产力。闽西老区所蕴藏的丰富的文化和文物资源就是生产力。古田会议精神不仅是闽西红土地上的宝贵财富，也是全省、全国人民的宝

贵财富，可以说是一块纯而又纯的黄金品牌。在"三个代表"重要思想的指引下，加强文物保护，积极开发闽西红色旅游资源，必将有助于闽西"提前三年实现全面建设小康社会，走在全国著名革命老区前列"的宏伟目标的胜利实现。

略论名人纪念馆如何拓展品牌效应

林 芝

（福建省冰心文学馆）

名人博物馆、纪念馆，顾名思义就是为了保存那些在中华民族历史上和近代史上作出了杰出贡献，留下了丰功伟绩的历史文化名人或革命先烈的遗物，保护他们故居和活动旧址，宣传、学习他们的精神，研究和继承他们留下的文化遗产而设立的博物馆、纪念馆。据不完全统计，目前全国各级名人纪念馆约有400多所，占博物馆总数的1/3强，在社会主义精神文明建设中居有重要的地位，发挥着重要的作用。在党的十四届六中全会所通过的《中共中央关于加强社会主义精神文明建设若干重要问题的决议》中指出："继承发扬民族优秀文化和革命文化传统，积极吸收世界文化优秀成果，我们的文化事业才能健康发展，愈益繁荣。"在新的历史条件下，深入探讨名人纪念馆的发展问题，促进和提高名人纪念馆的工作，充分发挥其在社会主义文化建设、精神文明建设方面的作用具有重要的现实意义。

从近年现状来看，名人纪念馆的发展并不容乐观，有许多问题成为其事业发展的障碍。客观上来说，文化市场呈现异常繁荣的景象，人们选择文学、戏剧、音乐、舞蹈以及体育和旅游的休闲活动大大增加，而反映严肃文化、主题文化的博物馆自然受到很大冲击；主观上来说，名人纪念馆普遍存在经费短缺、管理不善、人才流失、陈列落后等等自身的局限，如何克服这些不利因素，改善不良状况，根本上还是要挖掘名人纪念馆所独有的优势，开创出名人纪念馆工作的新局面。

名人纪念馆的特点是所陈列、宣传的是人物，而不是一般意义上的文物或标本。名人有较大的社会影响，有着不可替代的特殊魅力，这正是名人纪念馆的优势所在。在经济市场化的今天，博物馆、纪念馆这样的传统事物要得到生存和发展，也需要引入品牌的概念。所谓品牌就是企业或品牌主体一切无形资产总和的全息浓缩，而"这一浓缩"又可以以特定的"符号"来识别，它是主体与客体、主体与社会、企业与消费者相互作用的产物。任何博物馆都有其特定的"品牌"，而名人纪念馆品牌的特殊之处在于它是以人物作为品牌的核心，并包括陈列、宣传等手段，以及它在社会公众心目中的地位。而品牌效应是指产品或企业成为品牌后所产生的经济和社会等方面的影响。从经济角度讲，品牌效应是品牌因满足社会需要而获得的经济效果，是品牌的信誉、声望产生的影响力。

品牌是有效的推销手段，品牌效应是企业形象树立的有效途径。作为名人纪念馆，重视品牌，拓展品牌效应是社会不断进步发展的客观要求。如何有效地拓展品牌效应，笔者觉得可以从以下几个方面来探讨。

　　首先，要充分利用，名人纪念馆特有的资源——品牌，使品牌鲜明突出。具体地说，也就是使所纪念的杰出人物继续发光发热，永葆青春，能够吸引每个时代、每个年龄层的观众。展馆要把陈列更新放在首位。有的陈列几十年如一日，有些观念已经陈旧过时，没有特色和时代感，如何还会吸引观众呢？所以，引进新的观念是非常必要的。名人纪念馆都是以被纪念者的遗物、遗著以至故居作为展陈对象。睹物思人，反映人物音容笑貌的这些文物是生动具体、极具感染力的。陈列展览是博物馆进行宣传教育的主要形式，也是树立良好形象，提高博物馆知名度的主要手段。新的陈列才能吸引更多的观众。新，还应该体现在传主的独特性上，充分挖掘传主的个性和特点，突出传主的优点、特点，避免一般化，使陈列高质量、高水准。陈列展览是名人纪念馆的灵魂和生命线。因此，要树立精品意识，举办高水平的精品陈列展览。因此，博物馆必须与社会的发展变化相适应，在艺术形式、表现手法、传播方式等方面不断丰富、创新，运作现代化的陈列手段、科学技术，满足不同观众多层次的需求。

　　古语说："酒香不怕巷子深。"但时代不同了，在信息量巨大的现代社会，没有宣传是很难打开知名度的。要想在激烈的竞争中立于不败之地，就必须进行大力的、有效的宣传。宣传有许多种方式，要有灵活性，如固定展览要与文化活动相结合。除馆内固定的陈列，还可以举办流动展，可以制作轻巧、简易的展板到全国各地展出，扩大知名度。又如在馆内不定期举行传主的各类主题展览，或者是与同行合作引进其他名人纪念馆的展览，互通有无，这都是名人纪念馆生命力的体现。此外，还要加强网站的建设，充分发挥互联网的作用，让世界各地的人们足不出户就可以了解到博物馆的信息。

　　其次，要提高服务功能，建立多角度全方位的合作关系。与学术界合作，对藏品及各项管理工作进行深入的研究，如举办各种各样的学术研讨会，提高本馆的学术地位与水平；与大中专院校和中小学校合作，组织学生参观，建立小小讲解员队伍，强化爱国主义教育基地的作用；与企业界合作，举办各种文化活动，扩大资金来源；与所在社区合作，及时组织观众；与传媒机构合作，不失时机地扩大知名度和美誉度。与旅行社合作，使其开发为新的旅游景点，与周围景区紧密构成新的旅游项目，取得一定的旅游效益等等。

　　发展名人纪念馆的事业牵涉到方方面面，本文所谈仅是一家之言，相信还有许多途径能够更好更快地发展名人纪念馆的事业。总之，名人纪念馆要将自己汇入市场经济的潮流，适应市场，顺乎时代。博物馆人要有市场意识、竞争意识、品牌意识、以人为本的意识，要运用市场营销战略，给名人纪念馆带来新的活力，才能使其立于不败之地。

如何更好地发挥名人故居在
红色旅游中的作用

陈安年　夏智慧　周建华

（邓小平故里管理局）

　　华夏人杰地灵，各时期名人辈出，他们在历史进程中都发挥了极其重要的作用，其故居蕴含着极其深厚的文化底蕴和丰富的精神内涵，成为传承中国历史文化、弘扬爱国主义精神、展示革命传统教育的重要载体，是一个社会和地域独特的历史文化资源，具有令人仰慕的人文魅力，构成旅游资源的重要内涵。

　　在近现代历史中，中华儿女在反抗外来侵略、压迫和腐朽统治，争取民族独立和解放的进程中，涌现了许多著名人物，其精神和业绩为后人所敬仰。随着历史的不断前进，斯人虽逝，而其故居作为近现代史的重要物证却依然保存完好，是红色旅游的重要资源。所谓红色旅游主要指以中国共产党领导人民在革命和战争时期建树丰功伟绩所形成的纪念地、标志物为载体，以其所承载的革命历史、革命事迹和革命精神为内涵，组织接待旅游者开展缅怀学习、参观游览的主题性旅游活动。由此可见，名人故居是开展红色旅游的重要载体。

　　红色旅游开展以来，各地的学校、机关、社会团体以及广大群众自发或有序的前往名人故居、革命纪念地和标志物参观游览、缅怀学习，一方面受到了革命传统教育，增强了旅游者特别是青少年的爱国情感，弘扬和培育了民族精神，另一方面又促进了所在地的经济社会协调发展，使所在地人民群众脱贫致富，极大地推动了和谐社会建设。可见，发展红色旅游是一项利国利民的好事，也是一项利在当代、功在千秋的事业。因此，如何更好地发挥名人故居在红色旅游中的重要作用，是我们面临的重大课题。

　　要解决好这个重大课题，应做好以下几篇文章。

一　当好主角，树好旗帜，为红色旅游增光添彩

　　红色旅游资源是中国近现代历史的产物，遍布全国各地。近年来，红色旅游作为一种新型主题性旅游形式，在神州大地逐渐兴起。特别是 2004 年，中央提出了发展红色旅游的战略规划，制定《2004—2010 年全国红色旅游发展规划纲要》后，我们党在各个时期领导革命斗争的重要纪念遗址和纪念物正在成为人们参观旅游的热点。尤其

是一些名人故居，如孙中山故居、毛泽东故居、周恩来故居、刘少奇故居、邓小平故居等备受旅游者青睐，成为红色旅游最鲜艳的一面旗帜。从中宣部公布的三批全国爱国主义教育示范基地来看，全国共有 266 处，其中名人故居类有 63 处，占 24%，成为爱国主义教育的重要阵地。从年接待规模来看，毛泽东故居年接待游客近 200 万人次，邓小平故里年接待游客为 100 万人次左右。从景区综合评价来看，名人故居类景区基本上都达到国家 3A 级标准以上，有的正在申报国家 5A 级景区。从景区的人气指数来看，根据中国红色旅游网和中宣部《党建》杂志调查，群众评选出的"2005 年度群众最喜爱的中国红色旅游十大景区"中，名人故居类景区就占了 2 个，由此可见名人故居成为红色旅游的一面鲜艳旗帜是当之无愧的。作为一面鲜艳旗帜，我们就应当爱护它、珍惜它、管好它、用好它，使之高高飘扬。

二 抓住机遇，运用名人效应，打造亮丽的红色旅游景区

"山不在高，有仙则名；水不在深，有龙则灵。"这句名言道出了事物的特性和优势。名人故居之所以受到人们的关注，最根本的一点就是名人效应。如何运用名人效应就像解答一道错综复杂的难题一样。难题之所以难解主要有几点：一是解题者自身的学识，二是方法技巧，三是时机问题。前两点对名人故居管理者来讲不存在什么问题，而在时机的把握上则有差异，故有的名人故居借"名"高飞，有的则难有起色。邓小平故里就是抓住机遇获得成功的范例。

2001 年前的邓小平故居是一个县级文体局所管辖的一个管理所，工作人员不到 10 人，停车场仅能容纳 10 余辆车辆，更谈不上名人故居的经济效益。而在 2004 年邓小平同志诞辰百周年时，广安以及邓小平故居声名远播、人尽皆知。为什么在短短的两年多时间里发生如此大的变化呢？这主要得力于抓住了邓小平同志诞辰百周年的历史机遇，找准了切入点，充分运用伟人效应即把邓小平同志的影响力变为人们对广安的注意力，把人们对邓小平同志的爱戴之情变为对广安的支持力，把邓小平理论变为我们的实践，推出了"致富思源，共建广安"和"我为小平故里植棵树"活动，为人们支持广安和建设邓小平故里搭起了平台。从此，广安的发展突飞猛进，邓小平故里天天都在变化，从默默无闻一跃而成为亮丽的红色旅游景区，成为人们向往的圣地。

三 通过整合资源，形成规模，彰显功能和作用，满足人们的需求

就国内名人故居来看，绝大多数仅依托故居这个阵地进行爱国主义教育，即或有其他的设施也是非常有限。这在改革开放前还可以，但社会在发展，时代在进步，人们对精神文化产品的需求在变化，要求也在不断提高。当前，我国正处在全面建设小康社会的过程中，人们对精神文化的追求呈现出多元化、全方位、多层次的需要，如果还依靠单一的资源，显然无法满足人们的需求，必须整合资源，形成一定的规模。名人故居也应走市场化经济，通过门票收入、纪念品的开发、宣传促销等获取多种经

济收入来不断完善、发展、壮大。才能适应社会的需要和时代的要求。其实，名人故居所在地方一般都具有丰富的历史资源、人文资源和自然资源，只不过未加利用、未进行有机整合罢了。只要有机整合，配套相关设施，就能形成规模，名人故居的功能和作用就会得到更好的发挥。邓小平故居在这方面就进行了有益的尝试。

2004 年 8 月 22 日是邓小平同志诞辰 100 周年纪念日，邓小平故里以此为契机，自 2001 年经中共四川省委、省政府同意设立了邓小平故居保护区起，就迈开了整合资源、形成规模的发展与建设之路。在短短的三年时间里，就由一个占地 19 亩、建筑面积 833.4 平方米的单一的邓小平故居，发展成为占地 830 亩，绿化覆盖率达 80% 以上，拥有 6 处全国重点文物保护单位和 2 处纪念设施以及人文和自然景观 20 多处，游、购、娱、吃、住、行旅游基础设施齐全的郁郁葱葱、自然亲切、井然有序、令人仰慕的"天然纪念馆"。通过发展与建设，邓小平故里拥有以邓小平故居为核心的丰富的自然、人文资源，形成了吸引力较强的综合旅游景区。2004 年被评定为全国爱国主义教育示范基地先进单位和国家 4A 级景区，也获得了四川旅游"金熊猫"奖，2005 年被评为群众最喜爱的中国红色旅游十大景区，取得了社会效益和经济效益双赢的局面。

整合资源、壮大规模，不仅有利于保护和利用名人故居、人文资源和自然资源，更能彰显功能和作用，满足游客的需要。

四 办好展览，深入研究，促进红色旅游的可持续发展

红色旅游的目的和作用就是寓思想道德教育于参观游览之中，将革命历史、革命传统和革命精神通过旅游传输给广大人民群众，有利于传播先进文化、提高人们的思想道德素质，增强爱国情感，给人们以知识的汲取、心灵的震撼、精神的激励和思想的启迪，起到潜移默化、润物细无声的效果。要达到这一目的和发挥这个作用，结合名人故居的特性来看，必须搞好名人故居的陈列展览工作。陈列展览不仅关系到用什么样的内容给人们以知识的汲取、心灵的震撼、精神的激励和思想的启迪，也关系到通过怎样的形式增强爱国主义教育效果。随着社会的发展和时代的进步，爱国主义教育的内容与形式都应当赋予时代特征。当前，我国已进入全面建设小康社会、加快推进社会主义现代化的新的发展阶段，面对新形势新任务，爱国主义教育方式迫切需要改进和创新。改进和创新名人故居的爱国主义教育方式不仅仅是参与红色旅游这种新型主题性旅游形式，而更重要的是在爱国主义教育内容上和形式上下工夫，即在陈列展览的内容上有社会新意、形式上有时代特征。如邓小平故里在邓小平故居陈列馆打造出主题鲜明、特点突出、内容丰富、设计新颖、色彩大气的"我是中国人民的儿子"基本陈列展览，在邓小平故居、蚕房院子、翰林院子、北山小学堂等邓小平青少年活动场所里进行复原陈列展览，尤其是展览运用国际博物馆展示的成功理念，结合现代科学技术的先进展示手段，以"题材重大、政治性特别强、达到了高水准"而荣获第六届（2003～2004 年度）全国博物馆十大陈列展览精品——特别奖。游客置身其间，受到爱国主义的深深教育和强烈震撼，获得了社会的广泛赞誉。

好的展览植根于精深的研究，名人故居必须加强对名人的研究，在研究中，不仅须面向当今社会和时代，还要依托社会力量，研究出具有时代特征的能教育、鼓舞、启发人的成果，通过展览奉献给社会。邓小平故居陈列馆展览之所以成功，得益于对伟人邓小平的深刻研究把握了伟人的人格魅力和精神内涵，使展览产生了很强的感染力和震撼力。

正因如此，前来邓小平故里的游客源源不断，因而促进了邓小平故里红色旅游的可持续发展。

五　通过改革创新，塑造有特色的红色旅游品牌

为了名人故居在红色旅游中更好地发挥作用，必须转变观念，改革传统模式，创立新模式，塑造出红色旅游经典品牌，这是社会的需要和时代的要求。如今我国正处在建设和谐社会和建立社会主义市场经济的过程中，人们对精神文化的需求是多样化、多层次、多形式的。要满足这种需求，必须更新观念，改革传统的建设和管理模式，走市场化道路。观念新就是要树立以爱国主义教育为宗旨、以旅游为产业、以市场为依托的思想和理念，在建设和管理中敢于打破传统的模式，运用市场机制，引进人才、引进技术、引进经验、引进机制，通过消化吸收，创立适应市场需要且有自身特色的模式，从而塑造出人们需求的红色旅游品牌。如邓小平故里在发展与建设之初，就采取以爱国主义教育为宗旨、以旅游为产业、以市场为依托的运行机制，引进国际先进理念，多渠道筹资，科学规划设计，高标准建设等等；在后来的管理过程中，聘请国内高水平的博物馆专家加盟，引进国内著名的旅游企业或公司策划参与经营管理等等。通过改革创新，塑造出一个红色旅游经典品牌。如今"小平故里行、华蓥山上游"享誉神州大地，前来游览、考察、学习的人们络绎不绝。

红色旅游的热潮方兴未艾，名人故居应当乘势而上，积极运作，才能在红色旅游中更好地发挥作用。

导入 ISO 质量环境体系　提高博物馆管理水平

——以古田会议纪念馆为例

吴锡超

（福建省龙岩市古田会议纪念馆）

2003 年的金秋十月，僻处闽西山乡的古田会议纪念馆顺利地通过了 ISO 质量管理体系和环境管理体系的认证工作。毫无疑问，这是博物馆界的大事。毕竟，ISO 质量环境体系对于文博界来说，还是个陌生的名词。如今，全球化、WTO、知识经济、文化产业等挑战接踵而来，博物馆如何应对这些挑战，已经成为今天中国文博界的头等大事。笔者作为古田会议纪念馆的工作人员，以内审员的资格，全程参与了该馆的认证工作，深深地感受到：导入 ISO 质量环境体系，以提高博物馆的"内功"和管理水平，应当是博物馆应对新形势和新挑战的一个有益的尝试。

一　关于 ISO 质量环境体系

俗话说，没有规矩，不成方圆。任何事物都有一定的标准。标准，《辞海》的解释是："衡量事物的准则。"世界各国都有标准化的历史。中国早在秦始皇时期就在全国偌大的版图上实现了"度、量、衡"的统一。古代埃及在建造法老的金字塔时就明确规定了石块的规格。战争是标准化的驱动器。二战后的第一年，鉴于美国在军需品生产方面的质量保证活动的成功经验，国际标准化组织（International Organization for Standardization，英文缩写为 ISO）遂在瑞士日内瓦成立。ISO，即由多国组成的非政府性国际标准化机构，ISO 目前有 120 多个正式成员国，每一个成员国都有一个标准化机构与 ISO 相对应。

标准可以针对具体事物，也可以针对某个组织，即一个运作的实体，如企事业单位。现行的国际标准主要有质量管理标准、环境管理标准、职业安全与健康标准、产品安全标准和产品质量标准。由于博物馆的工作性质，与博物馆有密切联系的主要是 ISO 质量管理体系标准和环境管理体系标准，其中，ISO9001：2000（质量管理体系之要求）和 ISO14001：1996（环境管理体系之规范及使用原则）是博物馆关于 ISO 质量环境体系认证的核心内容。

　　ISO 从 1986 年至 1987 年先后发布了 6 项质量标准，统称为 ISO9000 系列标准，并且在 1990 年、1994 年、1996 年、1997 年、2000 年几度修改。现行的质量标准是 2000 版的，正式称呼 ISO9000：2000 质量管理标准。

　　环境管理系列标准是 ISO 继 ISO9000 质量管理标准之后推出的又一管理标准，其目的在于帮助企业改善行业环境，消除贸易壁垒，促进贸易发展，其宗旨是"支持环境保护工作，改善并维持生态环境质量，减少人类各项活动所造成的污染，使之与社会经济发展达到平衡，促进经济的持续发展"。ISO 为环境管理体系留出了 100 个标准号，标准号为 14001～14100，故而统称为 ISO14000 环境管理系列标准，现行的是 1996 版标准。

　　我国是 ISO 的正式成员。目前，国家质量技术监督局已经将 2000 版 ISO9000 族质量标准和 1996 版 ISO14000 族环境标准等同采用为国家推荐性标准。

二　管理体系与博物馆"联姻"的理论依据

（一）质量管理体系与博物馆的"联姻"

　　质量管理体系的主要内容是质量管理的八项基本原则，即以顾客为关注焦点、领导作用、全员参与、过程方法、管理的系统方法、持续改进、基于事实的决策方法、与供方互利的关系。尽管这些原则最初的目的是从企业运作为出发点，但是，通过剖析这些抽象的原则同博物馆的具体事象之间的相互验证关系，我们不难发现，从管理的角度出发，这些原则也适用于博物馆。

　　"以顾客为关注焦点"，在博物馆体现为对观众的一种人文关怀。现代观众的法律意识都比较强，他们在享受博物馆提供的"产品"——服务时也不会忘记服务的质量问题。当观众和博物馆因为服务问题而产生矛盾时，观众选择的处理方式往往就是向有关部门或新闻媒体投诉，这对博物馆是相当不利的。据瑞典一家博物馆调查，观众的回头率与社会效益之间有一个公式，即 $1\% = 11.33\%$，也就是说每 10000 个观众中，只要有 100 个回头客，就会带来 1133 个新观众；反之，只要有 $4\%～10\%$ 的投诉率，大部分游客在选择参观点是一般不会将其考虑进去。博物馆对观众的人文关怀是一门学问，如在门票制作上，要尽量淡化门票的经济意义，增加人文知识和收藏价值；售票时要讲究技巧，缓解售票人与观众之间的经济关系，淡化凭票进门中"门"的概念，使观众产生一种宾至如归的感觉；工作制度上尽量考虑观众参观的随机性与博物馆作息时间的矛盾，避免使观众"乘兴而来，败兴而归"；版面制作时，在文物和资料保护允许的范围内，灯光、色彩、音响、场地、水电等硬件设施必须尽量充分考虑观众的感官和心理承受能力等等。

　　"领导作用"上，体系要求"领导"具有大局观并能够制定长短期质量目标、公正平等、价值共享、信赖下属并提供必要的资源等，这些在博物馆同样重要。一个良好的博物馆领导（班子）是博物馆可持续发展的火车头。由于体制的原因，中国的博物馆领导很大一部分是政府任命的管理博物馆的行政官员，随着时代的发展，学者型馆长必将占据主流。

"全员参与"原则体现了博物馆干部职工的主人翁责任感。

"过程方法"在博物馆体现为"产品"——陈列版面、讲解导游、宣传教育、研究成果等服务项目的产生与提供过程。

"管理的系统方法"原是指企业运行中的 PDCA 循环，即策划（Plan）——实施（Do）——检查（Check）——改进（Adjust），同样地，这个循环也适用于博物馆。如博物馆在陈列版面设计时，必然要先进行策划（Plan），然后实施（Do），做好后必须检查（Check）——包括请专家和观众提意见和建议，最后改进（Adjust）其中的不足之处。

"持续改进"体现了博物馆一定要处理好文物的保护与开发之间的关系，在博物馆的发展上绝对不能"竭泽而渔"，必须制定一个可持续发展战略。

"基于事实的决策方法"使博物馆必须放弃官僚式的"拍脑袋"决策方式，领导层既要解放思想，勇于开拓，又要实事求是，不能违背文物工作的客观规律。

"与供方互利的关系"这一原则的"供方"对于博物馆来说主要有两个，一是基础设施的提供方，另一是文物、资料的捐赠者和被征集对象。对于前者，主要要考虑其信誉度、企业业绩、供品质量等。对于文物捐赠人，上海博物馆的做法为我们在了解这一原则时提供了注解。上博在陈列展厅墙上设立题有文物捐赠人姓名的"金榜"，在展出文物的说明牌上注明文物捐赠人的姓名，举办捐赠文物展，对生活困难的文物捐赠人尽量提供帮助，成立"文物捐赠人"之家，等等。

（二）环境管理体系与博物馆的"联姻"

如前文所述，我国已经将 ISO 质量环境体系等同采用为国家推荐性标准，博物馆采用环境管理体系的理论依据在哪里呢？

博物馆的一个很大的现实任务，就是"把环境问题列入各类博物馆的工作内容，帮助观众树立生态伦理"[①]。环境（Invironment）一词最早是由英国哲学家斯宾塞（H·Spencer）提出的，他所定义的环境包括自然环境和社会环境，但长期以来，人们经常把这二者割裂开来，没有看到人类社会与自然界之间的相互依存的关系。直到 20 世纪 70 年代生态学问世，提出了环境主义和人与自然的和谐，才使人们认识到在谈到全球化问题时，必须把环境包括进去。此后，"环境问题就是文明问题"[②] 的观念深入人心。博物馆作为终身教育机构，在加强环境教育方面责无旁贷。环境主义在博物馆崛起，使得博物馆界积极参与全世界范围的绿色革命。在我国，从 20 世纪 90 年代开始，与保护生物多样性有关的自然史博物馆、自然保护区、动物园、植物园、水族馆等自然科学类博物馆以及科技馆都开始把环境教育列入工作计划，但博物馆的大头——社

---

① 甄朔南《全球化下的我国博物馆发展战略》，《全球化下的中国博物馆》，中国文物报社，2001 年。
② ［日］岸根卓郎《环境论》。

科类博物馆却很少参与这一工作，与发达国家相比差别很大，同国际博物馆协会规定的"博物馆"的任务很不相称。

1984 年国际博协在加拿大发表《魁北克宣言》，声称：扩大博物馆功能，协调人类与自然环境的生态关系；深入社会为社区和特定的群体服务，社区居民是博物馆的主人；把历史和未来衔接起来，使博物馆能反映社会的演变动态。1995 年，国际博协通过修改章程，又一次明确指出：博物馆是一个为社会及其发展服务的非盈利性的永久性机构，并向大众开放；它为研究、教育、欣赏之目的，征集、保护、研究、传播并展出人类及人类环境的物证①。

从国际博协给博物馆的定义，我们可以看出，尽管博物馆的定义不断在改进，功能不断在健全，但是，博物馆服务于人类和人类环境的根本任务并没有改变。环境问题涉及历史、政治、经济、文化等诸多因素，所以各类博物馆都可以从自己的专业出发，对观众进行环境教育。博物馆承担提高人们综合素质的任务，最主要的就是学会正确对待大自然，正确对待社会。

博物馆"情系"环境问题的另一个表现是，生态博物馆作为博物馆的一个崭新的类型，正在全世界蓬勃兴起。生态博物馆是在人类社会现代环境意识与现代生态意识不断觉醒的背景下产生的。1971 年，国际博协第九次大会上，国际博协领导人乔治·亨利·里维埃谈到博物馆发展的新趋向时，第一次使用了"生态博物馆（Ecomuseum）"这个名词。此后，环境科学的系统性、整体性原则被引入博物馆，从而引发了国际范围的生态博物馆和新博物馆学运动。建设中国的生态博物馆，是中国历史和现实的需要，已经成为业内有识之士的共识。1995 年，中国和挪威的博物馆学家在贵州省开始了生态博物馆在中国的尝试，同年 5 月，贵州六支特区梭戛苗族彝族回族乡陇戛村建立了中国第一座生态博物馆。1997 年 11 月，中国国家主席江泽民和挪威国王哈拉尔五世在北京人民大会堂出席了《挪威合作开发署与中国博物馆学会关于中国贵州省梭戛生态博物馆的协议》的签字仪式。生态博物馆的建设由此提升为全国注目的国际项目。

事实上，环境问题一直是博物馆的重大问题之一。故宫博物院、秦始皇兵马俑博物馆、敦煌博物馆等著名的大馆，由于观众太多，一些文物已经不能忍受众多观众产生的二氧化碳、水气、噪声等排放物。因此，限制观众人数已经成为这些博物馆保护文物的权宜之计。

三　博物馆如何导入 ISO 质量环境体系

概括地说，导入 ISO 质量环境体系，对博物馆有三大"利"。

其一，博物馆的管理具有科学性。企业的相关方，即供应商——组织——顾客这一供应链，在博物馆同样可以体现服务链，即文物资料的提供者（国家、文物捐赠者

---

① 戴亚雄《博物馆教育与社区教育关系的调查思考》，《中国博物馆》1999 年第 2 期。

和被征集者等）——博物馆——观众。通过引进 ISO 质量环境体系，可以优化管理流程，降低博物馆的运行成本，提高社会效益和经济效益，美化文物保护与利用的环境。

其二，可以提高博物馆的知名度。我国著名的海尔集团，通过导入 CE（欧共体电器标准）、UL（美国电器标准）成功地在欧美登陆。目前，关于博物馆如何"走出去"、如何进行宣传的研究文章充斥着文博刊物，但是像古田会议纪念馆一样，通过导入 ISO 质量环境体系、通过第三方的认证来进行博物馆的宣传攻略的博物馆却少之又少。可以预见，古田会议纪念馆花"小钱"钓"大鱼"的效益很快就回体现出来。

其三，可以减少重复性的认证或者定级。博物馆界向来有根据管理体制而把博物馆定级的传统。由于 ISO 质量环境体系是国际通行标准，也是国家质量技术监督局规定的国家推荐性标准，因此博物馆可以减少其他的认证。

古田会议纪念馆在认证时提出的管理方针中，有"保护遗址，防治污染"，也有"优质服务，依法管理"。可以看出，纪念馆把"环境问题"与"质量管理"当作这个方针的核心内容。为了提高 ISO 质量环境体系认证的成功率，古田馆成立了专门的工作小组，制定了一套完整的方案，由馆领导亲自抓，办公室主任具体负责，两名专业技术人员通过培训担任内审员，全馆干部职工参加 ISO 质量环境体系知识的学习，等等。

认证是一回事，运用是另一回事。认证是手段，运用是目的。博物馆花费人力物力财力精力通过了 ISO 质量环境体系认证，如果不好好利用该体系该认证来提高和协调博物馆的社会效益和经济效益，未免有"暴殄天物"之嫌。在具体的运用上，博物馆在宣传、造势时，不妨打着通过了"ISO9001 质量管理体系认证"、"ISO14001 环境管理体系认证"的旗号，自然可以收到先声夺人的效果；在内部管理上，灵活运用质量管理体系的八项原则，可以提高博物馆的工作效率，增强博物馆的内聚力和凝聚力，使博物馆的"产品"更精、更美，更能吸引观众的眼球；而环境管理体系，对于不可再生的文物的保管和存放、对于博物馆这样一个社会公益机构在实现其宣传教育功能方面，无疑具有重大的意义。导入、运用 ISO 质量环境体系，提高博物馆的管理水平，是一门崭新的学问，也是博物馆工作者必须面对的一个新的研究和实践的课题，本文略作探讨，盼作引玉之砖，求教于方家。

立足创新　与时俱进

——以安徽合肥李鸿章故居发展战略为例

程　红

（李鸿章故居陈列馆）

近年来，合肥市在"大发展、大机遇、大挑战"思想的指导下，各方面都取得了瞩目的成就。合肥的旅游业也结合自身特点，以人文景观为中心，取得了迅速发展。"三国古城"、"包拯故里"、李鸿章故居等人文景观通过利用自身的旅游资源优势，在旅游业中占据了一席之地。尤其值得一提的是，作为合肥市唯一的名人故居——李鸿章故居，在 2005 年合肥市民的民意测验中，当仁不让地成为市民首选的景点。究其原因，是与坚持不断创新的宗旨分不开的。

一　管理上的创新

作为合肥市率先实行自筹自支的事业单位，李鸿章故居在经营方式上采取的是市场化的运作方式。为了在激烈的文化旅游市场上立有一席之地，故居领导适时改变传统的经营管理模式，强化创新意识，加大对内改革的力度，并在与对手竞争的过程中探索出了一套先进的管理模式。

首先，为了激励员工的竞争和忧患意识，故居制定了明确每个人责任义务的责任完成制。该制度规定，任何人如果不能在一个月内完成领导交办的各项任务，将扣除部分奖金。它的实施不仅提高了工作效率，而且形成了良好的工作氛围，使全馆上下呈现出积极进取、蓬勃向上的精神风貌。其次，开展全员竞争上岗制度。随着故居规模的扩大，针对发展的需要，设置了各种岗位。我们的员工可以就空缺的岗位进行公平竞争，只要你有能力胜任该岗位，就可能被聘用。通过这种竞争上岗，不仅充分调动了员工的积极性，提高了业务水平，更是吸纳了大批的优秀人才，从而为其进一步发展奠定坚实的基础。再次，调整部门结构的，增加研究部，加大业务研究的力度，提高陈列内容质量。最后，根据市场化"以人为本"的要求，强化服务质量，改善工作人员的素质结构。这主要体现在保持一支高素质的讲解员队伍上。讲解员站在服务的第一线，她们的服务水平和质量直接关系到景点的形象。一方面，灌输优质服务的意识，让她们走出消极被动、孤芳自赏的现状；在讲解的过程中，尽可能地与游客交流，对游客提出的疑问在第一时间给予答复，直至游客满意为止。另一方面，为了提高其业务素质，还开设了讲解员培训课程。这种培训极大增强了她们的学习热情，提高了讲解质量，满足了游客对讲解人员的高要求。2005 年 9 月，清史编纂会一行成员在听完其讲解后，都不禁称赞其严密的逻辑和丰富的历史知识。

二 宣传上的创新

目前，李鸿章故居已具有一定的知名度，但"酒香也怕巷子深"。要想保持它持久的生命力，不被旅游者遗忘或抛弃，经常出新是必然选择。首先，在宣传内容上要不断出新。因为历史在前进，名人故居向人们展现的内容也要与时俱进。在保持名人故居特色、不改变名人故居历史的前提下，对名人故居中蕴涵的历史内容的宣传一定要随着时代的发展不断增加新的特色。如对李鸿章生平的介绍方面，我们绝不允许内容上的滞后，而是根据李鸿章史料的增加以及史学界研究的深入而适当增加新的内容。除内容上出新之外，在宣传的形式上，要主动进行市场营销，争取客源。目前，我们正以市场策划、市场宣传、市场促销等全方位的市场营销方式向社会推广李鸿章故居。通过抓好"以人为本"的市场策划工作和借助多媒体以及社会其他力量，取得了很好的社会效应。如 2005 年 11 月间，李鸿章研究会在故居召开了"李鸿章与合肥城市文化建设"的讨论会。该论题的选定反映出了名人故居在城市的文化建设中所表现出的巨大作用。名人故居直观地显示了这座城市的文脉，承载着历史积淀和文化内涵，也凝聚了人们的情感关注和想象空间。它既是城市的精神财富，也是城市的魅力"名片"。该讨论会的开展极大地宣传了故居，赢得了省市领导的好评。

对于一个开放的城市，游客的需要正向着多元化、个性化的方向发展。无论是建筑风格还是文化内涵，名人故居都是特定时代的文化典例。就李鸿章故居而言，我们还可以通过丰富多彩的活动使得名人故居成为学生的第二课堂和成人终身学习的文化圣地。今年暑期，为了让故居成为历史文化知识的传承地，我们将宣传的目标投向了中小学生，开展了"李府暑期小讲解员"活动。通过一个月的培训，这些学生们不仅身临其境地了解了那段屈辱和抗争的中国近代历史，更提高了他们的语言表达能力。另外，我们还借助"首个文化遗产日"，针对在校的大学生开展了部分高校免费赠票活动。该活动得到了社会各界人士的高度赞扬和欢迎。很多人都认为，李鸿章故居此举发挥了人文景观的教育功能，提高了大学生的人文素养。

除通过媒体、活动宣传之外，我们还充分发挥讲解员的宣传作用。由于不断加强讲解员队伍的建设，使得其自身素质得到了很大提高。她们也是不负众望，不仅在众多演讲比赛中脱颖而出，更成为同行业中争相学习的对象。近年来，不断有成员获得"合肥市十佳导游"、"安徽省优秀导游"甚至"全国优秀导游"的称号。她们优秀的表现本身就是对故居的有力宣传，很多游客就是冲着讲解员来参观的。

在宣传方面，我们还积极解放思想，借鉴国外名人故居的做法，开发与名人一生重大事件相关的纪念品、精品礼品。这些纪念品和礼品不但可以维持故居的管理和运营的开销，而且还成为该景点在国内外"流动的广告"，极大地发挥了其文化效益和经济效益。如今年 10 月，我们推出了"李府个性化邮票"，充分展现了故居的建筑风貌和文化内涵，成为广大游客的收藏品。

三　陈列展览上的创新

陈列展览就是观众所需要的精神消费产品。没有一个不断推陈出新的展览，是很难长期吸引观众需要的。名人故居的陈列一定要因地制宜、革故鼎新、与时俱进，才能摆脱千馆一面，应者寥寥的境地。在形式方面，我们从材料的选择、展厅的设计、内容的表现形式等方面都力求突破以往。2005 年 12 月开放的"淮系集团与中国近代化"的展览就专门聘请了山东美院的专家设计了两种方案。无论何种方案都率先定位于博物馆设计，要求保持严肃、严谨、大方，同时还充分利用了灯光的效果，使得整个展厅既有立体感又不失于凝重感。整个设计中最具特色是前言和每一板块的引言。前言造型区简洁有力，旗帜一样的"淮"字分列两旁，体现出淮系集团挣扎、拼争与突破创新的内容特点；每一板块的引言则统一设计为绳索吊挂的仿李鸿章手书的信笺展板，仿如一扇窗户，体现出古朴、典雅的风格与历史的评判的内涵。在内容的表现形式上，除了使用一贯的照片之外，还增加了灯箱、漫画、明信片等其他形式。为了达到完美的效果，还使用高分辨率的数码相机对模糊不清的老照片进行了技术处理，使得图片不仅清晰，而且突显了立体感。2006 年 10 月新开放的主题展览"李鸿章生平展"更在形式上匠心独到，在东西两面的展厅中，呈现出中西方两种截然不同的建筑风格，并首次运用了影像资料。为追求视觉上的美观，在图片的形式上选择了成本较大的水晶制品。

形式上的独特创新给陈列的内容也提出了很大的挑战。我们的宗旨已不是简单罗列史实，而是要深入挖掘历史文化内涵，吸收引入最新有关人物研究的成果。文化是一个城市的灵魂、形象和内涵，也是一个城市发展的动力。文化与旅游的结合既能提升旅游的品位，也能让文化走向民众，从而走向双赢。名人故居是名人一段历史的形象化再现，它以独特的历史文化底蕴和永恒的魅力吸引着游人。只有深入挖掘文化内涵，充分彰显人文景观，完善文化功能，才能使其成为充满人文历史魅力和文化艺术格调的经典场所。

以历史文化为主要内容的李鸿章故居，在对李鸿章生平的介绍、淮系集团以及古代建筑知识等方面都做足了功夫。我们既要让游客达到娱乐休闲的目的，更能满足他们的精神文化需求。李鸿章作为晚清历史上一位极具影响力的军政大臣，其本身的极大争议性引起了人们的广泛关注。在"李鸿章生平展览"上，我们用大量珍贵的历史图片、原始资料等全面而客观地展现了他"少年科举、壮年戎马、中年封疆、晚年洋务"的一生，让人们通过一个个具体的历史事件去了解一个真实的李鸿章。为了进一步弘扬乡土文化，开发历史文化资源，我们又开放了"淮系集团与中国近代化"的展览。该展览表现了在李鸿章领导下，这个以皖籍人物为主的最有影响力的政治集团对当时政治、经济、文化以及国防所产生的重大影响，尤其是其所留下的经验教训对今天的中国仍然有着借鉴作用。这些丰富的历史知识让广大游客的观光有内容、有分量。正是由于在细节上的不遗余力，我们的每次展览一经推出就受到游客们的普遍欢迎。

　　唯进步，不止步。时至今日，故居秉承创新的理念和做好每一个细节的严谨态度为创建国家4A景区而努力并初显了成效。但未来的道路仍很长，仍有许多工作要做。如交通不够便利、陈列方式的陈旧、展览手段落后、内容不够丰富等，有待于在今后的工作中逐步完善。我们会借鉴各地一些成功经验，从细微处入手，并运用现代手法演绎厚重的文化，给观众带来享受和感悟。我们将继续努力，将李鸿章的文化视野和世界之旅更全面、更真实地展现给观众，让来自世界各国的游客能够更好地了解这位"东方俾斯麦"的思想和情感，更要让李鸿章故居在全国的旅游业中发挥着越来越炫目的光芒。

名人故居的认定、保护和展陈

——以杭州司徒雷登故居为例

沈建中　吴　涛

（浙江省杭州名人纪念馆）

　　名人故居的界定，首先要确定什么是名人。按照一般通行的说法，名人是指在政治、经济、文学、艺术、军事、教育、科技等诸多领域对社会发展作出贡献，并且受到推崇和认可的已故历史人物，从大历史和大文化的角度出发，其本身亦无好坏之分、优劣之别，它的包容度应是全方位的。总之，对还原历史起到历史作用的人物，都属名人。而名人故居则指某个名人曾经居住过的房子，特指名人出生地和青少年时期在此居住过的屋子。它的一般概念与旧居住并无太大的差别。

　　作为中国历史文化名城的杭州，历史上名人众多，东汉隐士严光、三国吴大帝孙权、晋代炼丹家葛洪、唐代大诗人白居易、吴越国王钱镠、北宋大文豪苏东坡、南宋爱国诗人陆游、宋元时代思想家邓枚、元代书画家高克恭、明代民族英雄于谦、明末清初文学家张岱、清代戏曲家李渔、清代数学家李善兰、晚清思想家龚自珍、晚清巨贾胡雪岩、清末立宪派领袖汤寿潜、清末至民国革命家思想家国学宗师章太炎、近现代实业家都锦生、近现代大儒马一浮、现代文学家思想家革命家鲁迅、现代科学家竺可桢、现代名画家林风眠、现代小说散文家郁达夫、现代人口学家马寅初、现代桥梁科学家茅以升等，他们或生于、长于杭州，或为杭州的历史发展作出了重大的贡献，产生过重大的影响，或启动了某一行业、某一学科的巨变，或由于有了他们的存在，而增添了古都的内涵，或谱写了中华文明史的新篇章。而杭州这座历史名城也哺育了他们的才智和精神，因之，他们是杭州的历史名人。

　　对杭州名人故居的认定标准主要应从三方面来指认，其一为出生在杭州，长大成人后外迁他乡，为人类社会作出贡献者，其在杭居住过的宅屋寓所即为杭州名人故居，如文学家夏衍、科学家钱学森等人的故居；其二为祖籍外埠，后迁居杭州，对杭州的历史文化作出贡献者，其在杭的宅屋，如诗人白居易、李清照、文豪苏东坡、科学家茅以升等人的故居；其三为功成名就的外籍（含外国）人士、视杭州为其第二故乡并居住于此者，其在杭的宅屋，如表演艺术家盖叫天等人的故居。

　　从以上的杭州名人故居认定标准来看，杭州司徒雷登故居属第一方面，又属第三方面。

　　经过专家考证，杭州市区目前有18处属于真正意义上的名人故居，它们是：郁达夫旧居、于谦故居、钱学森故居、王文韶故居、潘天寿旧居、马寅初旧居、司徒雷登故居、俞樾旧居、黄宾虹旧居、盖叫天旧居、都锦生旧居、胡雪岩旧居、夏衍故居、林风眠旧居、沙孟海旧居、茅以升旧居、马一浮旧居、龚自珍故居。其中司徒雷登故居是唯一的外国人的出生宅屋且又是其中9处对外开放的故居之一。

　　杭州司徒雷登故居位于杭州市下城区耶稣堂弄1—3号，1985年列入杭州市文物保护点，现由杭州名人纪念馆管理，常年对外开放。

　　作为一个出身苏格兰名门的美国人，具有美国来华传教士、燕京大学校长、驻华大使多重身份的司徒雷登（John Leighton Stuart，1876～1962年）与中国、与杭州有着很深的历史渊源。司徒雷登的父亲约翰·林顿·司徒（John Linton Stuart，1840～1913年）是美国基督教南长老会派到中国的第一批传教士，他自28岁来中国杭州传教，直到1913年病故于此，总共在中国生活了46年。司徒雷登的母亲玛丽·霍顿（Mary Horton Stuart，1842～1925年）与丈夫结婚以后，也来到中国杭州，1925病故，在中国生活了50年。他们在中国生下了四个儿子，司徒雷登则是他们的长子。与母亲一样，司徒雷登也在中国生活了50年，能说流利的华语，并且会讲杭州话。1954年，他在美国出版了自己的回忆录，书名就叫《在华五十年》（FIFTY YEARS IN CHINA）。

　　司徒雷登的父母、大弟、三弟死后均葬在杭州九里松的外国传教士公墓。1946年10月，时任美国驻华大使的司徒雷登来杭扫墓，旧地重游。在杭州基督教青年会（YMCA）会场，他被授予杭州市"荣誉市民"，接受了证书和金钥匙（按：时"荣誉市民"共授予5人：李宗仁、白崇禧、黄绍竑、朱家骅、司徒雷登。除朱家骅婉拒外，其余均乐意接受。其中李、白、黄属于国民党桂系，而司徒雷登是唯一的外国人。）。可惜，1964年12月，在杭州"西湖风景区清理坟墓碑塔运动"中，包括司徒雷登双亲及两弟在内的共22座来华传教士的坟茔都被拆除了。整个公墓群消失的无影无踪。司徒雷登的妻子随丈夫在中国生活了22年，她死后葬在中国北京燕京大学（今北京大学）校园内。1955年，司徒雷登在一份遗嘱中，提出自己身后希望将骨灰葬在他所创办的燕京大学内，与妻相伴。遗憾的是，由于种种原因，直至今天，他的遗愿未能成为现实。

　　史料记载，杭州司徒雷登故居是杭州最古老的外国传教士住宅，建于清光绪四年（公元1878年），占地面积共4138.5平方米，包括一座教堂，一所学校和三幢并排传教士住宅。关于司徒雷登的出生地，有两种说法：其一是说司徒雷登出生于杭州武陵门内美国长老会寓所，生长于耶稣堂弄住宅。其二是说司徒雷登就出生在耶稣堂弄传教士住宅。因为住宅在清同治十三年（公元1874年）美国长老会的传教士1870年于此建耶稣礼拜堂天水堂后即建造，当时，他的父母就是天水堂的主管。而也正因为有此耶稣礼拜堂和传教士住宅，其所在的小巷被人们称作耶稣堂弄，这个地名一直延续至今。从1946年10月19日司徒雷登重访天水堂故居，并在故居其诞生的房间内与长老畅谈儿时情景的《东南日报》报道看，第二种说法是正确的。

　　司徒雷登故居现系砖木结构、中西合璧的二层楼房，原来周边竹园环绕，环境清幽。岁月如流，原布局早已不存，周边为新建楼房所包围，现仅有住宅一幢，教堂一所。其中住宅占地 239.4 平方米。1949 年后，先后由浙江省体委和杭州基督教三自爱国会管理，成为职工宿舍。2000 年 3 月，故居不幸遭产权单位基督教三自爱国会自行拆除，仅剩断墙残垣。2001 年以后，杭州市文物部门购得房屋产权，对之进行修建。但由于认识上的原因，致维修过程中未能测绘原有建筑，又未保留拆下的构件，从而使修复后的故居文物价值大打折扣。修建后的住宅为二层，系五开间，歇山顶，拱形窗，粉饰墙，楼下有平台，楼上有晒台，外侧有走廊。与笔者所见的 1946 年司徒雷登在其故居合影时的故居，在外观、结构、布局、内装修等方面均有一定距离。现命名为司徒雷登故居。故居之匾牌由燕京大学校友、原全国人大副委员长、国务院副总理、外交部部长黄华题写，其他在北京的杰出燕京校友雷洁琼、费孝通、吴阶平、周南等也为之题字。教堂天水堂位于故居北侧，亦经局部修缮。

2004 年，司徒雷登故居进入室内陈列设计阶段，陈列方案由燕京大学北京校友会和杭州名人纪念馆共同策划而成。2005 年 6 月，故居正式对外开放。

众所周知，由于司徒雷登在 1946 年以后，担任了美国驻华大使，也由于其后国共内战的爆发及他代表美国政府在调停国共内战中所持的立场，更由于毛泽东在 1949 年政权易手前夕发表了《别了，司徒雷登》一文，称其为"美国侵略政策彻底失败的象征"，是"茕茕孑立，形影相吊，没有什么事做了，只好夹起皮包走路"。所以，迄今司徒雷登就政治方面而言，仍是一个敏感人物。而且，司徒雷登故居当年作为传教士的家庭住宅，其内部陈设究竟是什么样子的？由于房屋几经易手的原因，在相关的房产档案中也不见任何介绍，司徒雷登晚年所写的回忆录中对此也是语焉不详，因此，陈设复原的难度相当大。

尽管如此，杭州司徒雷登故居对外开放方针已定。陈列方案在参阅了大量史料的基础上，集中反映了司徒雷登作为一个西方基督教的传教士、一个燕京大学的创办人、一个热爱中国及中华文化的美国人的生平，突出了他对中国现代教育和中美文化交流的贡献。策展人员搜集了大量的图片及文献资料，如有关司徒雷登一家早年在中国杭州的老照片，燕京大学内的中西合璧建筑照，未名湖的"湖光塔影"风光，燕大优秀毕业生名录，司徒雷登与蒋介石、宋美龄、周恩来、叶剑英等国共领袖人物的合影，司徒雷登与其私人秘书和顾问，"情同父子"的傅泾波夫妇及子女的照片，以及展陈必需的一些实物等等。

杭州司徒雷登故居上下二层共有正房 8 间，策划者将楼下 4 间恢复了起居室、办公室兼书房、餐室、卧室，在室内装饰上，力图再现 19 世纪美国基督教新教传教士的生活特点，同时，考虑到司徒一家浓厚的中华情结，又在细节上放上了中国传统的器具。这种主体西方、细节东方的陈列构思，与故居中西合璧的外形和主人公的传教士身份是吻合的。

由于时间紧迫及认知方面的原因，司徒雷登故居室内场景复原上也存在着诸多缺憾。如将信奉基督教新教的司徒牧师之家布置了意大利画家拉斐尔的《西斯庭圣母》油画及其他众多的天主教家庭特有的偶像崇拜之物。众所周知，基督教新教反对教皇的绝对权威，不同意尊玛利亚为圣母，不赞成塑造圣像加以崇拜，这样的展陈犯了常识性的错误，应在陈列改造时加以改正。

2006 年夏，经过往来于中美两国的华裔美国人、美中国际交流协会副会长、燕京大学校友国仲元先生居中牵线，美籍华人、已故傅泾波先生的子女们：傅铎若女士（华裔著名画家），傅海澜女士（全美华人协会华盛顿分会会长），傅履仁先生（美军退役将军、美国"百人会"会长）经过慎重商量，决定将存于傅海澜女士美国华盛顿居所（按：司徒雷登在 1949 年返美后，直到他逝世，一直居住于此，生活上亦由傅家照料）的一批司徒雷登的遗物捐赠给杭州司徒雷登故居。

这批遗物包括 1946 年南京国民政府对司徒雷登的褒奖令，1946 年杭州市市长周象贤（美国留学生）赠给司徒雷登的杭州市金钥匙，以及与司徒雷登有交往的军政要人阎锡山、孙立人、张之江、陈立夫、朱家骅、徐永昌、周至柔等为司徒雷登贺寿的书法轴，艺术大师王一亭、张书旗等的图轴，司徒雷登的博士袍、博士帽，司徒雷登的中英文藏书和著作等，极具收藏和研究价值。特别是那只纯金制成的金钥匙，长 7.9 厘米，厚 1.5 厘米，重 8 钱 6 分，经过整整 60 年历史沧桑，如今又回到了它的原点杭州，这件象征中美友谊弥足珍贵的历史文物，是故居收藏品中最具意义和价值的一件。而与之相匹配的那份杭州"荣誉市民"证书（用国产冰梅纸写就，红绫裱制，外装红木盒。证书上文字为：兹由杭州市参议会公推司徒雷登先生为杭州市荣誉市民，此证。并由杭州市长周象贤、市参议会议长张衡署名，加盖两机关印章）亦将回归杭州司徒雷登故居。

是年 11 月，杭州司徒雷登故居为了欢迎捐赠者之一，来访的傅履仁（John L. Fugh）将军，特将故居二楼辟为专室，陈列这批捐赠收藏品，并考虑在今后的岁月里，以基本陈列的方式布展，展示给广大市民参观。同期，在司徒雷登故居前的耶稣堂弄，经有关部门批准，在此竖立了一尊司徒雷登的雕塑胸像。

通过上述对杭州司徒雷登故居这样一个名人故居范例的述评，我们可以得出如下的结论：第一，名人故居在保护和修复方面，一定要遵守文物修复"修旧如旧"的原则，全貌地保护其外观、结构、布局和内部装修。否则，维修得再精致，也只是做了一件工艺品，一件"假文物"。第二，名人故居的内部陈列一般需要场景的原真复原，不做"画蛇添足"式的图片展陈，但若场景复原确有困难，用搜集到的、拍摄清晰的历史照片和主人公的遗物作为展陈的元素，应该被允许。但这类照片和遗物应以原物为主，而非电子文件、翻拍、印刷品材料等。第三，名人故居变成名人纪念馆的例子很多，但成功者不多，其原因在于如何对待"适度开发"与"合理利用"两大问题，对此，必须加强研究。

名人故居的现状及发展思路

——从任弼时故居的发展谈一点体会

胡 波

（任弼时故居）

前 言

半个世纪以来，名人故居以其独特的历史文化底蕴和永恒魅力吸引着人们，在促进社会主义"三个文明"建设中起到了积极的、无可替代的作用。特别是在信念严重缺失的当代，名人故居和纪念地对于帮助青少年从小树立正确的人生观、价值观，培育爱国主义精神有着至关重要的意义。然而，笔者从被誉为"红色之乡"的湖南省文物部门了解到，境内众多名人故居正处在闲置状态，门前遭遇"冷落"。而且现存的部分故居和纪念馆（地）原貌已遭到不同程度的破坏，木质结构的房屋多年受风雨侵蚀亟待修缮，一些陈列资料陈旧发霉，个别地方文物环境仍遭到建设性的破坏……种种信息表明，保护和发展名人故居已到了刻不容缓的地步。

一 故居的现状

位于湖南汨罗的任弼时同志故居是一座江南风格的院落民居。自上世纪70年代对外开放以来，故居基本得到有效的维护，并在发展的道路上进行了一些积极探索，先后被国家有关部委评为全国重点文物保护单位、全国爱国主义教育示范基地、国家4A级旅游景区、全国红色旅游经典景区等。累计接待全国各地参观游客300多万人，党和国家领导人胡锦涛、江泽民、王震、尉健行、周永康等都曾专程来馆参观。一是成立了专门的保护机构。故居现今由任弼时纪念馆专门负责管理，并逐步完善了故居的保护管理制度和参观接待程序。二是基本保持了原貌。任弼时纪念馆先后筹集了维修资金260多万元，依照"整旧如旧"的文物维修原则，完成了两次整体修缮保护，基本恢复了故居原貌，同时进行了初步的周边环境整治。三是文物主管部门对故居加强了业务指导。国家文物局逐项划定了故居的保护范围和建设控制地带；省市文物部门加大了对故居保护工作的指导和监督力度，加强了对故居员工的业务培训。四是修建了配套的纪念馆。任弼时故居利用任弼时同志诞辰百周年的契机，多方筹集了建馆资金近 4000 万元，于 2004 年 4 月顺利建成开放，造成良好的社会影响，为故居今后的发展奠定了坚实的基础。

二　故居存在的问题

随着时代的进步，国家由计划经济迅速向市场经济过渡，旅游行业出现资源升级和市场分化，导致激烈的市场竞争。进入 21 世纪后，仍然带有浓厚计划经济色彩的任弼时故居暴露出了许多的问题，明显感受到文物事业经费不足、管理体制落后、自身造血功能薄弱等等所带来的市场不应症。

（一）故居亟须再次修缮保护

由于中国传统建筑的砖木结构耐久性能差，定期和持续对历史建筑开展维护与修缮是保护名人故居所不可缺少的重要措施。任弼时故居经历了上世纪的两次大修缮之后，在风雨和虫害的双重侵蚀下，开始出现安全隐患；另外由于文物保护条件差，部分文物开始朽坏老化；其次是文物消防设施和安全监控设备严重缺乏。这些问题使故居再次面临新一轮的维修保护。

（二）故居周边环境仍需整治

上个世纪虽然对周边环境进行了初步治理，但仍然存在一些遗留问题。如故居附近的保护范围内仍有民房六栋，建筑风格不一，布局无序，对整个故居周边环境造成很大影响。根据保护和发展的需要，故居的周边环境仍然需要花大力气进行整治，恢复至 20 世纪初期的湘北农村风貌。

（三）事业经费不足

主要体现在故居维修和开放经费缺口巨大。当地财政无力投入，上级文物部门的专项经费相对有限，加之无人为未成年人免费参观"买单"，故居的维修保护工作得不到经费保障，那就更谈不上事业的再发展。

（四）管理体制不顺

故居在业务和人事方面受到多头管理，但是多头的管理部门却在事业经费的投入等方面出现推诿和漠视，而且没有针对故居制定相应的指标体系考核，导致故居管理机构臃肿，效率低下，业务研究力量不强。

（五）教育功能亟待挖掘

战争年代的硝烟已经消散，新时期的青少年对于当年革命先辈的感情和认识早已淡漠，对于多年一副老面孔的名人故居更是缺乏主动学习和了解的欲望。这造成类似任弼时故居等大多数名人故居、革命纪念地的教育功能得不到充分发挥。名人故居对于自身教育功能的深层次挖掘目前已经凸显为一个重大的课题。

三　故居发展的方向和思路

名人故居是一笔宝贵的历史遗产和精神财富，是历史的一个缩影，也是中国当代主流文化之一。随着全球经济文化不断发展，文化种类的多元性和教育手段的多样化，旅游市场竞争的日趋激烈和名人故居的自身不足，使故居的发展面临严峻的挑战；与此同时，国家正大力倡导红色旅游，培育爱国主义和民族精神，使故居的发展又面临着无限的机遇。笔者下面仅从任弼时同志故居的发展实际出发，就我国名人故居的发展思路谈几点肤浅的看法。

（一）寻求社会共建，向社会募集发展资金

国外发达国家的博物馆、名人故居都是免费开放，它们的运营费用除了政府的投入、纪念品和信息文化收入之外，社会赞助是一个非常普遍和重要的收入渠道。这也是我国目前各类名人故居都认同的一条筹资途径。名人故居作为一个公益性的教育场所，应该充分利用自身资源优势，主动寻找可利用的财源。可以通过策划举办各类主题活动，利用自身的文化优势和人文魅力广泛吸引企业和社会知名人士参与投资和经营；可以广泛寻求各类社会共建，如馆校共建，故居或纪念馆向各类学校提供形式活泼新颖、内涵丰富的革命传统和爱国主义思想教育，同时突破门票、人数、时间以及教育形式等方面的障碍，实现长期、稳固的共建关系。2005 年以来，国防科技大学、长沙交通职业技术学院、岳阳理工学院、岳阳现代农业技术中专、弼时中学等 10 多所大中小学校先后把任弼时同志故居确定为长期的思想道德教育基地，举行了挂牌仪式，签订了馆校共建协议书，每年提供的共建费用达到了 30 多万元，极大缓解了故居开放费用的短缺，促进了故居的持续健康发展。

（二）努力挖掘自身特色，顺势发展红色旅游

当前，我们国家正在重点建设以 10 个"红色旅游基地"、20 个"红色旅游名城"、100 个"红色旅游经典精区"为核心的"红色旅游"工程，这为广大名人故居尤其是以伟人故居为依托的旅游景点带来新一轮的发展机遇。名人故居要积极行动起来，以此为良好契机，迅速改变发展现状。首先是要抓紧规划本景区的红色旅游项目建设，争取国家财政的专项建设资金支持，落实好当地的资金配套，科学务实地建设好红色旅游景区。其二是要深入挖掘自身特色，全力打造好红色旅游品牌。可以从营造良好的安全保护环境、科学治理和保护好周边环境、坚持以人为本的服务理念、进一步挖掘和突出自身价值，办出精品展览以及进一步拓展教育空间等五个方面来着手，全力打造各具特色的"红色旅游"。以任弼时故居为例，它南接长沙，北通岳阳，靠近 107 国道和京珠高速，具有得天独厚的交通区位优势，能与邻近的洞庭湖岳阳楼风景名胜区、岳麓山风景名胜区、周围的平江起义旧址、韶山毛泽东故居、宁乡刘少奇故居等

红色旅游景点形成方便快捷的旅游网络，是湖南各条全国红色旅游精品线路和文化旅游线的中枢联结点，是湖南"伟人故里游"的重要组成部分。坐拥上述区位优势，面临良好的发展机遇，任弼时故居可在加强自身基础配套设施建设的同时，努力提高服务接待水平，钻研教育功能的发挥，并加强对任弼时同志生平理论和思想的研究，深入挖掘对当前社会经济发展进步仍有指导意义的观点和思想，切实打造好红色旅游品牌，为名人故居的健康持续发展注入活力。

（三）走入市场，采用企业的经营方法

世界经济日益全球化，文化标准化必然成为世界的潮流。名人故居特别是伟人故居作为公益性的事业单位，担负着培育民族精神的历史重任，必须及早树立经营企业的思想，甚至可以成立专门的文物旅游公司来经营和管理名人故居，在市场经济大潮中，引进经济杠杆的企业经营手段来促进故居和纪念馆各项事业的发展。如刘少奇同志故居和纪念馆最早引进 ISO 标准体系并导入纪念馆的经营，逐步走上科学化的企业管理之路，并以此做强做大自己。这具有很重要的现实指导意义。他们彻底抛弃等、靠、要的消极思想，主动投入旅游市场竞争，采取现代化的促销手段，与全国众多的旅行社达成合作，在竞争激烈的旅游市场当中牢牢占据了自己的市场份额。在企业化的管理方面，他们尝试将馆区卫生、职工食堂等非业务工作从基地日常工作中剥离出来，实行社会化，向社会公开招标，使教育基地集中人力、物力和财力用于建设和发展；实行灵活多样的用人机制，采取民主推荐、选拔以及招聘的用人制度，实现能者上、庸者下现代人事管理；并适当拉开干职工的收入差距，彻底打破大锅饭，将绩效分配制度落到实处，从而大大提高自身的工作效率，该馆企业化的经营和管理取得年均综合收入 1500 万元的骄人业绩，塑造了响当当的"花明楼"红色旅游品牌。

（四）走联合发展之路，争取"1+1>2"效应

名人故居联动除包括相同类型、不同类型文物旅游资源的联动外，还包括文物旅游资源与周围环境之间的联动，以形成旅游资源集中优势吸引旅游参观者，为旅游活动提供足够的空间场所。单一的资源若不与周边资源及周围环境联动，很难发挥优势效应；再者，从一个普通消费者的心态出发，一般不会为参观某一名人故居或单个景点专程跑上几十、几百公里，他们总希望一条线路或一处景观周围有多处可供参观、游览、娱乐、休闲的项目。这在客观上也要求名人故居等相对弱势的文物旅游资源必须和其他不同资源进行联动。在市场经济大潮下，各馆有各馆的高招，各家有各家的路数；在寻求发展之路上，个个有看点，家家个性鲜明。这样一来，不同类型的旅游资源联合才能组合成强大的团队实力。较典型的例子是韶山毛泽东故居、宁乡刘少奇故居纪念馆以及彭德怀故居纪念馆 2004 年以来结成红色金三角，实现跨区域无障碍旅游合作，携手打造中国红色之旅。它们的强强联合取得了加倍的社会和经济效益。

可见，名人故居只有走入市场，勇敢应对市场竞争和挑战，争取国家的政策扶持，进行科学规范的企业管理，引进合作伙伴，加大融资力度，克服资金的"瓶颈"限制，

加大规划力度，加快设施完善，规范服务，才能抢抓发展机遇，有效整合文物和旅游资源，实现事业的快速、健康、持续和协调发展，才能把任弼时同志故居等一大批名人故居建设和管理得更加美好，使之真正成为弘扬民族精神和革命文化的圣地。

施琅与衙口施氏大宗祠

何振良　（福建省泉州闽台关系史博物馆）
郑焕章　（福建省泉州市文物保护研究中心）

福建省晋江市龙湖镇衙口村是清初爱国名将施琅将军的故里。位于该村村中的施氏大宗祠始建于明，重建于清，1986 年即被开辟为晋江市博物馆施琅纪念馆（现移至其旁的施琅府第），并被列为泉州市爱国主义教育基地，2006 年 5 月以"施琅宅、祠和墓"的名称被国务院核定并公布为文物保护单位。它的重建和被列为全国重点文物保护单位都与清康熙年间的福建水师提督施琅将军有直接的关系。本文拟就这两方面的问题进行阐述，错谬之处请批评指正。

一

衙口位于泉州深沪湾的西畔，原名"浔海"。据载，衙口施氏的先祖是河南光州固始县人，到一世祖施炳（南宋绍兴年间进士，官大理寺评事，施氏族人尊称他"评事公"）入闽。有说他初居福清县高楼乡，后迁晋江浔海；也有说是他的次子施英、三子施茂迁居浔海（因居于浔海的南部，又称"南浔"）①。然而，衙口的施氏大宗祠直到十四世祖施中裕（号九沛）才开始建造。清康熙五十四年（公元 1715 年）施文起编印《浔海施氏族谱·九沛公实录》有载此事，曰："我祖世居浔海，至高祖叔九沛公十四世矣，族众蕃行（衍），代有闻人。而大宗未建，盖相厥阴阳，未有定居也。……今下九沛公，始毅然捐资，独构场地为祠基，族咸义之。仍以杉木助建祠资，大宗告成。"②

又清康熙二十八年（公元 1689 年）十六世祖施琅勒石的重建衙口施氏大宗祠的碑记中也载该宗祠的始建之事，曰："祖自唐代（？）评事公由光州固始入闽，世居晋江十七、八都南浔乡，数传而至菊逸公，始大蕃衍。崇祯庚辰，建大宗祠。甫二十余载，值海寇为乱。顺治辛丑，沿海村民尽移内地，祠因以毁焉。时余方擢任水师提督。③"

由此可知，衙口施氏大宗祠是始建于明朝崇祯庚辰即十三年（公元 1640 年），而

---

①　参见［日］森田明著、施伟青译《明末清初的福建晋江施氏》，施伟青《施琅评传》附录二，厦门大学出版社 1987 年版。

②　转引自［日］森田明著、施伟青译《明末清初的福建晋江施氏》，施伟青《施琅评传》第 315 页、316 页，厦门大学出版社 1987 年版。

③　此碑尚立于衙口施氏大宗祠大厅的东墙上；粘良图选注、吴幼雄审校《晋江碑刻选》第 186 页有录此碑文，厦门大学出版社 2002 年版。

毁于清康熙元年（公元 1662 年），时施琅方由同安总兵升为福建水师提督。于是，该宗祠只存在 20 多年。毁坏的原因是：那时，民族英雄郑成功在东南沿海一带进行抗清。为了收复故土，建立长期的根据地，于清顺治辛丑即十八年（公元 1661 年）率军东征被荷兰殖民者占领达 38 年之久的台湾岛，清朝统治者为了断绝大陆对郑军的供给和支援，实行惨无人道的禁海迁界政策，把离海三十里内的村庄田宅尽皆废弃。因此，在第二年，即康熙元年（公元 1662 年），衙口施氏大宗祠就遭毁掉。

然而，衙口的施氏大宗祠毁掉后的第三年，施琅就在青阳择地再建。施琅勒石的重建衙口施氏大宗祠之碑载曰："康熙癸卯，克平两岛。乙巳择地青阳，再建祠宇，方落成而余适进京授内大臣。甲寅之变，复毁于贼。"① 这就是说，康熙乙巳即四年（公元 1665 年），施琅移建施氏大宗祠于青阳。它是在施琅升任福建水师提督后于康熙癸卯即二年（公元 1663 年）带兵克平被郑成功之子郑经所盘踞的厦门、金门两岛的局势下建造的。从宗祠移建于青阳来看，可说明其时青阳是没有被划入"迁界"的范围之内。否则，施琅绝不会在此再建宗祠，恐怕也不允许建造。此宗祠前后建造四年，到康熙七年（公元 1668 年）才落成，这年正是施琅进京授内大臣。可惜这座大宗祠存在的时间也不长，到康熙甲寅即十三年（公元 1674 年）又遭毁废。因这年爆发了平西王吴三桂、平南王尚可喜、靖南王耿精忠的"三藩之乱"，郑经亦与据守福建的耿精忠发生战斗，青阳的施氏大宗祠就是毁于这次战乱。

过了十多年，施琅在其故里南浔（衙口）又大兴土木，重建了施氏大宗祠。对这次的重建，他在重建碑中有较详细地叙述："辛酉秋，余复奉命专征。癸亥，澎湖、台湾海疆底定，封靖海侯，世袭罔替。余惟国事勾当，祖灵未妥为念。丁卯冬，复建是祠于祖里，越戊辰秋告成。今以己巳季春二十六日奉主入庙，楹几聿新，……"②

碑文清楚地介绍说，衙口施氏大宗祠是在康熙丁卯即二十六年（公元 1687 年）冬开工重建，戊辰即二十七年（公元 1688 年）秋就告成，前后两年，实际还花费不到一年的时间。这次重建，是在康熙癸亥即二十二年（公元 1683 年）施琅率军平定澎湖、台湾的明郑政权后进行的，有着三个有利条件：一者，施琅立下大功，受康熙皇帝加授靖海将军、封靖海侯，世袭罔替，很是光彩荣耀；二者，取消海禁，实行展界，迁民回归，可得族人协力襄助；三者，康熙二十六年（公元 1687 年），施琅虽仍任福建水师提督，已无重大军事行动而驻扎在厦门，有时间和精力来筹划重建之事，又厦门距离南浔（衙口）不是很远，能够多给予关顾。所以，施氏大宗祠移建青阳前后花了四年时间，而这次在南浔（衙口）的重建实际上只花费了不到一年的时间。

从施氏大宗祠的移建和复建来看，施琅是非常热衷的。究其原因，大概有三：

第一，受儒家传统文化的影响，以"尊祖睦族"为目的。泉州地区素有"海滨邹鲁"之称，儒家传统文化的氛围颇为浓烈。施琅从小就"赴童子塾"，直接受到儒家传

---

① 此碑尚立于衙口施氏大宗祠大厅的东墙上；粘良图选注、吴幼雄审校《晋江碑刻选》第 186 页有录此碑文，厦门大学出版社 2002 年版。

② 同上。

统文化的熏陶，后来虽弃学从戎，但依然十分"雅重儒学"，甚至热心在海峡两岸办学兴教、修建文庙，以传播儒家的传统文化。可见，儒家传统文化对施琅的影响是何其深刻。他必然要遵照其宗旨来办事。建祠堂祭祀祖先以强化家族的宗亲观念，使每个人慎终思远、尊祖睦族是儒家传统文化中一项很重要的内容。所以，深受儒家传统文化影响的施琅为了达到"尊祖睦族"的目的，就必然会非常热衷于施氏大宗祠的建造。施琅之次子施世纶在康熙五十四年（公元1715年）施文起编的《浔海施氏族谱》（天）本的《序》中有谈及此事，他说："我先公襄壮公于国事之余，追念尔祖贻厥孙，谋援古士大夫睦族之义廓而充之，于是立有大小宗庙，祀厥所先，使其知所尊亲，有春秋祀业以为世守，使其不堕祭享，复立有岁时朔望瞻拜之仪，使其知有尊卑长幼之分，事亲敬长之道。"① 施琅之堂孙施文起在此族谱卷二九《纯恪》中也赞颂道："襄壮公会族鼎建，庙貌一新，迎公入庙，以酬公义。嗟乎！尊祖睦族，孰过于建庙崇祀。"②

宗祠是祖先崇拜的活动中心，为宗教结合重要的精神纽带。所以，施琅十分热衷于施氏大宗祠的建造，就是要贯彻儒家思想，使衙口施氏族人不忘尊祖睦族，从而产生出凝聚奋发的力量。

第二，有迷信思想在起作用。林国平、彭文字两位先生在所著的《福建民间信仰》一书中说："从三代（即夏、商、周）开始，祖先就被奉为神明，在历代统治者的不断渲染下，人们相信家庭荣辱盛衰与祖先神祉戚戚相关，只有虔诚地尊奉参拜先人，才能得到列代祖宗英灵的保护，……"③ 于是，我们中国人对祖宗有着一种莫名的敬畏和崇拜。施琅因生长在"颇惑鬼神"的泉州地区，并从小就深受有着迷信思想的家庭的影响，故其迷信思想甚为深厚。施伟青先生在《施琅评传》中说："由于他具有浓厚的迷信思想，笃信骨相、风水、鬼神、因果报应等等。因此，他往往以迷信的眼光看问题，以迷信的心理处理问题。"④ 康熙二十二年（公元1683年）平台的胜利，施琅就认为他是得到海神妈祖的神助之功⑤。于是，可以断定，施琅之所以会非常热衷于施氏大宗祠的建造也有迷信思想在起作用。

第三，以显耀"光宗耀祖"的自豪感。"明代以后，祠堂既是全族成员重大礼仪活动的中心，又是整个家庭的象征，故各家族往往互相攀比，大兴土木，'画栋刻节，糜费不惜'"⑥。从而来显耀"光宗耀祖"的自豪感。施琅在清康熙二十六年（公元1687年）重建的衙口施氏大宗祠是一座三进五开间硬山式砖木石结构的建筑，总面积达1740平方米，而且装饰有精美的木雕、石雕和漆画，颇为富丽壮观。以祠堂来说，衙口施氏大宗祠的规模之大，装饰之富丽在明清时期的泉州一带是不多见的，大可与他

① 转引自施伟青《施琅评传》第264页、265页，厦门大学出版社1987年版。

② 同①第315页、316页。

③ 林国平、彭文字《福建民间信仰》第94页、111页，福建人民出版社1993年版。

④ 施伟青《施琅评传》第230页，厦门大学出版社1987年版。

⑤ 参见郑焕章《海神妈祖与将军施琅》，许在全主编《妈祖研究》，厦门大学出版1999年版。

⑥ 同③。

人攀比来显耀"光宗耀祖"的自豪感。

另者，似乎还有更深层的意义。施琅与郑成功既有险遭杀身之恨，又有杀父、弟之仇，而且其先辈在衙口所建的施氏大宗祠和他移建青阳的施氏大宗祠之所以被毁，都跟他所说的"海寇"、"贼"（系指郑成功父子的部队）有直接的关系。所以，施琅在平定台湾的明郑政权，并得到康熙皇帝恩宠封赏之后的飞黄腾达时期重建了衙口施氏大宗祠，更是充分地显耀出其"光宗耀祖"的自豪感。这不但从他撰写的重建碑文的字里行间有隐约之示，而且在碑记的最后落款是大为显露。他写道："太子少保光禄大夫内大臣解锡龙衣褒赐诗章靖海将军靖海侯世袭罔替兼管福建水师提督事务十六世孙琅勒石。"① 施琅之所以将其降清后所得到的一切最高荣耀尽勒于重建衙口施氏大宗祠的石碑中，显然是要向他人显耀其"光宗耀祖"的自豪感。

大概基于上述三个原因，施琅才会如此热衷于施氏大宗祠的建造，就是在"惟国事勾当"期间，都以"祖灵未妥为念"。所以，当他完成平台之大业后驻扎于厦门有余暇顾及大宗祠之事时，就立即兴工重建。

施琅移建施氏大宗祠于青阳，后又重建于衙口，在衙口施氏族人的眼里是功德无量，因此备受大家的赞颂。康熙五十四年（公元 1715 年）《浔海施氏族谱》（天）本中，有施应枢等人撰写的《将军诞辰特祭小引》颂之曰："其有大功于族党者，尤令人人没世不忘焉。当日海氛煽乱，沿海迁移，流离失所者，不知凡几矣。先将军虑子姓之颠连也，则于青阳建立祠宇，以联其族众，俾子姓兄弟播迁无恙，以蕃以衍以妥，……及鲸鲵既灭，祖居以宁，又复崇建宗祠，广设蒸尝。维时荒凶两岁，荐饥族众数百家待以举火，其有功于本宗者甚巨。"②

施琅两度建造的施氏大宗祠成为维系衙口施氏族人的精神纽带，对本族来说是立下大功，永远都会受到他们歌功颂德。

二

施琅重建的衙口施氏大宗祠自康熙二十七年（公元 1688 年）落成后，历三百多年，几经重修（主要有乾隆二十一年、同治二年、道光五年的重修），迄今安然保存。1985 年又全面进行整修，重现昔日的光彩。1991 年 4 月被列为晋江县级文物保护单位。1996 年 9 月晋升为福建省级文物保护单位。2006 年 5 月晋升为全国重点文物保护单位。

衙口施氏大宗祠及其旁的施琅府第与位于泉州市区的施琅宅和惠安县黄塘镇的施琅墓一起被国务院核定并公布为全国重点文物保护单位，是因为它们具有颇高的文物价值，即历史、艺术和科学价值，而其价值都与施琅有直接关联。具体阐述于下：

第一，施氏大宗祠为施琅重建，是其重要史迹。以前，由于封建的大汉族主义在

---

① 此碑尚立于衙口施氏大宗祠大厅的东墙上；粘良图选注、吴幼雄审校《晋江碑刻选》第 186 页有录此碑文，厦门大学出版社 2002 年版。

② 转引自施伟青《施琅评传》第 264 页、265 页，厦门大学出版社 1987 年版。

作怪，对施琅这个历史人物的评价不大公正，甚至斥之为"叛徒"、"汉奸"。因此，人们对其史迹自然不会加以重视，更不敢给予保护。近20多年来，由于学术界不少专家、学者站在整个中华民族的立场，运用历史唯物主义的观点来重新评价施琅，并已基本认同他是我国古代海军名将，清初平定台湾、统一祖国的大功臣，在中华民族的历史上堪称为一位杰出人物。于是，有关施琅的史迹先后得到政府的保护，成为中华民族优秀的文化遗产。

第二，衙口村的得名与施琅及其重建的施氏大宗祠有直接关系。据说，衙口原本地名叫浔海，按方位还分为西浔、南浔等角落。清康熙年间，福建水师提督施琅平定台湾，统一祖国，受封靖海将军、靖海侯后，在故里重建了施氏大宗祠。其子侄多有随他立功显耀的，就在故里傍着宗祠盖了八座宅第，时人称之为"府衙"。后来，府衙前辟为集市，从而出现了"衙口"这一地名①。于是，施琅重建的施氏大宗祠也成为研究衙口地名之由来的重要实物资料。

第三，衙口施氏大宗祠是研究清初泉州一带宗祠建筑文化的宝贵实物资料。施琅重建的衙口施氏大宗祠，后来虽几经重修，但基本保持了原有的格局和风貌。它坐北朝南，三进（门厅、正厅、后堂），五开间，硬山顶，燕尾脊，屋顶铺板瓦加筒瓦，屋檐有瓦当和滴水，内为穿斗式与抬梁式相结合的木构架，正厅、后堂之前各辟一天井，门厅前辟一石埕并筑围墙，主体建筑的两侧各有一条火巷和一列厢房（护厝），占地面积达1740平方米，加之装饰有精美的木雕、石雕和漆画（现所见之装饰大都是后来重修之物），规模宏大，堂皇壮观。这种格局和风貌是明清时期泉州沿海一带祠堂和民居建筑中的所谓"宫殿式"建筑（俗谓"皇宫起"）的典型样式，其外墙也采用泉州沿海一带富有特色的"出砖入石"砌筑形式。现今，泉州一带清初的祠堂建筑完整保存下来的已为数甚少。所以，施琅在衙口重建的这座施氏大宗祠就成为研究明清时期泉州地区祠堂（包括民居）建筑的宝贵实物资料。

第四，祠堂内保存三项与施琅有直接关系的珍贵文物。

一是清康熙二十八年（公元1689年）立的"重建衙口施氏大宗祠碑记"，嵌于大厅的东墙上，为花岗岩石质，长方形带座，高2.08米、宽0.81米，阴刻楷书，竖排12行，字径5厘米，记施氏大宗祠的历史沿革和重建情况（碑文见上面所抄录）。这方石碑是施琅亲立，碑文是他亲自撰书，十分珍贵。因现今所见到施琅留存下来的手迹已是寥寥无几。于是，这方石碑对于研究施氏大宗祠的历史和被誉为儒将的施琅本人都有着重要的价值。

二是清代施琅戎装石雕坐像，安放在大厅前的东廊上。高2米，花岗岩石质，圆雕，采用浮雕和镂孔的手法刻划，系穿戴清朝武将盔甲，右手按着右膝，左手捏着垂下胸带，端坐于座上，神态威武，形象逼真，雕工精湛。其旁还立有一方石碑，上刻"靖海侯施公祠藏像故址"，落款"嘉庆丁卯年蒲月吉旦"、"派下孙仝勒石"。这尊石像原是安放于泉州城北郊凤山（即东岳山）的靖海侯施公祠（施琅祠）内，但其雕刻

① 参见粘良图《施氏大宗祠》、黄良编《晋江揽胜》第97、98页，国际文化出版公司1998年版。

时间不明，因石像上未见铭文，志书上也不见这座施公祠的记载。据施德馨《襄壮公传》记载，康熙三十五年（公元1696年）施琅病逝后，"闽中绅士军民闻公薨，皆巷哭失声。群立祠，岁时祀之，尊奉为明神"①。于是，凤山施公祠应建于康熙三十五年（公元1696年）之后的几年间，这尊石像应是那时所雕。后来，凤山施公祠不知何故废圮，这尊石像被埋于地下。直到嘉庆丁卯年蒲月即十二年（公元1807年）五月，施琅的裔孙发现了此尊石像，就立这方石碑以启示。臻至1982年，这尊石像才移来衙口施氏大宗祠内，石碑也于1986年移入。尽管不明这尊石像雕刻的绝对年代，但从其风格来判断，它应是清初之物。在泉州，乃至福建省，这种着清朝戎装的古代石雕人物造像是相当罕见的，尤其是一位著名历史人物的塑像。所以，它堪称清初石雕人物的一件代表作，价值较高，一方面可为研究泉州地区的石雕史提供宝贵的实物资料，另一方面也为现今创作施琅的电影、电视、戏剧、美术等艺术作品设计施琅的形象提供参考。最近，这尊石像和这方石碑已移入大宗祠之侧的施琅府第内。

三是清初的一对石狮，原分立于步口廊的左右两边，辉绿岩石质，带平板座和须弥座，通高1.5米。这对石狮系一雄一雌，后足屈曲蹲坐，前足伸直踩绣球，雄者龇牙咧嘴，口含一颗难于取出的滚动石球，雌者则闭嘴不露牙，两狮昂首侧头对视，神态温顺可爱。其造型新颖优美，雕工精致细腻。据说，这对石狮是当年特地从北京运来的②。笔者看来，这对石狮非是北京的"舶来品"，乃为泉州当地的"土特产"，很可能是惠安石雕匠师的杰作。一者，大宗祠重建之时，施琅已不在北京任内大臣，他离开北京来福建前后有7年时间了；康熙二十七年（公元1688年）七月，他虽上京哭临太皇太后博尔济吉特氏之仙逝，并以年老之由向康熙皇帝乞休，但来去匆匆，又千里迢迢，搬运艰辛，不可能特地从北京购置此对石狮来衙口。二者，从其用材和雕刻风格判断，这对石狮不属于明清时期的"北狮"（指北京狮，其时北方石狮以北京狮为代表），而倒像是"南狮"（即惠安石雕匠师的杰作"绣球师"，其时南方石狮以惠安狮为代表），因北狮几无使用辉绿岩石雕刻，又无"绣球狮"之作，雄狮的口中也见不到含有一颗难于取出的滚动石球，且狮之神态凶悍，风格粗犷③。因此说，这对石狮当是施琅重建宗祠时特聘惠安石雕匠师雕刻的，"北京之说"不足为据。它亦堪称清初泉州地区石雕艺术的代表作，不但为衙口施氏大宗祠增色，而且也为研究泉州地区的石雕史提供了宝贵的实物资料。可惜的是，这对石狮在1999年的某个夜晚忽然不翼而飞，极有可能是被肆无忌惮的文物走私贩子盗走的，迄今尚无法破案追回，只能见之于照片。

总之，衙口施氏大宗祠之所以在1991年被列为县级文物保护单位，1996年晋升为第四批福建省文物保护单位，2006年晋升为第六批全国重点文物保护单位，都与施琅有着直接关系。否则，它至今还可能默默无闻，未引起大家的重视，未受到政府的保

① （清）施琅撰、王铎全校注《靖海纪事》，福建人民出版社1983年版。
② 参见粘良图《施氏大宗祠》、黄良编《晋江揽胜》第97、98页，国际文化出版公司1998年版。
③ 参见《惠安石雕》第25页，福建人民出版社1993年版。

护，充其量亦只定格在县（市）级文物保护单位。随着施琅的历史地位得到更充分、更全面地肯定，这座大宗祠日益引起人们的关注，影响不断扩大。如今无数敬仰施琅将军、期盼祖国统一的人们，纷纷来此凭吊参观，缅怀施琅将军的丰功伟绩。

三

"中国被视为标准的祖先崇拜的国度"，"可以说，对祖先的崇拜是中国民众宗教意识的核心，它深刻地影响到社会生活的诸多方面"，"成为中国人心目中最根深蒂固、至高无上的情感"①。所以，作为祖先崇拜活动中心的宗祠在今天已成为海内外同胞寻根问祖的一个圣地。自清康熙二十二年（公元 1683 年）施琅平定台湾、统一祖国后，衙口施氏族人纷纷迁徙台湾，繁衍生息，发展生产，为开发和建设台湾作出了巨大贡献。现在，海峡两岸的施氏后裔应以衙口施氏大宗祠为纽带，加强联系，增进交流，以继承施琅的遗志，为促进祖国早日实现和平统一再作贡献；并且共同努力来保护好这座祖国优秀的历史文化遗产，让施琅的名字与它千秋共存！

---

① 傅才武《中国人的信仰与崇拜》第 33 页、37 页，湖北教育出版社 1999 年版。

数字化博物馆与中国近现代文物分类

秦海琦

（上海鲁迅纪念馆）

一　为什么要建立数字化博物馆

博物馆和图书馆都拥有丰富的馆藏，都是人类终生教育的大课堂。但我们日常生活中是去图书馆多呢？还是去博物馆多？答案很清楚，当然是去图书馆的次数多。这是为什么呢？

说起来很简单，图书馆的书可以自由翻看，博物馆的展品却不能随便动；图书馆能经常不断推出新书，满足不同层次的读者；而博物馆的基本陈列多年不变，且展品数量占博物馆藏品的比例很小；读者到图书馆很自由，想看什么就看什么，有较大地选择权；而观众到博物馆，却是给我看什么就只能看什么，没有任何选择权。观众想看的看不到，给看的又不一定喜欢看，长此以往，就造成观众对参观博物馆感到没兴趣，不想去。说到底，就是因为博物馆能提供给观众的信息量太少。

观众是博物馆赖以生存和发展的根本保证，更好地为观众服务、满足观众的需求是做好博物馆工作的宗旨。但博物馆的藏品和图书馆的藏书性质不同，所以博物馆的文物不可能像图书馆的书一样借给观众看。曾经有学者提议，对外开放博物馆的藏品登录卡以提高博物馆文物信息的利用率，但由于管理上和认识上的问题一直未能实行。那么如何解决博物馆信息量少的问题呢？

随着计算机时代的到来，文物资料的电脑化管理已经成为现代化博物馆的一个重要标志，这意味着博物馆的文物藏品在信息意义上的对外开放成为可能，数字化博物馆是实现文物藏品信息对外开放的最好选择。

数字化博物馆可以避开一系列管理上的限制和不便，在确保文物安全的前提下，使文物信息直接面对观众。也就是说，数字化博物馆有条件使以往"我给你看什么就只能看什么"转变为"你想看什么就看什么"的境界，即从以往开放陈列展厅扩大到开放整个文物库房。

二　什么是数字化博物馆

数字化博物馆，现在国内还没有一个公认的、完整的定义。说得通俗一点，就是将馆藏文物资料数字化、信息化，通过网络展示给观众的博物馆，也称为"网上博物馆"。

数字化博物馆具有图文并茂、声像俱佳等等优越性：开辟了博物馆对外宣传的新途径，扩大了博物馆的宣传范围；能最大限度地提高馆藏文物的利用率，又能确保文物的安全；不受地理位置的限制；不受参观时间的限制；不受展览场地的限制；为信息反馈提供了条件。

数字化博物馆可以将馆藏文物组建成各种主题的虚拟博物馆，通过局域网或广域网使边远地区、甚至国外的观众欣赏到博物馆收藏的文物精品。在数字化博物馆里，展示的文物可以任意缩放、旋转、比对，并配上文字资料和场景音乐，使观众在得到感官享受的同时获得文物知识和提高对文物的研究，这极大地提高了博物馆的感召力和社会教育能力。所以说，数字化博物馆是博物馆事业发展的一个极好机遇。

三　数字化博物馆和博物馆数字化的区别

数字化博物馆应该具备以下两个基本条件：一是馆藏文物的数字化；二是要对外展示。笔者非常赞同李文昌先生在《也谈数字化博物馆》一文中提出的"数字化博物馆的特点是：存储数据化、传递网络化、管理电脑化、资源共享化。实现博物馆资源的社会共享是建立数字化博物馆的最终目的。"的观点。

在这两个基本条件中，实现博物馆数字化比较容易做到。但数字化博物馆和博物馆数字化是两个完全不同的概念，它们既有联系，又有本质上的区别。数字化博物馆的基础是博物馆数字化，就是说要建立数字化博物馆，首先要实现博物馆数字化。但实现了博物馆数字化并不代表就建立了数字化博物馆，它还必须要对外公开展示。因为既然称作博物馆，就必须符合博物馆的性质，具备对外宣传教育的功能。如果只关起门来自己看，而不对外展示，就不能称之为数字化博物馆。

而要实现第二个条件——对外展示，则存在着较多的难点和障碍，这也是国内至今没有一家数字化博物馆的原因所在。这里既有认识问题，也有方法问题。

四　建立数字化博物馆的难点

第一，认识问题。主要是根深蒂固的"知识私有"观念在作怪。许多博物馆不愿将馆藏文物信息对外开放，把它作为自己的私有财产封闭起来，自己研究不了，也不让别人研究。这是建立数字化博物馆的最大障碍。笔者认为，文物是人类社会智慧的结晶，来源于社会，也应当为社会服务。所以开放文物资料信息完全是应该的，我们兴建博物馆的重要目的之一就是要充分发挥文物在社会教育和科学研究方面的作用。说实在的，如果不愿将馆藏文物资料对外开放，那就根本不要谈建立数字化博物馆。

第二，方法问题。就是如何对外开放。即观众怎样在网上看到数字化博物馆展示的文物。解决了认识问题，以下就重点讨论如何对外开放的问题。

五　如何建立数字化博物馆

　　数字化博物馆的概念出现于 20 世纪 90 年代。20 世纪末，在计算机日益普及的情况下，我国许多博物馆加入到实现博物馆数字化和建立数字化博物馆的行列。近年，国已有成百家博物馆建立了网站和网页，其中有不少网站内容丰富，但也有些博物馆网站的内容非常简单。除短短几行介绍该馆和展览的文字外，还有几件典型藏品的照片，附以简单的文字说明，仅此而已。确切地说，这仅仅是博物馆对外宣传的一份电子材料而已，与真正意义上的"数字化博物馆"还有很大的差距，只能称为博物馆上网或博物馆触网（主要起着招揽观众参观现实博物馆的广告作用），还不是"网上博物馆"（不受时间、空间、主题限制，可以浏览大量馆藏文物信息）。有学者将在网上做广告的博物馆称为"市场型博物馆"（最大获益者是馆方）；而把将馆藏文物信息上网的博物馆称为"学习型博物馆"（最大获益者是公众），两者有十分明显的区别。

　　第一，建立数字化博物馆是一个系统工程，工作要从最初设计电脑软件开始。如今国内许多博物馆都在进行馆藏文物的电脑化管理，这是实现博物馆数字化的必要工作。但由于对数字化博物馆的认识不够，或者根本就没有要建立数字化博物馆的理念，所以在最初设计电脑软件时，其出发点仅仅是为了馆藏文物的管理和馆内工作人员对文物的查询，而根本就没有考虑到作为数字化博物馆如何对外开放、如何方便观众使用的问题。所以这种电脑软件系统只能称为"藏品管理软件系统"，而不能称为"数字化博物馆软件系统"。

　　第二，藏品管理软件系统和数字化博物馆软件系统的区别在于编程的"目的"不同，设计的"思路"不同，最终体现在"检索"的方法也不同。藏品管理软件系统的编程"目的"是为了博物馆内工作人员对文物的管理，所以在设计时，重点是"管理"和"内部人员的查询"。而数字化博物馆软件系统的编程"目的"除管理和内部人员的查询外，还要特别考虑到对外开放的因素，所以在编程时，要特别注重解决"观众使用"的问题。由于编程的"目的"不同，面对的使用者不一样，所以在设计的"检索方法"上就有很大的差别。这是藏品管理软件系统和数字化博物馆软件系统的最大区别。

　　第三，藏品管理软件系统的检索方法通常采用任何电脑公司都能设计的"万能检索法"（即输入关键词都可进行模糊查询）和"条件优先检索法"（即根据原先设定的条件优先进行查询）。但使用这两种检索方法有很大的局限性，就是查询者必须使用电脑键盘输入汉字命令（不管是用五笔字型还是用拼音或其他输入法），否则无法查询。由于藏品管理软件系统的使用者是博物馆内的工作人员，所以略加培训就能掌握和使用。但在观众中，有许多人不太会操作电脑，特别是一些年长的查询者，他们既不会五笔字型，拼音也不好（发音不标准）。另外，由于每家电脑公司设计的检索路径不同，使用的术语也不一样，所以即便是会操作电脑的人也很难查到不同博物馆的藏品信息。